Andreas Hillert
Das Anti-Burnout-Buch für Lehrer

Andreas Hillert

Das Anti-Burnout-Buch für Lehrer

Kösel

4., aktualisierte Auflage 2009
Copyright © 2004 Kösel-Verlag, München,
in der Verlagsgruppe Random House GmbH
Umschlag: Kaselow Design, München
Umschlagfoto: Mauritius Images / AGE
Druck und Bindung: Pustet, Regensburg
Printed in Germany
ISBN 978-3-466-30664-0

Gedruckt auf umweltfreundlich hergestelltem Werkdruckpapier
(säurefrei und chlorfrei gebleicht)

Weitere Informationen zu diesem Buch und unserem
gesamten lieferbaren Programm finden Sie unter
www.koesel.de

Inhalt

Ausgangspunkt und Zielrichtung 7

Lehrer sind Ansichtssache 17

Horrorjob und faule Säcke: Lehrer in Politik
und Medien 19
Das Lehrerimage: realitätsfern, aber ungerecht? 28
Professionelle Perspektiven: Lehrerinnen und
Lehrer – wie sie wirklich sind!? 38

Fokus Lehrerbelastung 49

Den halben Tag Recht, den anderen halben frei
haben – was ist schon Lehrerbelastung? 51
Wenn alles schwätzt – wie fühlt sich Lehrer-
belastung an? 59
Experten und Wissenschaftler: Lehrerbelastung
methodisch betrachtet 65
Von der Beanspruchung zur Überlastung
und deren Folgen 91

Lehrer: Einzelkämpfer als Räder im Getriebe 99

Schüler aus Lehrersicht: Freund, Feind,
unbekanntes Wesen? 100
Lehrer aus Schülersicht: Freund, Feind,
unbekanntes Wesen? 110
Kollegiale Verhältnisse oder: Die offenste geschlossene
Gesellschaft der Welt 120

Lehrerschicksal Frühpensionierung? 135

Bis dass die Pension euch scheide 138
»Wer einen Fehler macht, ist kein guter Lehrer und
sollte in Frühpension gehen« 147
Von der finalen Wirkung einer Kränkung im
geschlossenen System 154
Perspektivlosigkeit fressen Seele auf 159
Bis an die Grenzen des Zumutbaren 161
Alles Mann und Kindern zuliebe 165
Von individuellen Schicksalen zurück zur Statistik 168

Für die Schule geplaudert: Individuelle Lösungsstrategien 173

Am Anfang und am Ende steht die Motivation 173
Wann sollte LehrerIn an und für sich was tun? 183
Von der Bestandsaufnahme zur Zieldefinition 189
Zeitmanagement 200
Entspannung, Entspannung 207
Perfekt, gerecht und von allen geliebt – haben Sie
das nötig? 221
Supervision ist eine Zumutung! 228

Ausblick 245

Weiterführende Literatur 253

Ausgangspunkt und Zielrichtung

»Und jetzt auch noch ein Psychotherapeut, der seinen Senf dazugibt? Woher willst du denn wissen, wie es wirklich in der Schule ist? Als ob es Lehrer nicht schon schwer genug haben, im Beruf, in der Gesellschaft und überhaupt, das ganze Gerede nützt sowieso nichts. Wer liest das schon? Jeder würde krank, wenn er unter Bedingungen, wie sie heute in der Schule herrschen, arbeiten müsste ...«

So weit der eindringliche Kommentar einer befreundeten Lehrerin, Mitte 40, erfahren und engagiert, als sie von meiner Absicht erfuhr, das vorliegende Buch zu schreiben. Ihr Tonfall und die begleitende Mimik lassen sich auf Papier nur bedingt authentisch wiedergeben. Zumindest wurde unmissverständlich deutlich, mit welcher emotionalen Ladung offenbar viele Lehrerinnen und Lehrer ihre Situation erleben.

Inhaltlich hat sie sicher in vielem Recht. Natürlich lässt sich mit Psychotherapie die Misere in den Schulen nicht lösen! Ohne gesamtgesellschaftlichen Willen und damit letztlich ohne Geld wird das zwischen Burnout-Diskussion, Frühpensionierungsrealität, PISA-Bankrott und dem Massaker von Erfurt schwelende Dilemma nicht lösbar sein. Mehr Lehrerinnen und Lehrer, damit kleinere Klassen und eine verbesserte, tatsächlich auch moderne Ausbildung für SchülerInnen und LehrerInnen sind notwendig. Andererseits ist aber schwer einzusehen, warum engagierte LehrerInnen (ich habe nur wenige kennen gelernt, die dieses Prädikat nicht verdienen) vorzeitig ihren Abschied nehmen, weil ihre Ideale von der Wirklichkeit konterkariert erscheinen. Ist es unvermeidbar, dass die befreundete Lehrerin und Sie als Lehrperson zwangsläufig zum Bauernopfer der Verhältnisse, wie sie nun mal sind, werden?

Bleiben wir doch realistisch: Die Hoffnung, dass die Politik allein die brennenden schulischen Probleme lösen wird, ist gering. So wichtig es ist, darüber eine politisch-gesellschaftliche Diskussion zu führen, so sicher ist auch, dass sie nicht dazu führen wird, dass Manna in den Mengen vom Himmel fällt, wie es in den Schulen benötigt würde; Erhöhungen der Stundendeputate, Präsenzregelung und der ubiquitäre Rotstift versprechen das Gegenteil. Auch dass nun Eltern aller sozialen Gruppen realisieren, wie notwendig eine drastische Reduktion des Fernsehkonsums und auch eine Hausaufgabenbetreuung ihrer Kinder ist, erscheint zumindest fraglich. Insofern mag es zwar ernüchternd und ungerecht erscheinen, aber Alternativen dazu gibt es nicht: Mit einiger Aussicht auf Erfolg kann man nur an einer Stelle mit den Aufräumarbeiten beginnen – bei sich selber.

Kommen wir auf das kurze, resignative Zitat der Lehrerfreundin zurück. Von Ausgeglichenheit und Zufriedenheit, auch mit den Ergebnissen der eigenen Leistungen, nicht die Spur. Ist das die objektive, zwangsläufige Wahrheit oder eine Sicht der Dinge, die dazu angetan ist, sich selber ein Bein zu stellen? Unser Gespräch ist damals nicht wirklich zustande gekommen. Irgendwie haben wir es nicht geschafft, die »Schuldfrage« auszuklammern und die Emotionalität auf ein konstruktives Maß herunterzufahren.

Ein Anliegen dieses Buches ist es, das seinerzeit abgebrochene und sicher alles andere als einfache Gespräch wieder aufzunehmen. Auch um aus psychotherapeutischer Perspektive heraus darzulegen, warum Resignation respektive ein Festbeißen in der als unbefriedigend und ausweglos erlebten Schulsituation durchaus nicht so zwangsläufig ist, wie es die oben zitierte Freundin erlebt. Wenn es dabei gelingen sollte, praktizierenden wie angehenden Lehrerinnen und Lehrern (sowie allen an diesem Beruf Interessierten) einerseits Klippen und Untiefen ihrer Tätigkeit und andererseits Möglichkeiten aufzuzeigen, die erheblichen Freiräume ihres Berufes zur eigenen Zufriedenheit zu nutzen, dann wäre der Zweck dieses Buches vollauf erfüllt.

Ich selber bin als Arzt und Psychotherapeut in der Medizinisch-Psychosomatischen Klinik Roseneck in Prien am Chiemsee tätig. In dieser Funktion hatte und habe ich mit zahlreichen psychosomatisch erkrankten Lehrern zu tun (wobei – um Längen zu vermeiden –»Lehrer« hier und im Folgenden dem – noch – üblichen Sprachgebrauch folgend für Lehrpersonen beider Geschlechter steht). Meine Perspektive ist somit vor allem von Lehrern geprägt, die in ihrem Beruf krank geworden sind. Eine umfassende Darstellung wissenschaftlicher Ergebnisse zur Problematik psychosomatisch erkrankter und/oder früh pensionierter Lehrer ist hier nicht beabsichtigt (s. Literaturverzeichnis). Vielmehr geht es darum, ausgehend von im Schulsystem allenthalben anzutreffenden Konstellationen, (mögliche) Problemsituationen aufzuzeigen.

Für Sie könnten sich daraus Hinweise ergeben, eigene Muster im Umgang mit den beruflichen Anforderungen zu reflektieren. Wahrscheinlich werden Sie dabei vielfach Gelegenheit haben, sich auf die Schulter zu klopfen, darin bestätigt, es gut und richtig zu machen. Es gibt erfreulicherweise auch heute noch Lehrerinnen und Lehrer – leider ist es nicht die Mehrheit –, die ihren Beruf bis zum regulären Ruhestand mit Elan, einem positiven Echo bei den meisten Schülerinnen und Schülern und eigener Befriedigung ausüben. Vielleicht fallen Ihnen daneben Punkte auf, bei denen es günstiger wäre, sich andere, entlastendere und damit angemessenere Strategien anzueignen. Diese als solche zu analysieren, Alternativen zu entwickeln und schließlich umzusetzen, das scheint nicht viel zu sein und ist dennoch realistisch betrachtet weitaus mehr, als ein Buch allein zu leisten vermag. Es geht für Sie um nichts weniger als darum, gelegentlich über den eigenen Schatten, die eigene subjektive, durch Gewohnheit fest zementiert-richtige

Wirklichkeit zu springen. Wenn auch nur ein kleiner Sprung in die richtige Richtung gelingt, was nicht selten weit reichende positive Wirkungen hat, wäre das ein immenser Erfolg, für den Sie dann nicht mir, sondern sich selber zu Dank verpflichtet wären. Dies ist keineswegs als ein unverbindliches Vorschusskompliment zu verstehen, sondern die empirisch gut abgesicherte Realität eines professionellen Psychotherapeuten!

Was dieses Buch nicht sein kann und sein will: Bekanntermaßen gibt es für fast alle Belange des menschlichen Lebens »How-to-do-Bücher«. Der jeweilige Autor glaubt dabei zu wissen, wie man etwas richtig macht, und schreibt darüber ein »Kochbuch«, ein Punkteprogramm mit Erfolgsgarantie und Spaßfaktor. Ein solches Kochbuch zum Thema »Lehrer« liegt jenseits des Möglichen, zumindest für mich. Ich weiß dezidiert nicht, was in allen entscheidenden Hinsichten einen guten Lehrer ausmacht. Ultimativ-erfolgreiche Kochrezepte, wie Sie Ihre beruflichen Belastungen reduzieren können, habe ich nicht. – Aber genau das hätten Sie erwartet?

Ungeduldige Menschen, die wenig Zeit haben und am liebsten die todsicher-praktikabelsten Lösungen für alle Lebenslagen benutzerfreundlich und garantiert wirksam serviert bekommen möchten, scheinen derzeit nicht selten zu sein, auch nicht unter Lehrern. Der Wunsch nach einfachen Lösungen ist verständlich. Schließlich ist die Situation schwierig, oftmals verfahren und die Welt schon komplex genug. Der Eifer, Probleme schnell lösen zu wollen, ist aller Ehren wert. Hier also die wichtigsten handfesten und sinnvollen Handlungsanweisungen zur Förderung der Lehrergesundheit:

- Sorgen Sie dafür, dass Ihr Beruf nicht zur Überlastung wird. Dosieren Sie Ihre Belastungen angemessen, bauen Sie regelmäßig Entspannungspausen ein.
- Angesichts der Klasse ist ein selbstsicheres und gleichzeitig sensibles Auftreten wichtig. Es gilt, Anteilnahme und Abgrenzung im gesunden Gleichgewicht zu halten.

- Jeder Lehrperson sollte stets bewusst sein, dass sie kein Wissen in Schülerhirne eintrichtern kann. Lehrer können *nur* Bedingungen mitgestalten, die Lernverhalten anregen. Eine Gleichsetzung von Schüler-Lernerfolg und (eigener) Lehrerleistung, die dies unberücksichtigt lässt, führt in eine Sackgasse, entweder in eitle Selbstgefälligkeit oder in Depressionen.
- Wenn sich in Ihrer Klasse Konflikte ergeben, schreiten Sie klar strukturiert ein, begeben Sie sich nicht auf argumentative Seitenwege, die die Struktur Ihres Unterrichts gefährden.
- Sprechen Sie Ihre Bedürfnisse, Probleme und Sorgen im Kollegium klar an. Schieben Sie auch Konflikte nicht vor sich her. Nur so können für alle akzeptable Lösungen gefunden werden.
- Strukturieren Sie Ihre Arbeit, Ihre Arbeitsabläufe und Ihren Arbeitsplatz. Systematik, auch was Ordnung und Ablage anbelangt, kostet zunächst Zeit, die sich mit Zinsen in Form von freier Zeit und geschonten Nerven auszahlt.
- Zäsuren zwischen Beruf und Privatleben sind wichtig.
- Ein stabiles familiäres und soziales Leben, das Ihnen emotionalen Rückhalt auch im Hinblick auf berufliche Belange gibt, kann für die seelische Gesundheit entscheidend sein.
- Der Beruf ist ein zentraler Aspekt Ihres Lebens. Er sollte aber nicht Ihr Ein und Alles sein. Hobbys sind ein wichtiger psychohygienischer Faktor, solange sie nicht zu viel Energie auf sich ziehen.
- Und natürlich sollten Sie für ausreichenden, erholsamen Schlaf und, soweit notwendig, für eine angemessene Schlafhygiene sorgen. Trinken Sie möglichst wenig Alkohol, insbesondere vor dem Schlafengehen. Auch Rauchen schadet der Gesundheit. Nikotin mag kurzfristig die Leistungsfähigkeit erhöhen, ist aber eines der Genussgifte mit dem höchsten Abhängigkeitspotenzial.

Die inhaltliche Richtigkeit all dieser Empfehlungen dürfte über jeden Zweifel erhaben sein. Also handeln Sie danach und Ihnen ist geholfen! – Natürlich ist das mein Ernst – oder zweifeln Sie etwa daran ...?!

Ratschläge dieser Art kann man natürlich auch in didaktische Lernschritte gliedern, sie empathischer vermitteln, beispielhafte Erfolgsgeschichten aufzeigen und damit »ultimative« Bücher füllen. An solchen herrscht kein Mangel. Wenn man Ratschläge wie die aufgeführten versucht, auf den Punkt zu bringen, dann entpuppt sich jedoch vieles als vergleichsweise wenig originell. Welcher der Vorschläge war Ihnen wirklich neu? Die Kollegen, bei denen solche Vorsätze ohne weiteres funktionieren, sind aufrichtig zu beglückwünschen und haben in aller Regel keinen spezifischen Grund, jemals ein Buch wie das vorliegende in die Hand zu nehmen. Ich habe dieses Buch somit für alle Lehrer geschrieben, die schon oft über Möglichkeiten zur Verbesserung ihrer Situation nachgedacht haben, bei denen sich die Umsetzung der Lösungsansätze dann aber als nicht so einfach erwiesen hat.

Zudem: Angesichts der unendlichen pädagogischen Literatur zum Thema des idealen Lehrers und der Frage, wie man mit Belastungen der verschiedenen Art umzugehen hat, liegt die Vermutung nahe, dass es hierzu keine einfachen Antworten gibt. Die Lehrertätigkeit gehört zu den komplexesten Berufen, die denkbar sind. Weder Lehrer noch Schüler sind genormt. Es gibt ganz unterschiedliche Strategien, im Lehrerberuf Belastung und Entlastung zum Ausgleich zu bringen. Außerdem ist die Gesellschaft, in der und für die sich Schule abspielt, ständig in Entwicklungen begriffen, die nicht immer geradlinig, aber anscheinend mit zunehmender Geschwindigkeit verlaufen. Das Schulsystem, in Deutschland unter anderem von Beamtenstatus und Verordnungen getragen, erscheint demgegenüber recht statisch und normiert. – Vielleicht macht dieser Gegensatz einen Teil der Problematik aus?

Um es nochmals zu betonen: Erwarten Sie keinen untrüglichen Ratgeber, in dem Sie schwarz auf weiß Lösungen zur besseren Bewältigung des Schulalltags finden. Handbücher zum Erlernen von Entspannungstechniken, zur Stressbewältigung, zum Training sozialer Kompetenz, zur Bewältigung von Schulängsten bis zu schwierigen Unterrichtssituationen, etwa den Umgang mit Aggressivität im Klassenzimmer, liegen teils in sehr ansprechender Qualität vor. Ein weiteres Buch dieser Art auf den Lehrerberuf hin auszurichten, wäre nicht sonderlich reizvoll. Zudem ist jedem therapeutisch Tätigen hinlänglich geläufig, dass gerade diejenigen, die so eine Anleitung besonders nötig hätten, oft wenig bis nichts damit anfangen können. Eine Leitfrage dieses Buches ist es, warum die in solchen an sich ja wertvollen Büchern und Schriften enthaltenen Anregungen von vielen Lehrern, die zumeist genügend Ratgeber im Bücherschrank stehen haben, eben nicht genutzt respektive umgesetzt werden können.

Mitunter kommt man auf Umwegen schneller und sicherer ans Ziel, als wenn man mit der Tür ins Haus fällt. Um Klippen und Untiefen ausfindig zu machen, liegt es nahe, zuerst einmal im betreffenden Gebiet zu kreuzen, das schafft Abstand und ermöglicht einen entspannten Zugang. Entsprechend werden wir uns im ersten Teil des Buches mit verschiedenen Perspektiven des Lehrerdaseins beschäftigen. Viele Lehrer leiden unter dem schlechten Image ihres Berufs und sehen im niedrigen Berufsprestige ein zentrales Problem. Wie schlecht ist das Ansehen des Lehrerberufs und die gesellschaftliche Stellung der Lehrer wirklich? Wovon hängt sie ab, lässt sie sich verbessern und was hätten Sie davon? Der zweite Teil befasst sich mit dem Phänomen der Lehrerbelastung. Die Öffentlichkeit, die wissenschaftliche Pädagogik, Psychologen und Lehrer selber haben jeweils eigene, teils recht widersprüchliche Ansichten, Modelle und Daten hierzu. Der dritte Teil fokussiert auf die Akteure in der Schule und ihr gegenseitiges Verhältnis, jeweils unter dem Aspekt daraus resultierender Be- oder Entlastungen. Wie sehen Schüler Lehrer, wie sehen Lehrer Schüler und wie gehen Lehrer mit Lehrern um? Im vierten Teil stehen dann Schicksale von Lehrerindividuen im System Schule im Mittelpunkt. Ausgehend von Fallbeispielen wird die Tragweite von Konflikten zwischen Individuen und systemischen Gegebenheiten aufgezeigt. Hieran anschließend widmet sich schließlich der fünfte Teil der zentralen Problematik, nämlich wie man nahe liegende Strategien zur Reduktion schulischer Belastungen tatsächlich umsetzen kann. Anstelle einer naiven Zusammenstellung guter Ratschläge – die kennen Sie ja schon (s. oben) – wird versucht, die sich diesen entgegenstellenden Faktoren zwischen der Skylla des Sich-selber-treu-Bleibens und der Charybdis, nämlich des alles (zumindest innerlichen) Hinschmeißens, zu reflektieren.

Im gewählten, möglichst persönlichen Vorgehen liegt ein nicht unbeträchtliches Risiko, aber sicher auch der Reiz der Sache. Je weiter wir die Ebene des allgemeinen Konsenses hinter uns lassen (»Lernen Sie Entspannungstechniken und Ihnen ist geholfen ...«), wird unser Thema zunehmend heikler, zumal wir uns nur gelegentlich auf die wissenschaftlich-distanzierte Ebene zurückziehen können. Wir kommen uns entweder näher und Sie nehmen in Kauf, dass ich Ihnen auch ein bisschen auf die Füße trete – oder Sie schließen sich mit allen Konsequenzen dem einführenden Zitat der befreundeten Lehrerin an und mir bleibt nur, um Pardon zu bitten. Sie können und werden sich so oder so über mich ärgern: Natürlich verstehe ich Sie nicht richtig ... Ich kann nur hoffen, Sie billigen mir dann zu, dass dies nicht am guten Willen oder an unzureichender Kenntnis liegt, sondern an der anderen Perspektive. Wenn uns der Spagat ein Stück weit gelingt, die jeweils andere Sichtweise zumindest ansatzweise zu reflektieren, ergibt sich für Sie ein Freiraum, den Sie brauchen, wenn Sie aus gewohnten, aber problematischen Mustern aussteigen und problemträchtige Aspekte des Lehrerberufes anders, energiesparender und leicht(er) meistern wollen. Es geht um nichts weniger als um einen zentralen Bestandteil einer Psychotherapie, die wiederum nichts anderes als angewandte Psychologie ist. Soweit es für unsere Themen wichtig ist, werde ich versuchen, Ihnen diesbezügliche Grundlagen zu vermitteln.

Fühlen Sie sich ausreichend gerüstet für das, was auf den folgenden Seiten auf Sie zukommt? Wenn nicht, lassen Sie es einfach auf sich zukommen, ohne hier schon allzu nachdrücklich mit mir oder gar Ihnen selber zu hadern. Fällt Ihnen das schwer? In jedem Falle sind wir damit bei Ihnen und somit beim eigentlichen Thema angekommen.

Zusammenfassend ist es also das Anliegen des Buches, den Lehrerberuf von verschiedenen Seiten und insbesondere durch die Brille eines Psychotherapeuten zu spiegeln, in der Hoffnung, dabei auf Möglichkeiten zu stoßen, die es Ihnen leichter machen, mit den realen Belastungen dieses Berufes so umzugehen, dass die Freude an der Arbeit überwiegt.

An dieser Stelle sei herzlich gedankt: Frau Dagmar Olzog vom Kösel-Verlag, die den initialen Anstoß gab, dieses Buch zu schreiben, Herrn Gerhard Plachta, ebenfalls vom Kösel-Verlag, für die souveräne und für mich stets anregende redaktionelle Betreuung, meiner Frau Christina und meinem Vater Alfred Hillert sowie den Kollegen und Freunden Peter Jehle, Dirk Lehr, Sabine und Andreas Kretschmer, Nadja Sosnowsky, Edgar Schmitz und Andreas Weber für zahlreiche Anregungen und Korrekturen, dem Deutschen Philologenverband und dem Bayerischen Lehrer- und Lehrerinnenverband (BLLV), und nicht zuletzt allen Lehrerinnen und Lehrern in und außerhalb der Klinik Roseneck, die mich an ihren Erfahrungen teilhaben ließen – ohne sie wäre dieses Buch nicht möglich gewesen!

Die im vierten Teil geschilderten Lehrer sind fiktiv, Ähnlichkeiten mit lebenden Personen wären rein zufällig!

Anmerkung zur 3. Auflage

Dass dieses Buch schon seine 3. Auflage erlebt, freut den Autor, der sich hiermit für viele positive Rückmeldungen, Anregungen und Rezensionen bedankt. Allerdings verweist diese 3. Auflage auch auf die anhaltend schwierige Situation von Lehrern in unseren Schulen. Seit 2004 ist das belastungs- und gesundheitsbezogene Problembewusstsein, zumal unter Lehrern selber, gewachsen. Es wurde viel geforscht und es wurden berufsbezogene Präventions- bzw. Therapieangebote entwickelt. Zudem gibt es kein Kultusministerium mehr, das nicht Initiativen in Sachen Lehrergesundheit gestartet hätte. Trotz wohlklingender Konzepte bleiben die meisten davon, schon aufgrund spärlicher Finanzen, Tropfen auf heißen Steinen, mit unübersehbarem Alibicharakter. Andererseits wurden zur Kostenreduktion und mit Blick auf pädagogische Innovationen (zum Beispiel G8) Maßnahmen durchgezogen, die de facto auf eine weitere Zunahme der Lehrerbelastung hinauslaufen. Dass die Frühpensionierungszahlen zwischenzeitlich dennoch gesunken sind, kann – leider – nur mit erhöhten Versorgungsabschlägen erklärt werden. Bei alledem wird Schule heute paradoxerweise (?) von Schülern, Eltern und Lehrern als zunehmend bedrückend erlebt. Im PISA-Wettbewerb gilt es verlorenes Terrain zurückzugewinnen, und immer mehr Menschen scheinen davon auszugehen, dass drohender sozialer Abstieg nur durch noch höhere Leistungen verhindert werden kann. Zukünftig dürfte es angesichts dessen eher schwerer als leichter werden, die Lehrerrolle zwischen Fordern und Fördern, Macht und Machtlosigkeit angemessen auszubalancieren. Der Autor hofft, dass dieses Buch einen kleinen Beitrag zur diesbezüglichen Gleichgewichtsschulung leistet und wünscht die angemessene Mischung aus Neugier, Fleiß, Konsequenz, Spaß und Lockerheit, ohne die man weder auf dem Drahtseil noch im Lehrerberuf sein Ziel erreicht.

Lehrer sind Ansichtssache

Da Sie vermutlich selber Lehrer sind oder diesen Beruf mit all seinen Freuden, Belastungen und Leiden zumindest gut kennen und sich dafür interessieren, könnten wir gleich und ohne Umschweife zur Sache kommen. Eben damit würde jedoch eine Chance vergeben. Lehrer sind, wie alles, Ansichtssache. Wenn man sich selber betrachtet, dann ist die Distanz gering und die Perspektive entsprechend eng. Einen etwas entfernteren Standpunkt zu beziehen löst zwar noch keine Probleme, relativiert aber zumindest die Alltagserfahrung und ermöglicht gegebenenfalls, jenseits des spontanen Horizonts liegende Lösungen als solche sehen zu können.

Perspektiven und Betrachter zu finden, die eine gewisse Nähe und gleichzeitig ausreichenden Abstand zum Lehrerberuf haben, ist nicht schwer. Seit Einführung der allgemeinen Schulpflicht hatte *jeder* mit Lehrern zu tun, zwangsläufig während der eigenen Schulzeit mit mehr oder weniger intensiven und mühevollen Erfahrungen als (ehemaliger) Schüler. Wer lesen kann, kennt Lehrer, wurde durch sie einerseits (mit)geprägt und traut sich andererseits ein fundiertes Urteil über Lehrerarbeit zu.

Als erster Akt – oder auch als Ouvertüre – des Buches wird deshalb ein Spektrum unterschiedlicher Perspektiven auf den Lehrerberuf skizziert, angefangen von den durchdringenden Blechbläsern der Medien über die Tutti-Geiger der Allgemeinbevölkerung bis zu den Koloraturen der pädagogischen und psychologischen Wissenschaft. Abschließend geht es um das eigene Spiegelbild. Und da Sie dies alles natürlich nicht wirklich mit neutralem Abstand lesen können, denn es geht ja um Sie selbst, liegen zwischendurch – leitmotivisch – Rückkopplungshinweise nahe.

Inhaltlich geht es somit darum: Lehrer sind jedem bekannt, betreffen jeden, jeder meint, genug von Lehrern zu verstehen. Die Aufgabe des Lehrers ist bekanntermaßen Bilden und Erziehen, mit wechselnden Anteilen. Entsprechend liegt es nahe, Lehrer für unvorteilhafte gesellschaftliche Entwicklungen (mit)verantwortlich zu machen. In beiden Punkten unterscheidet sich der Lehrerberuf von vielen anderen Berufen, was einerseits gut ist (Wer wollte die Schulpflicht und damit die Lehrer, wie wir sie heute kennen, wieder abschaffen? Eher würden Zigaretten verboten ...) und andererseits schlecht, wenn sich nämlich Lehrer von der Gesellschaft nicht verstanden, zum Sündenbock gemacht und nicht geachtet fühlen. Die Grenzen zwischen gesellschaftlichem Urteil und Vorurteil, zwischen Respektsperson und Prügelknaben, sind fließender als bei jedem anderen Beruf.

Im Kontext des allgemeinen, gesellschaftlich angelegten Disputs ist die Frage, was und wie Lehrer wirklich sind und/ oder sein sollten, aus den genannten Gründen reizvoll, aber müßig. Um nicht von der Unendlichkeit diesbezüglicher Diskussionen belastet, gekränkt bis nahezu erschlagen zu werden, empfiehlt es sich zum Einstieg, die unterschiedlichen Perspektiven, Motive und Vorstellungen, aus denen heraus Lehrer gesehen werden, in ihrer jeweiligen Eigengesetzlichkeit zu reflektieren. Das macht nicht glücklich, aber schafft ein bisschen Luft und Abstand, vielleicht auch zu sich selber.

Horrorjob und faule Säcke: Lehrer in Politik und Medien

Medienrummel: Eine Kurzgeschichte zum Einstieg

Seit ausgebrannte, seelisch belastete und vor der Frühpensionierungsfrage stehende Lehrer von den Medien als Thema mit gesellschaftlicher Brisanz entdeckt wurden, häufen sich in der psychosomatischen Klinik, in der ich arbeite, Anfragen von Journalisten. Hauptanliegen war und ist es, belastete Lehrpersonen zu befragen. Angesichts der Tatsache, dass Therapie allein die Lehrerproblematik als solche nicht lösen wird, war und ist die Klinikleitung solchen Anliegen gegenüber tendenziell aufgeschlossen.

Und so kamen die freien und weniger freien Reporter, Autoren und Redakteure von Presse, Funk und Fernsehen. Angesichts des gesamtgesellschaftlich gesehen relativen Stellenwerts des Themas müsse man Verständnis dafür haben, dass es sich meist um kürzere Beiträge handle. Zwei bis fünf Minuten im Fernsehen, in den Zeitungen zwischen wenigen Zeilen und einer Seite. Man brauche »O-Ton« und »Stories«, nicht zu lang, eindringlich, das Allgemeine im Individuellen, schlagzeilentauglich. Einige gereiftere Journalisten brachten zum Ausdruck, dass sie selber unter dieser eine differenzierte Analyse weitgehend ausschließenden Situation litten. Aber schließlich müssten sie auch leben, der Markt sei eng. Einige versprachen wiederzukommen, mit mehr Zeit. Bislang ist keiner wiedergekommen. Dafür kamen andere.

Eines Tages im Jahre 2001 erschien eine Journalistin und Schriftstellerin, nicht mehr ganz jung, über das betreffende

Thema zwar nur allgemein informiert, aber ansonsten sehr erfahren. »Ich habe schon die ganz großen Politiker interviewt.« Das machte Eindruck. Zudem schriebe sie für die *ZEIT*. Zwei Lehrerinnen und ein Lehrer ließen sich befragen, in der vagen Hoffnung, ihrem Anliegen damit einen guten Dienst zu erweisen. Sie erzählten vom Stress und Frust angesichts wenig interessierter Klassen und vieles mehr. Die künstlerisch durchdrungene Medienvertreterin hörte aufmerksam zu, einfühlsam, freundlich und im Duktus sehr verbindlich. Ein Profi eben. So setzte sie das Interview auch außerhalb der vom Arzt organisierten Gesprächsrunde fort. Abschließend sammelte sie alle verfügbaren schriftlichen Unterlagen ein und entschwand. Wochen später kam eine telefonische Nachfrage, die Schlimmes ahnen ließ (»Wie entlarven Sie eigentlich Simulanten?«). Um absehbare inhaltliche Fehler vorab zu vermeiden, bat der Arzt um die Druckfahnen. Kein seriöser Journalist gebe diese heraus, so die Antwort.

Am 22. November 2001, etwa sechs Monate nach dem Klinikbesuch der Dame, erschien dann ein mehr als eine Seite langer Beitrag mit einigen schönen Fotos: »Immer auf den Klassenfeind! Lehrer haben Depressionen. Lehrer leiden unter Tinnitus. Lehrer gehen in Frühpension. Schuld sind die Schüler. Wirklich?« Inhaltlich kreiste der eher assoziative Text um die spannende (von der Autorin als »heikel« apostrophierte) Frage: »Kann man hier Drückeberger erkennen und aussortieren?« Ihre Antwort darauf war ein umschriebenes, nichtsdestoweniger deutliches Nein. Ärzte und Therapeuten erschienen als blasse Figuren, die nur zur Aussage »Es fehlen noch Untersuchungen« fähig sind. Immerhin hätten sie die Freundlichkeit, ihre Patienten ein wenig ausruhen zu lassen. Ohne irgendjemandem wehtun zu wollen, suchten sie gemeinsam halb- und treuherzig nach Entlastungsmöglichkeiten. Lehrerprobleme seien eigentlich so banal, dass sich eine seriöse Journalistin und Steuerzahlerin nur wundern könne: »Ärger gehört zum Beruf. Wissen das auch Lehrer?«

All dies erschien noch nicht sonderlich schlimm. Nach Erfurt würde wohl selbst die *ZEIT* einen solchen Beitrag so nicht mehr bringen. Schlimmer war, dass die besagte Journalistin, die es selber vorzieht, unter einem Künstlernamen ins Rampenlicht der Öffentlichkeit zu treten, einen der interviewten Lehrer mit richtigem Namen und ausreichend konkreten Angaben zu seiner Schule präsentierte. Diesen Lehrer, 49 Jahre alt, ließ sie über »Angst, Schweißausbrüche, freche Schüler, Arthrose, Tinnitus, mobbende Kollegen, Intrigen des Chefs, Erschöpfung, Schmerzen, Klappmesser in der Tasche« klagen, nur sein Privatleben mit seiner jungen Frau aus Thailand würde ihn stabilisieren. Seine Pädagogik hätte er bei der Bundeswehr gelernt, wo man noch »Machthaber« war. So wollte er auch seine zukünftigen eigenen Kinder erziehen. Seit Jahren würde er um seine Frühpensionierung kämpfen. »Das ist jetzt allemal wieder einen Wutanfall wert. Dass der Staat ein berechtigtes Interesse hat, genau zu prüfen, ob hier Krankheit oder Drückebergerei vorliegt –, das ist nicht die Sache von ...«.

So weit, so ungut. Wie gesagt, der Name des Lehrers stimmte, was für ihn einige Komplikationen mit dienstrechtlicher Konnotation bedeutete. Im Auftreten etwas burschikos, ist er entgegen dem objektiven journalistischen Eindruck ein durchaus engagierter Kollege, mit gutem Kontakt zu Schülern wie Kollegen, was nicht zuletzt durch deren Beiträge im anschließenden Internetforum deutlich wurde. Zudem arbeitet er weiterhin ... Aus Bruchstücken wurde offenbar eine Karikatur geschmiedet und mit assoziationsträchtigen Details gespickt, was der Autorin offenbar besonderen Spaß machte. – Warum und wozu der faule Zauber?

Es ließ sich Folgendes rekonstruieren: Im Nachgespräch hatte der betreffende Lehrer geäußert, dass er unter Kindern allein erziehender Eltern besonders leide. Diese legten nicht selten ein problematisches Lern- und Sozialverhalten an den Tag. Er halte den Zerfall traditioneller Familienstrukturen für problematisch. Die freischaffende Autorin, finanziell deutlich schlechter abgesichert als ein Lehrer, war bekennende allein erziehende Mutter, die sich offenbar genötigt sah, auf heroische Art und Weise für die Ehre der gescholtenen Schüler und allein erziehenden Eltern einzutreten. Es gab ein Schreiben der Klinik an den zuständigen Chefredakteur, in dem der Vertrauensbruch, die namentliche Nennung einer Person, die ja kaum als eine der Zeitgeschichte gelten kann, angezeigt wurde. Mit dem Hinweis, der Betreffende habe sein mündliches Einverständnis gegeben (»Als die Reporterin mich fragte, wusste ich gar nicht, was sie meinte ...«) wurde diese Beschwerde zugunsten der bedrohten Pressefreiheit zurückgewiesen. Überzeugend war der Hinweis auf die Qualität der »äußerst erfahrenen, umsichtigen Kollegin« und die Wirkung des Beitrags. »Von großer Empörung bis empathischer Zustimmung reicht der Bogen der Reaktionen. Viel Besseres kann einem Artikel – aus Sicht der Autoren – kaum passieren.« Es wäre sicherlich naiv, wenn man von Medien – vor oder nach Erfurt – etwas anderes erwarten würde.

Gesellschaftspolitische Sphären

Von dem Einzelbeispiel aus der *ZEIT* zur gesamtgesellschaftlichen Diskussion ist es kein weiter Weg. In den vergangenen Jahren gerieten Lehrer in die öffentliche Diskussion, und zwar in einer Heftigkeit, die die früheren Schlagzeilen von Lehrerarbeitslosigkeit und Lehrerstreik weit in den Schatten stellt. Es entwickelte sich ein Wechselbad aus Lehrerschelte und Mitleid. Die quer durch alle politischen Institutionen, Sender und Zeitschriften geführte Debatte war auch schon vor PISA und Erfurt so heftig, dass praktisch jede Lehrerin und jeder Lehrer davon berührt worden sein muss. Hat es Sie berührt, wenn ja, wie?

Den bis heute nicht verhallten, medienträchtigen Startschuss gab der seinerzeitige Ministerpräsident eines Bundeslandes mit dem berühmten »Faule Säcke«-Gleichnis. Das von diesem Medienvirtuosen wie immer gut lancierte, in den Seelen der breiten Wählerschaft ein heftiges emotionales Echo auslösende Fanal wurde später gewissenhaft widerrufen, war aber de facto nicht mehr aus der Welt zu schaffen.

Bild fotografierte »Deutschlands faulsten Lehrer« vor seinem Ferienhaus auf Sylt und auch die *ZEIT* verkaufte ihr Pamphlet anscheinend recht gut. Demgegenüber standen noch mehr, in ihrer öffentlichen Resonanz vermutlich aber nicht ganz so wirkungsvolle Beiträge mit dem Tenor »Horrorjob Schule«, zum Beispiel »Ausbrennen im 45-Minuten-Takt. Lehrer: Eine Arbeit, die krank macht? Sie fangen an als Idealisten und enden frustriert in der Frühpension« (*Süddeutsche Zeitung* vom 17./18. April 1999); oder: »Höllenjob Lehrer. Überfordert. Verspottet. Ausgebrannt. Wer ist schuld an unserer Schulkrise?« (*FOCUS*, Nr. 15 vom 9. April 2001) und andere mehr.

Die Zeit der süffisanten Lehrerschelte und des halbherzigen Mitleids ist spätestens seit dem Massaker am Erfurter Gutenberg-Gymnasium am 26. April 2002 vorbei, bei dem ein frustrierter, aus dem System herausgefallener Schüler insgesamt 17 Menschen, überwiegend Lehrerinnen und Lehrer, tötete. Lehrer, zuvor die prädisponierten kollektiven Sündenböcke, erschienen nun in anderem Licht. Der schwarze Peter wanderte vorerst weiter, zu Schülern und Eltern.

Politiker haben das wahlkampfwirksame Thema aufgegriffen. Waffengesetze wurden verschärft. Die Kultusministerkonferenz tagte. Es wurden Arbeitskreise einberufen und umfangreiche Papiere zur Anhebung der schulischen Standards und zur Verbesserung der Lehrergesundheit verfasst. Inwieweit diese Aktivitäten wirklich tief greifende Verbesserungen bewirken können, ist derzeit offen. Die meisten dieser Papiere stehen noch vor der Ratifizierung durch die jeweiligen Landtage, die Finanzierungen sind nicht gesichert und über die Durchschlagkraft der zu erwartenden Sparversionen darf diskutiert werden.

Die Liste der vorgeschlagenen Angebote und Maßnahmen ist lang. Sie reicht von einer praxisnäheren Lehrerausbildung über eine größere Zahl von neu eingestellten Lehrern (wenn es diese denn einzustellen gibt), kleinere, vielleicht etwas homogenere Klassen bis zu verbesserten Weiterbildungs- und Supervisionsangeboten für Lehrpersonen. Angesichts der die Staatskassen belastenden Frühpensionierungskosten stehen Maßnahmen zur Gesunderhaltung von Lehrkräften im Vordergrund, von Sorgentelefonen für Lehrpersonen über mannigfaltige Schulungen bis zu Gesundheitskreisen. Gleichzeitig gibt es in mehreren Bundesländern noch keine arbeitsmedizinische Betreuung von Lehrkräften.

Von der Faszination unendlicher politischer Diskussionen

Welche Chancen geben Sie als Lehrkraft diesen Maßnahmen? Treffen sie den Kern der Problematik? Schule bleibt weiterhin der Ort, an dem politisch denkende Menschen ihre gesellschaftspolitischen Visionen am sinnvollsten unterbringen. Offenbar besteht Konsens darüber, dass sich vor allem auch gesellschaftliche Werte zu ändern haben. Weg von der Spaßgesellschaft und von Eltern, die die Mühe scheuen, ihren Kindern Grenzen zu setzen, weg von einer Haushaltspolitik, in der Bildung nachrangig behandelt und zum nahe liegenden Einsparpotenzial wird (natürlich nur außerhalb der Wahlzeiten). Hin zu Werten, aber zu welchen? Zu Wilhelm von Humboldt oder dem millionenschwer zurückgetretenen Ron Sommer und seinen Nachfolgern, dem Volk der Dichter und Denker oder doch besser zur Marktführerschaft in einer stets bereits veralteten New Economy – Ellbogen in Armani? Die Diskussion juckt in den Fingern, zumindest eines ist sicher: Jedes denkbare Ergebnis wird von der Realität überholt sein, bevor der dahin führende Weg ausgeschildert wurde. Wie anders in Zeiten einer Post-Postmoderne, in denen als tragender Wert Pluralismus hinlänglich etabliert ist und Kommunikation Gefahr läuft, zum Selbstzweck zu werden? Was kann man von Pädagogik angesichts dieser gesellschaftlichen Krise erwarten?

Dass es längst nicht mehr um die Extreme geht, um antiautoritäre Erziehung im Sinne von »Den Kindern das Kommando« oder die Wiedereinführung des Rohrstocks in Lehrerhand, wird niemand bezweifeln. Suchen wir also den Mittelweg. Diesem droht vor allem eines, nämlich so vernünftig zu werden, dass er im Vergleich zu Erfurt und PISA nur farblos sein kann. Aber selbst wenn alle Deutschen sich über die Notwendigkeit eines noch zu definierenden Weges, über Normen einschließlich disziplinärer Rahmenbedingungen einig wären, wie wollte man die »Gesellschaft« – also uns – verbindlich auf solche mit erheblicher Arbeit verbundenen Werte verpflichten? Man hat bislang ganz anders gelebt, war auch nicht ganz unglücklich, so zwingend schlecht sind die Verhältnisse ja Gott sei Dank noch nicht. Die alten Muster sind tief verankert. Wer will denn tatsächlich kontrollieren, ob Kinder zu viel fernsehen? Und Eltern bestrafen, weil sie zwischenzeitlich im Fitnessstudio sind? Wenn Vernunft allein ausreichen würde, dann gäbe es keine Raucher mehr.

Politische Visionen und/oder individuelle Standortbestimmung?

Der Grund, warum ich die gesamtpolitische Dimension überhaupt angeschnitten habe, ist ein strategisch gesehen wichtiger: Es ist für *alle* Menschen, im Sinne eines psychologischen Grundgesetzes, erheblich leichter und emotional entspannender, Ursachen, Verantwortung und Lösungen von Problemen *außerhalb* ihrer eigenen Person zu suchen. Noch dazu, wenn das Thema spannend, emotionsgeladen, ideologieschwanger und somit unendlich ist. Im politisierenden Hin und Her der Sündenbockfrage ist narzisstischer Gewinn garantiert. Entsprechend groß ist die Gefahr, sich in ebensolchen Diskussionen zu erschöpfen und zu verlieren. Dabei geht es nicht um den Wahrheitsgehalt oder die Berechtigung der jeweils vertretenen Standpunkte und Forderungen. Wie am Beispiel der Diskussion um die Schulmisere unübersehbar wird, ist es bei derart umfassenden Problemkonstellationen blauäugig respektive müßig, einfache Antworten und durchschlagende Lösungen zu erwarten.

Es wird sich sicher vieles ändern, aber selbst Zukunftsforschern fällt es bekanntlich schwer, vorherzusagen, was. Sich engagiert in solche Diskussionen zu stürzen ist gut, solange damit nicht vermieden wird, sich mit dem auseinander zu setzen, was man selber verbessern könnte. Politisierende Vermeidung (»Wenn die Politik nichts ändert, kann ich auch nichts ändern ...«) kann deshalb in der Praxis ein recht stabiles System sein, mit dem es sich selbst dann noch relativ gut leben lässt, wenn man selber droht, über die Tischkante zu fallen.

Zum Abschluss dieses Kapitels noch ein kleines Lehr(er)beispiel ...

In einem von LehrerInnen und Lehrerverband initiierten Arbeitskreis wurde ein Referat über aktuelle Behandlungsangebote für erkrankte Lehrpersonen gehalten. Gleich der erste Diskutant wies darauf hin, dass es besser sei, über Prävention zu reden. Denn wenn kein Lehrer mehr krank werde, brauche man ja keine Behandlung mehr ... und die Diskussion entflog in ebendiese hehren Sphären. Natürlich hat der betreffende Lehrer Recht oder hätte es zumindest, wenn man das Paradies mit guten Argumenten anbrechen lassen könnte. Ein über diese Skizze hinausgehend greifbares Ergebnis hatte die Diskussionsrunde nicht.

... und drei Fragen an Sie:
- Wenn Sie sich spontan, beispielsweise abends vor dem Einschlafen, über Ihre aktuelle, von vielen Lehrern als schwierig erlebte Situation in der Schule Gedanken machen, tun Sie dies eher auf der persönlichen oder eher auf der politisch-übergeordneten Ebene?
Meine spontanen Schul-Überlegungen beziehen sich zeitlich/inhaltlich zu
... % auf die politisch-übergeordnete Ebene,
... % auf die Ebene des persönlichen Handelns.

- Welche Prozentverteilung würden Sie gefühlsmäßig als entlastender erleben?

- Welche halten Sie für angemessen und weiterführend?

Auf diese Fragen gibt es natürlich keine richtigen oder falschen Antworten. Entscheidend ist, Spielräume, die man hat, zumindest ansatzweise als solche sehen zu können (was nicht leicht ist!). Wer seinen Blick überwiegend steil nach oben richtet – oben die mit Macht und man selber da unten –, übersieht, dass die Faust, die einem den Kopf in diese ungemütliche Haltung zwingt, die eigene ist. Und über einen steifen Hals braucht man sich dann auch nicht zu wundern. (Die sachliche

Begründung für diesen poetischen Satz wird spätestens im Kapitel »Perfekt, gerecht und von allen geliebt – haben Sie das nötig?« nachgeliefert.)

Das Lehrerimage: realitätsfern, aber ungerecht?

Nicht wenigen Lehrern – verschiedenen Umfragen und einschlägigen Schriften der Lehrerverbände zufolge – liegt es belastend auf dem Herzen, ihr schlechtes gesamtgesellschaftliches Image. Dieter Lenzen brachte es in der *ZEIT* vom 27. Juni 2002 auf folgenden, von ihm inhaltlich natürlich nachdrücklich relativierten und an die Gesellschaft zurückgegebenen Punkt: »Schuld war nur der Lehrer. Ob Pisa-Schock, Rechtsradikalismus oder Ellenbogenmentalität – unsere Pauker müssen für alles den Kopf hinhalten.«
Wie geht es Ihnen diesbezüglich?

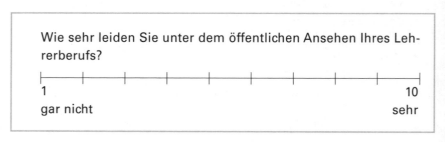

Diese Frage enthält zwei per se unabhängige Bestandteile: zum einen das als negativ vorausgesetzte Lehrerbild in der Öffentlichkeit und zum anderen, dass Vertreter dieses Berufs darunter leiden. Wenden wir uns zunächst dem ersten Teil zu.

Grundsätzlich: Die im politischen Schlagabtausch verlautbarte »Faule-Säcke-Bewertung« ist aus vielerlei Gründen nicht deckungsgleich mit dem in der Bevölkerung vorherrschenden Lehrerbild. Politische Diskussion muss akzentuieren. Schließlich dient sie als Waffe im Kampf nicht zuletzt um Wählerstimmen. Kränkungen auf der einen (kleineren) und emotionale Entlastung auf der anderen (größeren) Seite sind dabei einkalkuliert. Je prominenter und lauter allerdings eine Meinung vorgetragen wird, umso größer ist der Schatten, den sie wirft. Das Ganze funktioniert natürlich nur dann, wenn das Thema insgesamt gesehen wichtig und emotional genug erscheint. Ein Politiker-Ausspruch wie »Parkplatzwächter sind faule Säcke« wäre nie gefallen oder längst vergessen. Somit ist davon auszugehen, dass Lehrer eine Größe sind, die der Gesellschaft nicht nur faktisch, sondern auch emotional sehr wichtig ist. Letzteres gilt allerdings mit einer erheblichen Ambivalenz, sonst hätte es entweder die »Faule Säcke«- oder die »Höllenjob«-Schlagzeile gegeben, aber nicht beide. Und zum Dritten gibt es natürlich noch »Unseren Lehrer Dr. Specht«, den burschikos-kollegialen, idealen Repräsentanten der Berufsgruppe, im märchenhaften Vorabendprogramm unseres Bewusstseins.

Wie sehen nun Normalbürger, die ja alle selber Lehrpersonen erlebt haben und angesichts der schieren Häufigkeit von Lehrerinnen und Lehrern (in Deutschland gibt es laut Statistischem Bundesamt etwa 793 000) wahrscheinlich auch einzelne Vertreter privat kennen, den Lehrerberuf und die Lehrer tatsächlich, gewissermaßen als Resultat der verschiedenen Einflüsse?

Die Antwort auf diese Frage wird üblicherweise von der Demoskopie gegeben. Oft zitiert sind vor allem die vom Institut für Demoskopie Allensbach seit 1966 regelmäßig zum Ansehen verschiedener Berufe erhobenen Zahlen. Die über die Jahre immer wieder gestellte Frage lautet: »Hier sind Berufe aufgeschrieben. Können Sie bitte die fünf davon heraussuchen, die Sie am meisten schätzen, vor denen Sie am meisten Achtung haben?« Die Befragten erhalten hierzu eine Liste vorgelegt, die vom Apotheker über den Schriftsteller bis zum Gewerkschaftsführer reicht.

Es kam zumeist, wie es kommen musste. In der Befragung 2001 standen zum Beispiel einmal mehr die Ärzte mit 74 % der Nennungen unangefochten an erster Stelle, gefolgt von Pfarrern (38 %) und Hochschulprofessoren (33 %). Grundschullehrer fanden sich immerhin auf Platz 6 (28 %), der Studienrat mit mageren 12 % am unteren Ende der Liste, zwischen Journalisten (18 %) und Offizieren (ebenfalls 12 %). Politiker (10 %) und Gewerkschaftsführer (8 %) rangierten als abgeschlagene gesellschaftliche Schlusslichter. Wenigstens ein schwacher Trost?!

Wie ist es bei Ihnen, welche Berufsgruppen schätzen Sie am höchsten?

Betrachtet man die Entwicklung über die Jahre hinweg, fällt beim Grundschullehrer ein drastischer Einbruch auf. Sein Ansehen sank von 37 % im Jahr 1966 auf einen Tiefpunkt von 21 % im Jahr 1995, um sich dann – siehe oben – etwas zu erholen. Gymnasiallehrer erlebten einen ähnlichen Sturz, allerdings von deutlich niedrigerem Ausgangsniveau. Von 26 % im Jahr 1975 ging es 1985 auf einen Tiefpunkt von 15 % herunter, 1995 waren es dann 17 % und 2001: siehe oben. Insgesamt erlitten die Lehrerinnen und Lehrer damit den heftigsten Einbruch aller erfassten Berufsgruppen, schlimmer noch als Pfarrer und nur vergleichbar mit Atomphysikern (Noelle-Neumann und Köcher 1997, S. 964).

Jede Zahl ist nur so gut wie die Brille, durch die man sie sieht. Zurück zur Zwischenfrage: Wie hätten Sie die Demoskopen bedient? Schätzen Sie den Lehrerberuf am höchsten ein oder gehört er zumindest unter die fünf, vor denen Sie am meisten Achtung haben? – Wirklich?

Wenn ja, dann gehören Sie vermutlich selbst unter den Lehrern zu einer Minderheit. Inhaltlich betrachtet ist die demoskopische Frage vor allem eines, nämlich unfair. Allerdings kann Demoskopie schon aus methodischen Gründen nur sehr bedingt fair sein, denn es geht ja eben darum, übergreifende gesellschaftliche Schemata abzubilden. So sind die Perspektiven, aus denen heraus die Befragten die betreffenden Berufsgruppen sehen und erleben, derart heterogen, dass es eigentlich gar keine sinnvollen Bewertungs- und Vergleichsmaßstäbe geben kann.

Wie viele Atomphysiker kennen Sie persönlich? Wie viel verstehen Sie von Atomphysik, um die Betreffenden beurteilen zu können? Der sinkende Stern dieses Berufs hat ganz offensichtlich nichts mit der Einschätzung der fachlichen Kompetenz von Atomphysikern zu tun, sondern mit dem politischen Umschwung hinsichtlich der Bewertung der Kernenergie. Letztere wurde moralisch anrüchig und hat ihre Urheber mit herabgezogen. Demgegenüber hat es der Arzt leicht. Jeder kennt einen und zumeist hat er ihm vom ersten Atemzug an einiges zu verdanken. Finden Sie, dass Ärzte dabei zu gut wegkommen? Bitte sehr: Es gibt andere Umfragen, etwa zum Thema, ob Ärzte zu viel verdienen und gar zu Abrechnungsbetrug neigen. Zumindest vor einigen Jahren votierte die Bevölkerungsmehrheit in diesem Sinne und die »Götter in Weiß« wurden heftig kritisiert. Aber eben nur als allgemeine Gruppe. Auf den eigenen Hausarzt ließen die Befragten nichts kommen. Es wurde also einerseits ein möglichst vom individuellen Erfahrungshorizont abgehobenes Image erfragt und andererseits auf persönliches Erleben abgezielt.

Bei Lehrern ist dies nicht so einfach, die Aspekte lassen sich erheblich schwerer trennen. Wie bereits gesagt, jeder hatte als Schüler selbst Lehrer, kennt welche und fühlte sich während der Schulzeit nicht immer gerecht behandelt. Im Gegensatz zur Ärzteschaft, die mit Albert Schweitzer bis zu Schwarzwaldklinik-Professor Brinkmann zahlreiche »Lichtgestalten« aufzuweisen hat, bleibt bei den Lehrerinnen und Lehrern auch aus Geschichte und Literatur neben vielen eher problematischen Lehrerfiguren vom Typ des harten Paukers oder der alten Jungfer kaum mehr als *Das fliegende Klassenzimmer* in der rührenden Verfilmung mit Joachim Fuchsberger und der bereits oben genannte aktuelle Kollege aus dem Fernsehen in Erinnerung. Der allgemeine Pathos-Faktor ist einfach zu gering, die Lehrpersonen sind zu wenig abgehoben, um in demoskopischen Umfragen damit nachhaltig punkten zu können. Ewald Terhart hat zudem die Metapher eines Kipp-Lehrerbildes eingebracht. Gemeint ist, dass ein Lehrer entweder hoch moralisch, sprich engagiert etc. oder aber als das Gegenteil davon wahrgenommen wird.

Von solchen Überlegungen ausgehend wäre es spannend, den Hintergründen für den leichten Imagegewinn des Grundschullehrers nachzugehen. Ist dies bereits Mitleid für den »Horrorjob«, die Anerkennung des fürsorglichen Bemühens um den Nachwuchs oder auch nur ein sich aus dem Imageverlust anderer Gruppen indirekt ergebender Effekt? Und warum schneiden die Gymnasiallehrer schlechter ab? Bei einem repräsentativen Bevölkerungsschnitt haben praktisch alle Befragten Grundschullehrer erlebt, zudem in einer Zeit, als man noch naiv und frisch in die Welt hinausgegangen ist. Gymnasiallehrer hingegen haben mehr als die Hälfte der Befragten in ihrer eigenen Schulzeit nie kennen gelernt. Letztere hatten ihre Kämpfe mit den Paukern in der Pubertät und danach wurden die meisten aus guten Gründen eben keine Lehrer ... Vor diesem Hintergrund bekommt es einen merkwürdigen Beigeschmack, wenn in Kommentaren verschiedener Lehrerverbände das geringe Ansehen des Gymnasiallehrers als Warnzeichen allgemeinen Werteverfalles gilt, der jüngste Prestigezuwachs des Grundschullehrers aber schon als erstes Anzeichen einer Trendwende gedeutet wird.

Wenn man schon leidet, sollte man zumindest wissen, worunter

Lecken Sie Ihre Wunden! Es ist durchaus nicht meine Absicht, auf methodisch-theoretischer Ebene herumzuargumentieren, nur um Sie vielleicht zu trösten, oder schlimmer, um ein immanent gesellschaftliches Problem zu bagatellisieren. Ausgangspunkt war das von vielen Betroffenen als Problem erlebte negative Bild, das Lehrer in der Öffentlichkeit (eben nicht) genießen. Mit Blick auf die oben skizzierten Umfrageergebnisse und einer damit gleichgesetzten »öffentlichen Meinung« ließe sich unschwer darlegen, dass Lehrer in Anbetracht ihres einerseits wenig exotischen und andererseits wenig mit den Extremen (sprich: Endpunkten) des Lebens beschäftigten Charakters nach wie vor ein recht hohes Ansehen genießen. Tatsache ist, dass sich das Ansehen des Lehrerberufs in der Öffentlichkeit zwar leicht erfragen, mit einfachen Methoden aber nicht wirklich erfassen lässt. Die Allensbach-Daten vergleichen Äpfel mit Birnen. Sie geben in Bezug auf die Lehrerschaft ein spezifisches Durcheinander von Schemata im theoretisch-abstrakten Rahmen, durchmischt mit Aspekten der jeweiligen persönlichen Erfahrungsebene.

Falls Ihnen das nicht reicht: Wo müssten Lehrerinnen und Lehrer auf der Allensbacher Berufsprestige-Skala stehen, damit sie und vor allem *Sie* sich wohl fühlen und Ihre Arbeit etwas leichter würde? Über oder unter dem Pfarrer, dem Arzt, dem Atomphysiker? Andersherum gefragt: Wäre Ihnen mit Kurvenkosmetik nach oben – etwa aus Mitleidsgründen – gedient?

Repräsentative und gleichzeitig überzeugend differenzierte Untersuchungen zum Image des Lehrerberufs in der Öffentlichkeit gibt und gab es bislang nicht. Untersuchungen dieser Art wären recht aufwändig und damit teuer. Offensichtlich hat sich bislang niemand intensiv genug dafür interessiert. Zudem liegt der Teufel auch hier im Detail. Leicht variierte Fragestellungen können zu ganz unterschiedlichen Ergebnissen führen. Lässt man die Befragten frei über ihre eigene schulische Vergangenheit reden, ist zu befürchten, dass negative Erinnerungen präsenter sind als gute. Lässt man sich zuerst positive Aspekte von Lehrern aufzählen, hat man bereits wieder einen methodischen Fehler in ebendieser Richtung.

Übrigens: Auch wenn Sie Rückmeldungen von Eltern und Schülern erhalten, dürften Faktoren der oben skizzierten Art, die mit Ihnen als Person nichts zu tun haben, eine Rolle spielen. Man tut gut daran, dies in seine Reaktionen einzubeziehen (wiederum leichter gesagt als getan ...).

Lehrertypen, wie sie Otto Normalverbraucher sieht

Auf die offene Frage nach dem »ganz normalen durchschnittlichen Lehrer, der für Sie typisch ist«, antworteten 1 000 repräsentative Personen im Jahr 1975 zumeist mit positiven Attributen, im Spektrum von gerecht, objektiv, sachlich, ruhig, korrekt, pflichtbewusst (Glagow und Erbslöh 1976, S. 152). Aspekte wie rechthaberisch und streng wurden nur selten genannt. Eine weitere, 1979 von der gewerkschaftsnahen Max-Traeger-Stiftung durchgeführte, sehr differenzierte, aber nur auf der schmalen Basis von 45 befragten Eltern stehende Studie ergab ein überwiegend positives Bild, weg vom strengen Pauker der Vergangenheit, hin zum aufgeschlossenen Idealisten. Ein Drittel bemängelte an Lehrern den kaum vorhandenen Idealismus, sie würden ihren Beruf vor allem des Geldes wegen ausüben.

Die jüngste in diesem Kontext interessante Untersuchung ging von einer »problemzentrierten Interviewführung aus«.

Insgesamt 124 Vertreter unterschiedlicher sozialer Schichten wurden gebeten, eine typische Lehrperson zu beschreiben: »Gibt's für dich einen typischen Lehrer oder 'ne Lehrerin? So 'n Klischee, so 'n Stereotyp? Kannste das mal beschreiben, so ganz konkret?« Aus den in diesem die Befragten zu möglichst konkreten Angaben verleitenden Stil geführten und aufgezeichneten Interviews wurden dann mit Hilfe eines recht komplizierten inhaltsanalytischen Verfahrens fünf Idealtypen destilliert und mit charakterisierenden Namen versehen (siehe Barz und Singer 1999):

Typ 1: Der Besserwisser
Seine pedantische Schulmeisterei kann er auch im Privaten nicht ablegen. Er nimmt alles wichtig, besonders sich selber. Dass er damit eigentlich niemanden erreicht, sondern vielmehr allen auf die Nerven geht, merkt er nur indirekt, indem er zum einsamen, tendenziell depressiven Nörgler wird.

Typ 2: Der Frustrierte
In Erwartung der Frühpensionierung hat er alte Ideale längst verloren. Lustlose Routine bestimmt seinen Unterricht. Jede Illusion, etwas bewirken zu können, hat er aufgegeben.

Typ 3: Der Biedermann
Unauffällig bis spießig im Auftreten wie im Leben bemüht er sich, alles unter Kontrolle zu behalten, die Schüler ebenso wie seine Kleinfamilie. Kreativität ist ihm ein Fremdwort, angepasstes Lernen sein Ideal.

Typ 4: Der Alternative
Politisch, ökologisch, naturbelassen, romantisch und etwas »soft«. In innerer Opposition zum Apparat kommen die Lerninhalte zu kurz, die Schüler lernen wenigstens zu diskutieren, auch wenn sie nicht so genau wissen, worüber.

Typ 5: Der Engagierte
Tiefgründig gebildet, ohne sich darauf etwas einzubilden, vielmehr die glückliche Verbindung von Originalität, Kreativität, Kommunikativität, die jeden Schüler erreicht, persönlich anspricht und als Individuum fördernd annimmt. Wer würde nicht gerne zu dieser überirdischen Kategorie gehören, wenn sie nicht so anstrengend wäre ...

So sieht also die Öffentlichkeit die typischen Lehrerinnen und Lehrer. Haben Sie Ihre Schublade gefunden? Nicht ganz? Die geschilderten Kollegen kommen Ihnen eher wie Karikaturen vor? Es wird leider nicht berichtet, dass sich auch nur ein Befragter gegen die Art der Fragestellung gewehrt hätte, etwa: »Was wollen Sie eigentlich? Ich kenne keinen typischen Lehrer, ich kenne aber Lehrerin X, die sehr engagiert ist. Sie hat es geschafft, meinen Sohn für die Schule zu interessieren. Andererseits hat sie es offenbar selber schwer im Kollegium.«

Auch diese Typologie ließe sich argumentativ vermutlich recht leicht aus den Angeln heben, wenn man sie denn als realistisches Bild des Einzelnen (oder der von ihm vertretenen Gesellschaft) vom real existierenden Lehrer verstehen wollte. Sie sagt nicht viel mehr aus, als dass diese Typen offensichtlich in der Wahrnehmung von Nichtlehrern (und Lehrern selber?) existent sind. Durch ebendiese Brillen werden *Sie* gesehen. Unabhängig von vorbestehenden Erfahrungswerten nehmen wir leider so gut wie nichts anderes wahr, schon aus guten wahrnehmungspsychologischen Gründen.

So verwundert es nicht, dass die oben skizzierten Lehrertypen so neu nun gerade auch nicht sind. In den guten alten Schulfilmen einschließlich der *Feuerzangenbowle*, einem der wenigen Rührstücke, in dem etwas wohltuendes Pathos auf den Beruf ausgeschüttet wird, dürften sich diese Typen – abgesehen von der jüngeren, offenbar 68er-geprägten Alternativspezies – unschwer wiederfinden lassen. Offenbar hat die (post)moderne Gesellschaft recht antiquierte Bilder vom typischen Lehrer im Kopf. Je nach Konstellation wird das eine oder das andere Schema zur Anwendung kommen und dabei bestenfalls ein wenig modifiziert. Ob das gut oder schlecht ist, bleibt eine müßige Frage.

Warum diese Ausführungen zum Lehrerbild in der Öffentlichkeit an dieser Stelle? Jeder wird gerne von außen akzeptiert, gestützt und gelobt. Als Berufsstand, der in der Öffentlichkeit steht und diese bildet, stünde es den Lehrerinnen und Lehrern zu, solche Anerkennung zu erfahren. Dem ist offensichtlich nur sehr bedingt so und aus den vorgetragenen Gründen kann dies kaum anders sein. Die Perspektive der Öffentlichkeit wird geprägt von Erzählungen, Medien, Lehrerwitzen, Literatur, informeller Konsensbildung auf dem Schulhof etc. und eigenen Lehrererfahrungen. Letztere spiegeln wiederum eigene Anliegen, etwa die des Schülers, der gute Noten für möglichst wenig Arbeit will, von Eltern, die wenig Ärger und erfolgreiche Kinder wollen, von Politikern, die sparen müssen ... es ließen sich hier viele weitere und auch die für Sie besonders relevanten Beispiele anführen.

Es kann durchaus sein, dass ich Ihnen, auch wenn Sie vielleicht die eine oder andere Untersuchung nicht kannten, letztlich wenig Neues gesagt habe. Das wäre nicht weiter schlimm, wenn das Thema damit für Sie erledigt wäre. In dem Zusammenhang nochmals die oben gestellte Frage:

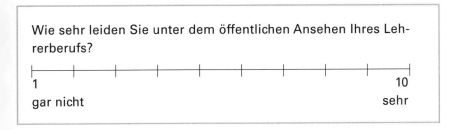

Hat sich in Ihrer Bewertung etwas geändert, vielleicht in Richtung zum »gar nicht« hin? Falls a) Ihre Antwort weiterhin deutlich größer ausfällt als 1 und/oder b) sie sich nicht wesentlich in diesem Sinne verändert hat, dann lesen Sie dieses Kapitel bitte noch einmal, langsamer, nicht auf der Suche nach »harten« Informationen, sondern um die Argumente, auch wenn sie Ihnen nicht neu sind, wirken zu lassen – wirken zu lassen als kleine sachliche Immunisierungsspritzen gegen etwas, dem wir ansonsten recht hilflos ausgeliefert sind, nämlich dem überaus niederschmetternd-quälenden Gefühl fehlender Anerkennung.

Professionelle Perspektiven: Lehrerinnen und Lehrer – wie sie wirklich sind!?

Wer wüsste besser, was und wie Lehrer wirklich sind, als diesbezügliche Experten? Davon gibt es nicht wenige. Neben den Lehrern selber, die gelegentlich aus der Praxis heraus erwachsene Typologien vorstellen (siehe unten), sind es vor allem Psychologen und Pädagogen, die sich professionell-wissenschaftlich mit Lehrpersonen beschäftigen. Versuche, den Lehrerberuf konzeptuell zu durchdringen, gibt es auf dieser differenzierten Ebene viele. Die darüber verfassten, teils etwas mühsam lesbaren Ausführungen füllen Bibliotheken. Hinsichtlich Anspruch und Perspektive lassen sich folgende Ansätze unterscheiden:

1. Typologien mit dem Anspruch, Lehrer im Allgemeinen »zu erklären«, was gewissermaßen eine Sicht aus der absoluten

Vogelperspektive voraussetzt. Dabei stehen sich statische und dynamische Modelle gegenüber;
2. Typologien im Hinblick auf definierte Problemaspekte, etwa die Frage, welche Lehrpersonen sich eher psychisch belastet fühlen, erkranken, in Frühpension gehen oder, positiv konnotiert, welcher Lehrer die besten Schüler hat, psychisch am stabilsten ist etc.;
3. Typologien aus der Perspektive definierter Personengruppen, also etwa der Schüler, der Lehrer selber oder – wie bereits oben dargelegt – der Öffentlichkeit.

Als Beispiel für die erste Gruppe – mit Anspruch auf Allgemeingültigkeit – sind die 1949 von Christian Caselmann publizierten *Wesensformen des Lehrers* wohl bis heute am bekanntesten. Hier werden die schwerpunktmäßige Orientierung, der praktizierte Erziehungsstil und die individuelle didaktische Grundhaltung als zentrale Aspekte herausgestellt. Hinsichtlich der Orientierung werden eine »paidiotrope« und eine »logotrope« Ausrichtung unterschieden. Lehrer neigen demnach üblicherweise der letztgenannten, Lehrerinnen hingegen der erstgenannten zu. Während sich männliche Lehrpersonen bevorzugt als Vermittler von Wissen sehen, verkörpern Lehrerinnen demnach das mütterliche, auf das Kind als Ganzes – weniger auf dessen Intellekt – fokussierende Prinzip. Als Erziehungsstile werden eine »autoritative« – eine vorgesetzte – und eine »mitmenschliche« – gleichgestellte – Haltung den Schülern gegenüber postuliert. Die didaktische Grundhaltung einer Lehrperson schließlich sei entweder »wissenschaftlich-systematisch« oder aber »künstlerisch-organisatorisch«.

Diese Typologie behauptet, stabile, unveränderliche Wesensmerkmale von Lehrerpersönlichkeiten zu bezeichnen. Entsprechend kann und muss es für das Lehrerindividuum darum gehen, seinen Typ zu erkennen und stimmig dazu seine Arbeit auszuführen. Typenänderungen wären ausgeschlossen und auch nicht notwendig, da es sich idealerweise um unterschiedliche, aber qualitativ gleichwertige Formen handle.

Die Frage liegt nahe: Welcher Caselmann'schen Typenkonstellation würden Sie sich zuordnen?

Es wäre sicherlich nicht fair, Christian Caselmann aus unserer postmodernen Perspektive heraus kritisch zu zerpflücken oder gar zu versuchen, seine Typologie empirisch zu überprüfen. Trotzdem: Es dürfte nur schwer möglich sein, die jeweiligen Lehrerqualitäten so klar zu definieren und trennscharf gegeneinander abzugrenzen. Schon beim ersten Versuch in dieser Richtung wird deutlich, dass die Begriffe eher Endpunkte eines Kontinuums denn kategorielle Qualitäten beschreiben. Vermutlich hat man von allem etwas und dabei etwa vom »Paidiotropen« etwas mehr, vom »Logotropen« etwas weniger – oder umgekehrt. Zu allem Überfluss riecht die ganze Konzeption stark bis penetrant nach vorgeschichtlichen männlich-weiblichen Rollenmustern und damit nach einem ideologischen Bezugssystem, das sich im Laufe der Zeit und der politischen Evolution stark verschoben hat. Der gestrenge Oberlehrer der guten alten Zeit, den Rohrstock in der Hand, bei dessen Anblick den Schülern das Herz in die Hose rutscht, und die mütterlich-rundliche, stets lächelnde Lehrerin betreten wieder die Klassen. Der antiautoritäre, Liebenswürdigkeiten in die Kinderseele säuselnde, Jesuslatschen tragende, im Klassengebrüll untergehende idealtypische Lehrer der 68er-Generation fällt hingegen ebenso aus dem Raster wie der burschikose, leger-ausgesucht gekleidete, neoautoritäre Leistungsträger des Kollegiums. Ein weiteres Problem dieser Klassifikation ist die Behauptung, dass es unveränderbare Charaktereigenschaften gäbe. Schülerinnen und Schüler entwickeln sich in Ihrem Unterricht dynamisch zum Guten, nur Sie als Lehrer stehen als betonierte Charaktergröße am Pult? Eine merkwürdige Vorstellung ...

Aus den genannten Gründen haben sich in der wissenschaftlichen Lehrererforschung zwischenzeitlich dynamische Modelle durchgesetzt, in denen realitätsnah die interagierenden kognitiven, emotionalen und sozialen Aspekte berücksichtigt werden. Als Beispiel für diesen Ansatz sei eine Studie von Gertrude Hirsch vorgestellt (1990). Sie interviewte 120 Schweizer Lehrer – weit überwiegend männlichen Geschlechts –, wobei sie diese um eine Stegreiferzählung ihrer beruflichen Entwicklung bat. Von den Niederschriften ausgehend wurde dann eine Idealtypenkonstruktion vorgenommen: Mit elaborierter Methodik (Verfahren nach Max Weber) wurde das Typische aus hierin ähnlichen Biografien herausdestilliert. Die Autorin konnte dabei sechs Berufsbiografietypen unterscheiden, drei günstige und drei ungünstige.

Bei den *günstigen* Biografien/Identitäten handelt es sich um

1. den *Stabilisierungstyp* (11,7 %):
Seine Eltern waren oft selber Lehrer. Er wuchs in stützenden sozialen Verhältnissen und mit einem gesunden Selbstempfinden auf. Über die Jahre und unzählige, stets souverän bewältigte Probleme hinweg blieb er anscheinend derselbe. Etwas näher betrachtet hat er mit der Zeit gelernt, den Erwartungsdruck abzubauen. Er verbindet harmonisch Privatleben mit seinem Lehrerberuf, der im Zentrum seines Lebens steht.

2. den *Entwicklungstyp* (15 %):
Er kam von außen in den Lehrerberuf, hat sich die Berufsentscheidung gut überlegt und sich dank seiner Dynamik (kombiniert mit gesundem Selbstvertrauen), die auch außerschulische Bereiche und damit seine Freizeit belebt, positivproblemlos als zufriedener Lehrer etabliert.

3. und den *Diversifizierungstyp* (5,8 %):
Anfangs war er eher überfordert, hatte zudem kaum jemanden, an dessen Schulter er sich hätte anlehnen können. Als junger Lehrer geriet er so in erhebliche Turbulenzen. Gegenüber schulischen Belastungen stabilisierte er sich zunehmend durch außerschulische Aktivitäten und hat sich dann durch Rückgriff auf die in seiner Person angelegten Ressourcen engagiert weitergebildet. Er gründete eine eigene Familie, hat eigene Kinder und entwickelte sich so zu einer stabilen, die Individualität der Schüler reflektierenden Lehrpersönlichkeit.

Die *ungünstigen* Biografien/Identitäten beinhalten

4. den *Problemtyp* (16,7 %):
Hilflos zwischen eigenen hohen Zielen, die ihn den Lehrerberuf wählen ließen, und fehlenden pädagogischen Möglichkeiten stehend, ist er tief greifend verunsichert. Eine Stütze findet er in seiner Ehefrau.

5. den *Krisentyp* (8,3 %):
Auch er hat hohe Erwartungen an sich selber, konzentriert sich auf die Schule und seine Erziehungsarbeit. Dabei bleibt er stets unzufrieden mit den Ergebnissen und zudem oft ohne persönlichen emotionalen Halt. Er stabilisiert sich so gewissermaßen durch die Krisen ...

6. und den *Resignationstyp* (6,7 %):
Aus einer Lehrerfamilie stammend und so von der Wiege an selber zum Lehrer bestimmt, erträgt er selbstkritisch-desillusioniert sein Leiden an den limitierten Möglichkeiten. Fatalistisch wird die Unlösbarkeit von Problemen zur selbstbestätigenden Offenbarung, Entwicklungsmöglichkeiten (in der Schule) sieht er nicht.

In welchem Typus haben Sie sich selber, in welchem die Mitglieder Ihres Kollegiums am ehesten wiedererkannt?

Die skizzierten biografisch-dynamischen Typen wurden wie gesagt auf inhaltsanalytische Art und Weise entwickelt, ausgehend von authentischen Lebensberichten. Junge Lehrer wurden dabei nicht typisiert (17,5 %), bei 18,3 % der älteren Lehrer war keine eindeutige Zuweisung möglich. Die Typen – wobei sich günstige und ungünstige von der Häufigkeit her in etwa die Waage halten – beanspruchen, »Lehreridentitäten« wiederzugeben, also realitätsnahe Integrale zu sein, in die private und berufliche Entwicklungen sowie Persönlichkeitsmerkmale einschließlich der jeweiligen Herangehensweise an Anforderungen und Probleme des (Schul)Lebens eingehen. Diese Typen können laut der Autorin »als Deutungsschemata für gewisse Aspekte des Selbstverständnisses von Lehrern dienen«.

Natürlich lässt sich auch diese Typologie unschwer relativieren. Insbesondere ließe sich auf die recht kleine, durch den sozialen und historischen Kontext der befragten Personen zumal für bundesdeutsche Verhältnisse nicht repräsentative Stichprobe hinweisen. Die Typen sind hier zwar nicht mehr statisch wie bei Christian Caselmann, wirken aber durch die Abstrahierung wie Marionetten, die an unsichtbaren Fäden ihres Typus hängen. Als Nebenaspekt dieser Typologie wird deutlich, wie unterschiedlich Lehrerinnen und Lehrer mit der nämlichen Schulsituation umgehen können. Zu erklären, warum sie so günstig oder auch für sich selber so unglücklich handeln, liegt außerhalb der Möglichkeiten des Ansatzes und kann bestenfalls hinter den Geschichten erahnt werden. Welche gewissen »Aspekte des Lehrerselbstverständnisses« damit in welchem Kontext sinnvoll gedeutet werden sollen, bleibt offen.

Als Beispiel für die zweite der oben aufgeführten Typologien, die problem- und anwendungsorientierte Kategorie, soll im Folgenden ein primär auf das Erleben, den Umgang mit und die Bewältigung von beruflichen Belastungen hin ausgerichteter Ansatz vorgestellt werden. Professor Uwe Schaarschmidt (2001) entwickelte hierzu einen Fragebogen (Arbeitsbezogenes Verhaltens- und Erlebensmuster – AVEM). Insgesamt 66 Fragen zielen darauf ab, 1. die Bedeutsamkeit der Arbeit, 2. den beruflichen Ehrgeiz, 3. die Verausgabungsbereitschaft, 4. Perfektionsstreben, 5. Distanzierungsfähigkeit, 6. Resignationstendenz, 7. offensive Problembewältigung, 8. innere Ruhe und Ausgeglichenheit, 9. Erfolgserleben im Beruf, 10. Lebenszufriedenheit und schließlich 11. das Erleben sozialer Unterstützungen zu erfragen. Auf einer Fünf-Punkte-Skala von »trifft überhaupt nicht zu« bis »trifft völlig zu« sind unter anderem folgende Aussagen zu bewerten:

- »Die Arbeit ist für mich der wichtigste Lebensinhalt.«
- »Beruflicher Erfolg ist für mich ein wichtiges Lebensziel.«
- »Wenn es sein muss, arbeite ich bis zur Erschöpfung.«
- »Was immer ich tue, es muss perfekt sein.«
- »Nach der Arbeit kann ich ohne Probleme abschalten.«
- »Misserfolge kann ich nur schwer verkraften.«
- »Nach Misserfolgen sage ich mir: Jetzt erst recht.«
- »Mich bringt so leicht nichts aus der Ruhe.«
- »Mein bisheriges Berufsleben war erfolgreich.«
- »Im Großen und Ganzen bin ich glücklich und zufrieden.«
- »Wenn ich mal Rat und Hilfe brauche, ist immer jemand da.«

Sie haben sicher bereits beim Lesen (gedanklich) Ihre Kreuzchen gemacht ...

Aus den ausgefüllten Fragebögen zahlreicher Lehrer konnten zusammenfassend vier verschiedene, sich in wesentlichen Aspekten unterscheidende und offenbar im Schulalltag relevante individuelle Muster im Umgang mit den beruflichen Belastungen gefunden werden.

Am günstigsten wäre dabei das *Gesundheitsmuster (G)*, bei dem sich die genannten Dimensionen zumeist im mittleren Bereich bewegen. Das Engagement der betreffenden Kollegen ist groß, aber nicht übertrieben, Gleiches gilt für Ehrgeiz, Bedeutsamkeit der Arbeit und Verausgabungsbereitschaft. Auch die Distanzierungsfähigkeit, also die Möglichkeit, sich gegenüber nicht Leistbarem abzugrenzen, liegt im oberen Durchschnittsbereich. Entsprechend hoch sind Erfolgserleben und Lebensqualität.

Das *Schonungsmuster (S)* fällt – wie bereits der Begriff nahe legt – durch geringes Engagement, wenig Ehrgeiz, Verausgabungsbereitschaft und auch niedrigen Perfektionismus auf. Demgegenüber ist die Distanzierungsfähigkeit hoch und umgekehrt die Resignationstendenz niedrig. Mit der Schule und dem Leben insgesamt sind die Vertreter dieses Musters recht zufrieden.

Neben diesen gewissermaßen gesund-stabilen Konstellationen werden zwei Risikomuster beschrieben, also Muster, bei denen eine erhöhte emotionale Dauerbelastung und damit ein erhöhtes Risiko, an psychosomatischen Störungen zu erkranken, angenommen wird.

Hier handelt es sich zum einen um das *Risikomuster A*, benannt nach dem A- (beziehungsweise Leitwolf-)Verhalten, das Personen kennzeichnet, die in Gruppen durch hohen Einsatz, Ehrgeiz, Perfektionismus und Engagement auffallen – bei gleichzeitiger Überschreitung der eigenen Leistungsgrenzen und geringer Distanzierungsfähigkeit. Nicht erfolgreich lösbare Aufgaben führen somit leicht zu emotional nicht kompensierbaren Einbrüchen. Aber auch ansonsten bedingt die hohe Anspannung eine eher negative Lebensqualität.

Am prominentesten wurde das *B-Muster*, wobei der Buchstabe B auf *Burnout* verweisen soll. Gemeint sind Personen, bei denen das Engagement, die subjektive Bedeutsamkeit der Arbeit und der berufliche Ehrgeiz gering (geworden?) sind. Da aber die Distanzierungsfähigkeit niedrig ist (im Gegensatz zum Schonungsmuster), werden die dann unausweichlichen frustrierenden Erlebnisse in ihrer ganzen Härte erlebt. Strategien zur offenen, konstruktiven Problemlösung finden sich kaum, dafür aber eine deutliche Neigung zur Resignation. Zufriedenheit und Wohlbefinden sind in allen Bereichen gering.

Der AVEM-Fragebogen wurde bislang, auch dank bundesweiter Unterstützung durch Lehrerverbände, von vielen tausend Lehrerinnen und Lehrern ausgefüllt. Anhand dieser Daten konnten wesentliche Grundannahmen bestätigt werden. So korreliert das B-Muster mit dem höchsten Ausmaß an psychischen und körperlichen Beschwerden, dem niedrigsten Lebensgefühl respektive der Lebensqualität, dem größten Problem, sich zu erholen und zu entspannen (jeweils gefolgt vom A-Muster). Entsprechend sind unter psychosomatisch erkrankten Lehrern solche mit B-Muster deutlich überrepräsentiert. In den meisten Bundesländern, vor allem in den nord- und ostdeutschen, überwiegen die Risikomuster, wobei sich 14–41 % dem A- und 29–36 % dem B-Muster zuweisen lassen. Das G-Muster ist dabei mit 11–20 %, das S-Muster mit 13–37 % vertreten. Lehrerinnen und ältere Kollegen bis zu einem Alter von etwa 50 Jahren weisen häufiger Risikomuster auf. Wenn sich dieses bei Kollegen über 50 Jahre nicht fortsetzt, lässt sich daraus am ehesten folgern, dass sich die Personen mit den betreffenden Problemmustern bereits in Frühpension befinden. Besonders beachtenswert ist, dass der B-(Burnout-)Typ bereits unter Referendaren nicht selten ist; etwa ein Drittel lassen sich diesem Muster zuweisen. Zumindest dieses Burnout-Konzept wäre demnach weniger eine Folgeerscheinung von übergroßer langjähriger Belastung, sondern eher ein Persönlichkeitsmerkmal.

Im Gegensatz zu den oben vorgestellten Typisierungen mit Allgemeingültigkeitsanspruch wollen die Muster von Uwe Schaarschmidt nicht Lehrer an sich bewerten und auch nicht stabile, unveränderbare Schicksale abbilden. Ihr Ziel ist »nur«, umschriebene, für die Ausübung des Lehrerberufs allerdings hoch relevante Aspekte zu erfassen. Über die Zeit hinweg wechseln Lehrer die Muster, spontan-tendenziell leider eher in Richtung des B-Musters. Dies impliziert die Möglichkeit von gezielten Veränderungen – in Richtung des G-Typs. Erste Projekte in diesem Sinne – unter anderem bei Lehramtsstudenten – wurden erfolgreich durchgeführt, wobei der Anspruch natürlich nicht sein kann, »aus einer Taube einen Adler zu machen«, sondern das individuell Mögliche zu fördern.

Ausgehend von der Frage, was und wie Lehrerinnen und Lehrer wirklich sind, sind wir weit gekommen und vermutlich dennoch nicht wirklich zufrieden. Unser »Fehler« war es ganz offenbar, Experten zu befragen und auf einfache Antworten zu hoffen. Die von uns exemplarisch aufgesuchten Kapazitäten belegen – zumal in der Gegenüberstellung – vielmehr, teils mit vielen Zahlen und mitunter schwer verständlichen Argumentationen, dass alles sehr kompliziert ist und es gar keine Wahrheit (nicht nur keine einfache, sonder gar keine!) über Lehrer gibt.

Sie meinen, dies sei recht platt und allgemein bekannt? Dann hätten Sie das Kapitel eigentlich gut und gerne überblättern können. Aber vielleicht hat Sie die Typologie-Parade ein wenig zur individuellen Standortbestimmung und vielleicht auch zum Entwurf einer eigenen Lehrertypologie angeregt? Welche Lehrertypen kennen und unterscheiden Sie, wie charakterisieren Sie Ihre einzelnen Typen?

1. _____

2. _____

3. _____

...

Sie haben sicher Recht, wenn Sie darauf bestehen, dass nur ein Lehrer selbst wissen kann, was Lehrer wirklich sind. Kommt Friedrich Mahlmann in seinem Buch *Pestalozzis Erben* (1997) der respektive Ihrer persönlichen Wahrheit vom typischen Lehrer am nächsten? Wie um jeder Kritik von außen zuvorzukommen, greift er alle negativen Stereotypen auf, um sie dann elegant zu brechen. Lehrer wären demnach überwiegend Alt-68er, die als liebenswerte Wesen dem Chaos der Klassen ausgeliefert sind und dennoch irgendwie dem Ganzen etwas Gutes abgewinnen.

Systematischer, in einem engagierten wie warmherzigen *Lehrer-Report* (2000) gehen die Kollegen Klaus Läffert und Dietmar Wagner an die Frage heran. Demnach gibt es den »gutmütigen Kinderfreund mit viel Humor« (»Das ist jeder Lehrer ... sonst könnte er den Beruf nicht ausüben«), aber auch folgende: »der Chaot«, »der Unauffällige«, »der Engagierte«, »der Kumpelhafte«, »der Neugierige«, »der Hinterlistige«, »der Karrierist« (offenbar bei den Autoren nicht sonderlich beliebt), »der Pedant«, »der Neider«, »der verhinderte Nobelpreisträger«, »der Besserwisser«, »der Lebenskünstler« und »der Unsichere«. Die freundlichen bis bissigen Kommentare und ein, trotz allen Humors, mitunter resignativer Tenor sind im Original nachzulesen. Die Ähnlichkeit der Typen zu den von der Bevölkerung vorgeschlagenen Mustern ist unverkennbar (siehe oben). Offenbar sehen sich Lehrer selber dann doch nicht sehr viel anders, als sie von der nicht pädagogischen Umwelt wahrgenommen werden.

Erleben Sie diese Übereinstimmung als ungemein entlastend? Nein? – Warum nicht?

Fokus Lehrerbelastung

Jeder weiß, was Lehrer tun. Eine gleichermaßen zwingende wie umfassende Definition von »Lehrerarbeit« und »Lehrerbelastung« ist dennoch – oder gerade deswegen – bislang niemandem geglückt. Wenn Lehrer sich über ihre Tätigkeit Gedanken machen, dann gehen sie vom Schulalltag, den damit für sie verbundenen Aufgaben, Anstrengungen und Frustrationen aus. Wissenschaftler beziehen sich zumeist auf Modelle, mit denen die überaus komplexe Realität auf wesentliche Faktoren reduziert und (be)greifbar gemacht werden soll.

Welche Faktoren jeweils als wesentlich erachtet werden, bleibt eine Frage der Perspektive: »Wer nie selber vor einer Klasse gestanden hat, fast sechs Stunden am Tag, fünf Tage die Woche und das über Jahre, der kann nicht mitreden, wenn es um Lehrerbelastung geht.« (48-jährige Hauptschullehrerin) Dem stehen Organigramme gegenüber, in denen Begriffe wie »Arbeitsaufgaben«, »Redefinition der Aufgaben«, »Lehrerpersönlichkeit«, »Lehrerbelastung« und viele andere von Kästchen umgeben sind, die wiederum mit Pfeilen verbunden sind, über denen Zahlen (»Effektladungen«) stehen. Die Gefahr, dass Theorie und Praxis aneinander vorbeireden und sich dabei vom jeweils anderen missverstanden fühlen, ist angesichts dessen groß.

Wenn derzeit offenbar nur wenige praktizierende Lehrer Hilfe bei der wissenschaftlich-pädagogischen Literatur suchen, überrascht dies nicht, ist aber andererseits bedauerlich.

Wer mitunter im Alltag den Wald vor lauter Bäumen nicht mehr sieht, dem bleibt ja eigentlich gar nichts anderes übrig, als sich einen etwas distanzierteren Standpunkt zu suchen, wie ihn unter anderem wissenschaftliche Modelle bieten. Schwellenängste sind dabei unnötig: Kein Modell und keine Perspektive enthält die ganze Wahrheit über Lehrerarbeit. Die »Power«, mit der anhand von Einzelparametern in der Schule Vorhersagen möglich sind, bleibt meist im Bereich des normalen Menschenverstands.

Insgesamt gesehen entzieht sich der Lehrerberuf nachhaltiger als andere einer theoretischen Konzeptualisierung. All dies könnte versöhnlich stimmen, bestätigt dieses doch letztlich indirekt alle Lehrer, die von der Einzigartigkeit ihrer Arbeit überzeugt sind.

In diesem Kapitel wird zunächst dargelegt, was Lehrer als Belastungen beziehungsweise Stress erleben. Hieran anschließend sollen eben diese Begriffe, deren Schlagwortqualität mitunter zur Falle wird, hinterfragt werden, und zwar zunächst von Ihnen selber. Zur besseren Orientierung werden einige arbeitswissenschaftliche, neurophysiologische und psychologische Befunde beigesteuert. Die Grenze zwischen Belastung und Überlastung ist unscharf, ebenso unscharf wie der Burnout-Begriff, der derzeit gemeinhin zur Bezeichnung der Auswirkungen eines anhaltenden Überlastungszustands auf das Individuum benutzt wird. Hinweise zur Geschichte, zu Konzepten, Befunden und Konsequenzen aus dem Burnout-Begriff, so wie er derzeit in Wissenschaft und im allgemeinen Sprachgebrauch verwendet wird, beschließen das Kapitel.

Den halben Tag Recht, den anderen halben frei haben – was ist schon Lehrerbelastung?

Was erwarten Sie, wo Sie doch tagtäglich »Lehrerbelastung« erleben, von einem Kapitel zu diesem Thema? Vermutlich nicht, dass Ihnen ein Nichtlehrer theoretisch darlegt, wovon und warum Sie belastet sein müssten und wovon und warum nicht. Insofern ist es besser, wenn Sie den Anfang machen: Wodurch fühlen Sie sich in Ihrem Berufsalltag besonders belastet? Bitte schreiben Sie auf, was Ihnen spontan dazu einfällt. Am besten ausgehend von einem konkreten Ereignis der letzten Tage. In welcher Situation haben Sie sich zuletzt hoch belastet gefühlt?

Wenn Sie Ihre Aufzeichnungen fertig haben – bitte in Ihrem eigenen Interesse nicht nur theoretisch erledigen! –, atmen Sie tief durch, lassen das Ganze einen Tag absetzen und lesen es dann mit möglichst großem Abstand nochmals, so, als hätte es ein anderer geschrieben.

Retrospektiv betrachtet: Wie haben Sie sich gefühlt, als Sie den Text zu Papier brachten? War es eher eine lästige Pflichtübung, kam es zu erheblicher Anspannung, als Sie sich an bestimmte Konstellationen erinnerten, und/oder überwog die Erleichterung, sich Frust von der Seele schreiben zu können?

Feststellungen, wonach der Lehrerberuf mit besonderen Belastungen verbunden ist, sind keineswegs neu. Die folgenden, von Leo Burgerstein im Jahre 1906 in seinem Buch *Schulhygiene* veröffentlichten Beobachtungen sind abgesehen von einigen sprachlichen Eigentümlichkeiten erstaunlich aktuell und fassen viele der seitdem publizierten Stellungnahmen zum Thema zusammen:

»Die Arbeit des Lehrers ist eine anerkannt anstrengende, welche sich durch die ständige, nicht in der Willkür gelegene intensive Inanspruchnahme von jener etwa eines Bürobeamten unterscheidet und durch die neuere Entwicklung der Unterrichtsmethode eine beträchtliche Verschärfung erfahren hat. Anhaltend in großen Räumen vernehmlich zu sprechen, dabei eine große Anzahl Jugendlicher scharf im Auge halten und beherrschen und dazu noch immer den Einzelnen mitbeschäftigen. Sich eine als notwendig empfundene Rastpause immer versagend, auch andere natürliche Bedürfnisse oft und oft unterdrückend, bedeutet eine Summe von Angriffen auf das Nervensystem überhaupt und einzelne Organe (Sprechwerkzeuge) im Besonderen, welche, wie jeder eifrige Lehrer aus Erfahrung weiß, erschöpfend wirken. Die Inanspruchnahme von Auge und Ohr während des immer wieder ruckweise unterbrochenen Bemühens, den Gedankenablauf zahlreicher zu leiten, mag nun vorgetragen oder geprüft werden, das erfordert einen Arbeitsaufwand, von welchem der Fernstehende sich schwer eine klare Vorstellung machen kann. (...)

Der Unterrichtende beginnt morgens 7 h mit einer bereits etwas erhöhten Anfangszahl (bezogen auf gemessene Ermüdungssymptome), die Ermüdungskurve steigt von Stund zu Stund und erreicht nach 4 Lehrstunden in der Schulklasse eine bedeutende Höhe. (...) Außer der eigenartigen Arbeit im Schulzimmer haben viele Lehrer als Besonderheit noch Korrekturen der schriftlichen Schülerarbeiten, welche bis zu einer Art geistiger Tortur gedeihen können, wenn Klassenzahl, Schülerzahl, Unterrichtsgegenstand in dieser Hinsicht besonders ungünstig werden. Kommt zu alledem noch ein peinlich kleinliches Verhalten Vorgesetzter, so ist eine Überbürdung gegeben, welche auf die Dauer der Gesundheit Schaden bringen muss ...« (S. 116 ff.)

Kann man es prägnanter ausdrücken? Eine konkrete Erforschung des Phänomens »Lehrerbelastung« kam allerdings erst in den 60er-Jahren des 20. Jahrhunderts in Gang. Seit den 80er-Jahren entstanden dann angesichts der bereits erwähnten Krisen dieses Berufs Untersuchungen, in denen dezidiert versucht wurde, die Belastungen von Lehrern qualitativ wie quantitativ differenzierter zu erfassen. Neben offenen Fragen – wie Sie sie eingangs dieses Kapitels beantwortet haben –, die dann zumeist einer recht aufwändigen inhaltsanalytischen Auswertung unterzogen wurden, dominierten dabei schon aus Gründen der Praktikabilität Fragebögen. Fragen sind hier anhand vorgegebener Kategorien zu beantworten, etwa: »Wie hoch ist das Ausmaß Ihrer psychischen und physischen Belastung durch Ihre Berufstätigkeit?«, von: 0/keine bis 4/sehr stark. Oder aber es wird in ähnlicher Form um Stellungnahme zu Aussagen gebeten, wie: »Mangelnde Mitarbeit von Schülern belastet mich«, von 0/nie bis 4/ständig. Eine ausgehend von Spontannennungen psychosomatisch belasteter Lehrkräfte erstellte Liste der häufigsten und gravierendsten Stressoren finden Sie auf Seite 56 f.

Vor- und Nachteile der verschiedenen Verfahren werden deutlich, wenn Sie den ausgefüllten Fragebogen neben Ihre schriftlichen Ausführungen zum Thema legen: Welche auf dem Fragebogen vorkommenden Aspekte hatten Sie spontan genannt, welche nicht? Vorgefertigte Fragen implizieren mitunter Sachverhalte, die man so erst nicht formuliert hätte, denen man dann aber doch irgendwie zustimmen kann.

Legt man die Ergebnisse der verschiedenen Untersuchungen, die seit mehr als 20 Jahren mit diversen Fragebögen unterschiedliche Lehrergruppen erfassen, nebeneinander, so fällt vor allem eines auf: die hohe Übereinstimmung der Ergebnisse. Lehrpersonen fühlen sich demnach mehrheitlich (in einigen Umfragen zu mehr als 80 %) sehr stark oder stark beruflich belastet, fast ebenso viele erleben sich als stark bis sehr stark überfordert. Gleichwohl, für Außenstehende mitunter schwer nachvollziehbar, üben dieselben Lehrer ihren

Beruf mehrheitlich gerne aus (je nach Frageformulierung bekunden dies ebenfalls um die 80 %) respektive würden diesen Beruf wieder ergreifen, wenn sie nochmals vor der Wahl stünden. Selbst erkrankte Lehrer, von denen sich nicht wenige nicht mehr zutrauen, in ihren Beruf zurückzukehren, und fast alle davon ausgehen, dass berufliche Belastungen erheblich zu ihren Beschwerden beigetragen haben, würden oft wieder mit diesem Beruf liebäugeln. Wenn es noch eines Beweises bedurft hätte: Lehrer muss ein faszinierender Beruf sein!

Die meisten Untersucher verwenden bislang selbst erdachte Fragebögen, die ausgehend von Sammlungen spontaner Lehreräußerungen erstellt wurden. Ein einschlägiger theoretischer Hintergrund, etwa Hypothesen, wie die einzelnen Belastungsfaktoren inhaltlich zusammenhängen, fehlt zumeist. Einerseits ist es wichtig, Fragen unmittelbar an den Bedürfnissen und dem Erleben der Betroffenen anzusetzen. Dass jedoch andererseits ein theoretisches Fundament nützlich wäre, zeigt sich spätestens dann, wenn man versucht, die einzelnen Ergebnisse miteinander in Beziehung zu setzen und generalisierbare Schlussfolgerungen zu ziehen.

Hinsichtlich der beruflichen Belastungen gibt es natürlich diverse Gruppenunterschiede, etwa zwischen Lehrerinnen und Lehrern. Oft – aber keineswegs immer – fühlen sich Lehrerinnen etwas höher belastet, übrigens auch solche ohne eigene Kinder. Jüngere Lehrkräfte erleben sich weniger belastet als ältere. Lehrer an großen Schulen mit mehr als 26 Klassen empfinden ihre Arbeit tendenziell schwieriger als Kollegen an kleineren Institutionen. Auch zwischen Lehrern unterschiedlicher Schultypen finden sich Unterschiede, wobei Haupt- und Förderschullehrer in der Regel über die höchsten Belastungen berichten.

Seit es solche Befragungen gibt, war das Niveau des Belastungserlebens, sei es global, sei es auf einzelne Aspekte bezogen, stets hoch bis sehr hoch. Da es stets so hoch war und ist, bleibt die Frage, ob es über die Jahre hinweg zu einer Zunahme der Belastung kam, offen. Allerdings sind auch die testpsychologischen Gütekriterien vieler Fragebögen fraglich: Inwieweit sind die jeweiligen Instrumente geeignet, also sensitiv genug, um Veränderungen und Gruppenunterschiede verlässlich abbilden zu können? So beschreiben sich im »Extremgruppenvergleich« manifest psychosomatisch erkrankte Lehrer anhand üblicher Belastungsfragen zwar als belasteter als gesunde Vergleichslehrer. Die Unterschiede werden dabei auch mitunter statistisch signifikant, aber nicht wirklich eindrucksvoll (zum Beispiel 3,02 versus 2,76 auf einer 5-Punkte-Skala).

Auch im Hinblick auf belastende Einzelaspekte bietet sich seit Jahren und weitgehend schultypenübergreifend ein konstantes Bild. Am belastendsten waren und sind offenbar für *alle* Kollegen Probleme mit inadäquatem, die Durchführung des Unterrichts beeinträchtigendem Schülerverhalten. An erster Stelle steht dabei zumeist problematisches Lernverhalten von Schülern, was sich in mangelnder Motivation und Konzentration, geringer Mitarbeit im Unterricht sowie unzureichender Vor- und Nachbereitung des Unterrichts ausdrücken kann. Mit geringem Abstand folgen aus gestörtem Sozialverhalten von Schülern resultierende Belastungen, was Disziplinprobleme und schnell eskalierende Konflikte einschließt. Heterogene und vor allem auch zu große Klassen werden als hoch belastend erlebt, ebenso die Notwendigkeit, ständig präsent sein zu müssen.

Inhaltlich dürfte eine scharfe Trennung der hier aufgeführten, in einigen Fragebögen noch weiter differenzierten Aspekte kaum möglich sein – schon deshalb, weil Schüler, die unkonzentriert und nicht an der Schule interessiert sind, aber ansonsten makelloses Sozialverhalten an den Tag legen, vermutlich Ausnahmeerscheinungen sind. Eine ähnlich enge inhaltliche Verquickung gibt es bei Aspekten, die mutmaßlich für dieses Schülerverhalten (mit)verantwortlich sind. So wird einhellig der Wandel von Sozialstrukturen (unter anderem mehr allein erziehende Eltern) und ein Wertewandel, der mangelnde Kooperationsbereitschaft und Verantwortungsübernahme von Seiten der Eltern einschließt, beklagt. Dabei wird zum Beispiel von den Eltern auch exzessiver Fernsehkonsum toleriert, sei es, um sich selber Freiräume zu schaffen, sei es, um lästige Konflikte mit den Kindern zu vermeiden. Die Lehrer sind schließlich für die Ausbildung verantwortlich. Und notfalls schreibt man eine Beschwerde an den Schulrat. Konflikte mit Schülereltern ergeben einen weiteren Hauptfaktor, der mit den folgenden Belastungsfaktoren in etwa gleichauf liegt.

Berufliche Belastungsfaktoren psychosomatisch erkrankter Lehrerinnen und Lehrer

(in absteigender Häufigkeit der spontanen Nennungen)

- Schüler sind kaum in der Lage, sich zu konzentrieren
- Kinder sind oftmals nicht am Unterricht/am Lernen interessiert
- Disziplinschwierigkeiten, hohes Ausmaß an Aggressivität in den Klassen
- Lehrer müssen – notgedrungen – oft die von Eltern vernachlässigte Erziehung übernehmen
- Konflikte mit (fordernden) Schülereltern
- Lehrer haben keine ausreichenden disziplinarischen Möglichkeiten
- Zu große Klassen (mehr als 30 Schüler)

- Viele Schüler verfügen über unzureichende Kenntnisse der deutschen Sprache
- Zu hohe Arbeitsbelastung (Stundendeputat und/oder Arbeitszeiten insgesamt)
- Kein/kaum Privatleben mehr
- »Innovative« Ideen des Kultusministeriums sind oft kaum durchdacht, bedeuten erhebliche Mehrarbeit, um schließlich im Sande zu verlaufen
- Überalterte Kollegien (Durchschnittsalter 45–50 Jahre)
- Umfangreiche Verwaltungsarbeiten
- Häufiger Vertretungsunterricht
- Konflikte im Kollegium und/oder mit der Schulleitung
- Der Lehrerberuf wird in der Gesellschaft nicht geachtet: Lehrer haben keine Lobby

Hinter dem Hauptbelastungsfaktor »Schülerverhalten« rangieren in etwa gleichrangig, mit interindividuell unterschiedlicher Gewichtung, die Faktoren: »Belastungen im kollegialen System«, »generelle Arbeitsbelastung« und die »Konflikte mit Schülereltern«. Es gibt Umfragen, in denen Konflikte im Kollegium an erster Stelle genannt werden, und solche, in denen diesbezüglich beste Harmonie zu herrschen scheint. Einerseits wird es beides geben, andererseits scheint das Thema für viele unangenehm bis heiß (»Den Kollegen entkommt man nicht«, s. S. 120 ff.), was gegebenenfalls (mehr oder weniger unbewusst) zum Wegschauen und entsprechend zur abgeschwächten Beantwortung diesbezüglicher Fragen motivieren könnte.

Zudem erfassen die Fragebögen nicht immer identische Aspekte. Von fehlender Solidarität über mangelnde kollegiale Unterstützung bis zu offenen Konflikten im Kollegium reicht nuancenreich das Spektrum. Auf gleicher Ebene liegen

Spannungen und Konflikte mit der Schulleitung, was von (vermeintlicher bis faktischer) Benachteiligung etwa bei der Stundenplangestaltung, mangelnder Unterstützung bei Konflikten etwa mit Schülereltern bis zu offenen Konfrontationen reichen kann. Wenn Probleme im Kollegium bestehen, dann oft auch mit der Schulleitung. Dies schließt Fälle, in denen das Kollegium sich solidarisch gegen die Schulleitung stellt, nicht aus.

In etwa auf gleich hohem Niveau wird die generelle Arbeitsbelastung erlebt, die das Stundendeputat, aber auch Vor- und Nachbereitungen sowie Korrekturen im außerschulischen Bereich einschließt. Diese erreichen oftmals ein zeitliches Ausmaß, das die Abgrenzung von Beruf und Privatleben schwierig bis unmöglich macht. Mehrfachbelastung vornehmlich von Lehrerinnen durch Beruf, Haushalt und Kinder kann – muss aber nicht, es gibt sehr gut organisierte Kolleginnen! – dieses potenzieren.

Neben diesen Faktoren gibt es eine ganze Reihe weiterer belastender Aspekte. Ein hohes Maß an Verwaltungsarbeit (die als berufsfremd angesehen wird), die systemische »Sandwichposition« zwischen denen »da oben«, die sich ständig irgendwelche Neuerungen einfallen lassen, die man dann umsetzen muss, und den Schülern und vor allem Eltern, denen gegenüber man sich nicht ausreichend geschützt erlebt (»Eine Beschwerde und mein Chef macht mich fertig ...«, »Die glauben eher dem Schüler als dem Lehrer«), gehören hier ebenso dazu wie mangelhafte Ausstattung, von fehlenden Arbeitsmaterialien bis zu annähernd abrissreifen Schulgebäuden, und – nicht zuletzt – die geringe Wertschätzung des Berufsstands durch die Bevölkerung.

An dieser Stelle bietet es sich an, Ihre Notizen zum persönlichen Belastungserleben mit den im Kasten auf S. 56 skizzierten Antworten zu vergleichen. Soweit Sie nicht zur relativ kleinen Gruppe von Lehrern gehören, die sich selber als praktisch nicht oder zumindest nicht nennenswert belastet erleben (worauf noch einzugehen sein wird), muss man angesichts der dargelegten Befundlage kein Hellseher sein, um zu vermuten, dass Ihr persönlicher Eindruck im Wesentlichen von dem der Kollegen geteilt und bestätigt wird. Falls dem nicht so ist, wird es umso spannender!

Wenn alles schwätzt – wie fühlt sich Lehrerbelastung an?

Die Begriffe »Lehrerbelastung« und »Lehrerstress« werden derzeit so häufig verwendet, dass der Eindruck entstehen könnte, es handle sich dabei um fest umrissene, quasi wissenschaftlich definierte Phänomene. – Sind sie das wirklich?

Zu Beginn des letzten Kapitels hatten Sie ein oder mehrere Beispiele notiert, in denen Ihnen das Phänomen »Lehrerbelastung« (respektive »Stress«) ganz unmittelbar zum bedrückenden Erlebnis geworden war. Wie haben Sie dabei die Belastung an sich erlebt, woran haben Sie gemerkt, dass es belastend war, welche Konsequenzen hatte die Situation für Sie?

Stellen Sie sich bitte die schulische Belastungssituation, die Ihnen im letzten Kapitel spontan eingefallen ist, noch einmal so intensiv wie möglich vor. War es im Unterricht, in der Interaktion mit Kollegen oder angesichts von Heftstapeln am Sonntagabend zu Hause? Versuchen Sie sich dabei so konkret wie möglich an alle Details zu erinnern. Am besten, Sie lassen ebendiese Situation von Anfang an wie einen Film in Ihrem Kopf ablaufen und achten dabei besonders auf ... sich selber.

• Welche Gedanken sind Ihnen in der betreffenden Situation durch den Kopf gegangen?

- Was haben Sie in diesem Moment gefühlt?
- Haben Sie körperliche Reaktionen an sich beobachtet, etwa eine erhöhte Anspannung der Muskeln, Unruhe, Schweißausbrüche?
- Und wie haben Sie dann gehandelt? Haben Sie gezielte Schritte zur Beendigung der Situation unternommen, kam es gar zu einem Wutausbruch? Wenn nach außen hin gar keine Reaktion erkennbar gewesen sein sollte, wäre das auch eine Reaktion ...

Wenn Sie die Situation nun vor Ihrem geistigen Auge nochmals durchlebt haben, dann dürfte es Ihnen nicht schwer fallen, die in der folgenden Tabelle erfragten Aspekte zu benennen:

Meine besonders eindrückliche Belastungssituation

	Im Moment des Geschehens kam es zu folgenden ...
Gedanken:	
Gefühlen/Emotionen:	
körperlichen Reaktionen:	
Handlungen/Verhalten:	

Falls Sie die Tabelle schwungvoll überlesen und unausgefüllt gelassen haben sollten, ein kleiner Hinweis:

Die Tabelle ist durchaus nicht als Dekoration gemeint! Wir können seitenlang über Lehrerbelastungen, Stress und Burnout philosophieren. Lehrmeinungen, Modelle und Daten dazu gibt es genügend. All das hat jedoch nur bedingt damit zu tun, was und vor allem wie *Sie* persönlich Belastungen erleben und empfinden. Ob irgendjemandem allgemeines Wissen über Stressbewältigung wirklich hilft, wenn er selber nur einen vagen Begriff davon hat, wie sich Stress bei ihm bemerkbar macht, ist eher fraglich. Soweit Sie sich von diesem Buch nicht nur interessante, aber unverbindliche Anregungen, sondern Konkretes versprechen, wird Ihnen nichts anderes übrig bleiben, als sich ein wenig auf Selbsterfahrung einzulassen.

Menschliche Wahrnehmung neigt dazu, sich bevorzugt selber zu bestätigen. Neue Eindrücke werden den bestehenden Mustern angepasst, so weit es eben geht. Aus diesem Mechanismus ein (kleines) Stück weit herauszukommen ist schwer, für jeden von uns. Die Fragen in der Tabelle sollen dazu anregen, Ihre Wahrnehmung auf ansonsten im Alltagsgeschäft untergehende Aspekte zu lenken. Wer macht sich schon in den fünf Minuten zwischen zwei Stunden bewusst, was er gerade fühlt? Dies wiederum kann mit etwas Übung dazu beitragen, sensibler für die das eigene Handeln steuernden Mechanismen zu werden, für Muster oder Schemata, die ansonsten automatisch-unbewusst ablaufen.

Falls Ihnen schon der erste Gedanke an Ihre Belastungssituation lästig bis unangenehm gewesen ist, wäre das ein guter Einstieg. Schließlich ging es ja darum, sich mit unangenehmen Aspekten zu beschäftigen und diese zu spüren ... Wenn Sie das lieber überspringen oder vermeiden möchten, dann ist das einerseits sehr verständlich und andererseits bereits wieder eine eigene Problemsituation, die Sie näher betrachten sollten. Was haben Sie gedacht, gefühlt und gespürt, als Sie über die Fragen-Tabelle hinweggelesen haben? Wer, wenn nicht ein Lehrer, weiß, dass man Belastungen nicht wirklich aus dem Weg gehen kann?! Sie holen einen früher oder später ein. Mit Sicherheit.

Sollten Sie nichts zu Papier gebracht haben, mit dem Argument, Sie fühlten sich durch den Beruf gar nicht belastet, die Übung sei für Sie deshalb nicht relevant, dann sind Sie zwar einerseits zu beglückwünschen (und ein wenig zu beneiden), andererseits kann dahinter, selbst wenn Sie der beste, sozialkompetenteste, tollste Lehrer aller Zeiten sind, auch eine gegebenenfalls narzisstisch angehauchte Brille stehen, die eher schwierige Aspekte in Ihrer (Selbst)Wahrnehmung ausblendet.

Muss ich dies wirklich begründen? Da Kollegen, die sich selber aller Probleme enthoben erleben, kaum ein Buch wie dieses zur Hand nehmen werden, dürften Darlegungen hier entbehrlich sein, wonach etwa die Lehrertätigkeit wie jeder hochgradig sozial-kommunikative Beruf zwangsläufig immer wieder mit Verunsicherungen und Kränkungen eigener Maßstäbe konfrontiert ist. Und natürlich soll mit Vorstellungsübungen (oder »Anleitungen zur Nabelschau«, wie es ein etwas konsternierter Lehrer in der ersten Supervisionsstunde nannte) überhaupt nichts »pathologisiert« und abgestempelt werden. Auch geht es nicht darum, Sie zur Wehleidigkeit anzuhalten oder gar erst ein Problem zu schaffen, das Sie gar nicht haben. Belastungsreaktionen im Sinne von Stress, wie sie hier thematisiert werden, sind vom Einzeller bis zum Nobelpreisträger elementar und haben per se mit »gesund« oder »krank« überhaupt nichts zu tun. Es geht einzig um Handwerkszeug. Wer nicht oder zu spät bemerkt, dass und wie er belastet ist, wird im Zweifel schlechter damit umgehen, als wenn sie oder er ... Also: Vielen Dank fürs Ausfüllen!

Zurück zur (ausgefüllten) Tabelle. Wenn es Ihnen gelungen ist, die unterschiedlichen Dimensionen von Belastung als solche wahrzunehmen, dann ist dies keineswegs selbstverständlich! Was die Gefühle anbelangt, tun sich viele Menschen in unserer Gesellschaft offenbar schwer, insbesondere wenn es über die Schlagwortebene (»Ich habe mich einfach sch... schlecht gefühlt«) hinausgeht. Wie fühlt sich der besagte Zustand konkret an, womit begann er? Ergänzend zu der Ihnen ja bestens bekannten äußeren Szene haben Sie nun die Eckpfeiler für Ihr inneres Drehbuch (es muss kein Psychodrama frei nach Alfred Hitchcock sein) und vor allem eine Reihe von Ansatzpunkten, um Ihre Situation perspektivisch etwas zu verändern.

Ausgangspunkt dieses Kapitels war die Frage nach dem tatsächlichen Gehalt von Begriffen wie »Lehrerbelastung« und »Lehrerstress«. Über das, was als belastend erlebt wird, besteht, zumindest so weit dies mit Fragebögen erfasst werden kann, ein hohes Maß an Übereinstimmung. Diesbezüglich sitzen die meisten Lehrer im gleichen Boot. Reizvoll wäre es, wenn wir hier auch die Skizzen zum subjektiven Belastungserleben verschiedener Kollegen nebeneinander legen könnten. Fragen Sie doch mal im Kollegium ... Oder lassen Sie Ihre Szene – zumindest virtuell – einmal von jemand anders spielen, beispielsweise von Ihrem unbeliebtesten Kollegen oder gar Ihrem Chef höchstpersönlich. Suchen Sie sich zu Übungszwecken den Kollegen aus, der Ihnen so unähnlich wie möglich ist, und stellen sich nun mit ihr oder ihm als Hauptdarsteller die Szene so intensiv wie möglich vor ...

Natürlich ist das alles reine Fantasie, aber die werden Sie dringend nötig haben, um auf Dauer den Kopf über Wasser halten zu können (diese Drohung ist psychotherapeutischer Dilettantismus, inhaltlich aber leider nicht ganz abwegig).

Meine Belastungssituation ... nachgespielt von

	Im Moment des Geschehens kam es zu folgenden ...
Gedanken:	
Gefühlen/Emotionen:	
körperlichen Reaktionen:	
Handlungen/Verhalten:	

Sind die beiden Tabellen, Ihre persönliche und die vom Kollegen, deckungsgleich? Erlebt die von Ihnen ausgewählte, Ihre Rolle spielende Person die Szene wirklich genauso wie Sie? Mit den gleichen Gedanken, Gefühlen, Reaktionen und Handlungen, die Sie in Ihrer Tabelle vermerkt haben? Eher nicht? Wo liegen die Unterschiede?

Sie haben eben gerade eindrucksvoll dargelegt, dass und in welch erheblichem Maß Belastungserleben von persönlichen Voraussetzungen abhängig ist! Glückwunsch!

Halten Sie als Zwischenergebnis fest: Zahlreiche Umfragen unter Lehrkräften weisen darauf hin, dass diese sich beruflich stark belastet fühlen. Ergebnisse dieser Art sind wichtig, etwa im Rahmen der pädagogischen Forschung und berufspolitisch. Sie liefern Argumente, die zur Sensibilisierung von Bevölkerung und Politik für die Situation in den Schulen hilfreich sein können. Ob und in welchem Ausmaß berufliche Belastung tatsächlich zugenommen hat und ob sich diesbezüglich verschiedene Gruppen von Lehrern unterscheiden, lässt sich mit Daten, die im Wesentlichen subjektives Belastungserleben spiegeln, nicht verlässlich nachweisen. Auch als Basis für eine konstruktive Selbstreflexion sind solche Fragen eher ungeeignet. Jeder erlebt Belastungen anders. Jeder hat eigene Definitionen dafür, was er unter Belastung oder Stress versteht. Mit den Begriffen im Alltag (aber auch in der Wissenschaft) unreflektiert zu hantieren, suggeriert zudem eine vermeintliche Klarheit, die mitunter ernste Nebenwirkungen haben kann: Sie macht hilflos.

Experten und Wissenschaftler: Lehrerbelastung methodisch betrachtet

Für Sie ist Lehrerbelastung Alltag. Für Arbeitswissenschaftler, entsprechend ausgerichtete Mediziner, Psychologen und Sozialwissenschaftler, Psychophysiologen und Psychotherapeuten ist sie Forschungs-, Handlungs- und/oder Behandlungsgegenstand, der aus einer gewissen Distanz heraus durch die Brille der im jeweiligen Fach herrschenden Theorien und/oder zu einem bestimmten Zweck betrachtet wird.

Arbeitsmedizin

Wo liegen die gesundheitlichen Risiken des Lehrerberufs? Sind Lehrer gefährdeter und kränker als andere Menschen – macht Schule krank? Arbeitsmediziner versuchen potenzielle gesundheitliche Risiken schon im Vorfeld zu erfassen. Durch präventive Maßnahmen sollen dann tatsächliche Gefährdungen, Arbeitsunfälle oder Gefährdungen, etwa durch Schadstoffbelastung, so weit wie möglich verhindert werden.

Begeben wir uns in die Büros und Untersuchungszimmer der Arbeitsmediziner und begleiten wir diese auf einer Schulbegehung. Blutdruckmessgeräte liegen auf dem Tisch, das Gehör wird mittels Hörtest überprüft, der Doktor nimmt gegebenenfalls eine orientierende körperliche Untersuchung vor – »Können Sie mit den Fingerspitzen den Boden berühren?« – und misst mit einem Gerät die Ausdünstungen im Chemiesaal.

Lehrkräfte sind potenziell einem weiten Spektrum von *physikalischen, chemischen und biologischen Belastungen* ausgesetzt. Sie verbringen viele Unterrichtsstunden stehend, was Knochen, Gelenke und den Kreislauf beansprucht. Auch die Stimmorgane sind gefordert. Lehrpersonen sind Lärm ausgesetzt, der überwiegend von den Klassen herrührt, gelegentlich aber auch durch Umgebungsgeräusche, etwa an der Schule liegende Straßen, dominiert sein kann. Insbesondere im Chemie- und Biologieunterricht wird mit toxischen Chemikalien gearbeitet. Schulgebäude können mit Substanzen von Asbest über Lacke und Farben bis zu Putzmitteln belastet sein. Baumängel können zu Treppenstürzen führen, Überhitzungen von Klassenzimmern Vorschub leisten oder durch mangelhafte Trittschalldämmung den Lärmpegel verstärken. Das enge räumliche Miteinander von Schülern und Lehrern bietet Krankheitserregern ideale Bedingungen, sich durch Tröpfcheninfektionen zu verbreiten. Eine annähernd vollständige Auflistung entsprechender Risiken würde viele Seiten füllen.

Schon 1964 publizierte Untersuchungen belegen, dass Lehrertätigkeit nicht nur etwas Geistiges ist. Mit einem arbeitsbezogenen Energiebedarf von etwa 800 bis knapp 1 000 Kilokalorien (zusätzlich zum Grundumsatz) pro Tag ist sie als mäßig schwere körperliche Arbeit zu bewerten. Eindrucksvoll sind Messungen, wonach in Klassen Dauerschallpegel zwischen 47 und 73 Dezibel herrschen. Pausenlärm erreicht 63 bis 93 Dezibel, also Werte, die deutlich über der normalen

Sprech-Lautstärke liegen (in einem Meter Abstand etwa 60 bis 65 Dezibel). Dies müssen Lehrer nicht nur ertragen, sondern durch eigene Stimmkraft übertönen.

Wenn Puls und Blutdruck von Lehrkräften im Verlauf eines Schultages gemessen werden, ist dies letztlich ein Integral psychophysiologischer und körperlicher Belastung. In mehreren Untersuchungen zeigten die betreffenden Lehrer längerfristig grenzwertig hohe bis erhöhte Werte, auch Erschöpfungsphänomene bilden sich ab. Die Frage, in welchem Ausmaß solche Aspekte tatsächlich zu Erkrankungen führen, ist damit jedoch noch keineswegs beantwortet. Die vorliegenden Untersuchungen sind meist punktueller Natur und ohne Vergleichsgruppen, was die Bewertung schwierig macht. Wenn beispielsweise von einem – realitätsangemessen – überalterten Lehrerkollektiv von knapp 200 Personen 66 % regelmäßig oder häufig einen Arzt aufsuchen und 43 % behandlungsbedürftige Symptome aufweisen, überwiegend im Bereich des Bewegungsapparats und der Hals-Nasen-Ohren-Heilkunde, dann dürfte dies nicht allzu weit von allgemeinen Werten in der Bevölkerung entfernt sein. Das macht die Befunde um keinen Deut besser. Welchen Stellenwert hierbei die Lehrertätigkeit hat, bleibt offen.

Zu ähnlich indifferenten Ergebnissen kommen Vergleiche von Frühpensionierungsdiagnosen unterschiedlicher Beamtengruppen. Was die körperlichen Erkrankungen anbelangt, fallen Lehrer hier zumeist nicht aus dem bei anderen Berufsgruppen Üblichen heraus. Erkrankungen des Bewegungsapparats, gefolgt von Herz-Kreislauf-Erkrankungen, stehen an erster Stelle.

Die arbeitsmedizinische Betreuung von Lehrkräften ist derzeit in vieler Hinsicht unzureichend, was die Dürftigkeit der Ergebnisse mit bedingen mag. Das Arbeitssicherheitsgesetz von 1973 und das Arbeitsschutzgesetz von 1996, in denen auch die arbeitsmedizinischen Rahmenbedingungen geregelt sind, schließen zwar öffentlichen Dienst, Verwaltungen und Schulen mit ein, werden aber bis heute in einigen Bundesländern nicht umgesetzt. Konkret heißt das, dass die betreffenden Bundesländer ihren Verpflichtungen, die sie privaten Unternehmern per Gesetzeskraft zur Verpflichtung machen, selber nicht nachkommen, vornehmlich natürlich aus finanziellen Gründen.

Der Umstand, dass das Fehlen einer arbeitsmedizinischen Betreuung im Sinne der Gesetze vielen Lehrern in den betreffenden Bundesländern gar nicht aufzufallen scheint, geschweige denn Anlass zu vehementen Protesten gibt, ist bemerkenswert. Offenbar wird Arbeitsmedizin, zumindest soweit sie sich auf die oben skizzierten traditionellen Aufgaben beschränkt (und psychologische Aspekte bestenfalls am Rande mitberücksichtigt), von Lehrern kaum wahrgenommen. Dies mag, dort wo es eine arbeitsmedizinische Betreuung gibt, neben der fachlichen Ausrichtung auch an den sehr geringen Einsatzzeiten liegen: Für den einzelnen Lehrer sind pro Jahr nur wenige Minuten vorgesehen. So sind es meist spektakuläre Einzelfälle, etwa wenn Schulen aufgrund hoher Asbestverseuchung geschlossen werden, die Arbeitsmedizin im schulischen Kontext ins Bewusstsein rufen. Oder aber in humoristischem Sinne: etwa wenn im *Lehrer-Report* geschildert wird, wie das Vorzeigen ausgestopfter Tiere im Biologieunterricht dank dezidierter Sicherheitsvorschriften zur Realsatire wird, Schutzanzug anlegen wegen Ausdünstungen ...

Insgesamt betrachtet wird eines deutlich: Die traditionellen Inhalte der Arbeitsmedizin, von der Schadstoff- und Lärmbelastung bis zum Unfallschutz, sind im Lehrerberuf sicher relevant, aber kaum entscheidend. Wenn Lehrer belastet sind, dann durch psychosoziale Phänomene (also eher im Sinne von Ärger über undisziplinierte Schüler als über den Schallpegel in Dezibel), die sich im psychosomatischen Bereich auswirken. Es gibt kaum Lehrer, die nie von Müdigkeit, Unruhe, Proble-

men, sich zu entspannen, Reizbarkeit, Kopfschmerzen, Schlaf-
störungen bis hin zu depressiven Verstimmungen geplagt
wären. Phänomene dieser Art waren in der Arbeitsmedizin
bislang – vorsichtig ausgedrückt – nebensächlich.

Psychophysiologie: Was dem Stress zugrunde liegt

Sind Sie im Stress? Nun machen Sie sich bloß keinen Stress!
Hätten Sie nicht auch gern eine stressfreie Schule? Stress
sollte man meiden, Stress macht krank, aber ohne Stress geht
es bekanntlich auch nicht. Stress und starker Kaffee haben
offenbar vieles gemeinsam. Und irgendwie ist derzeit jeder im
Stress und die Aussichten, dass es je anders werden könnte,
sind leider gering. Solche Aussichten machen durchaus Stress.
Der Stress, den Sie und ich tagtäglich erleben, wird vermutlich auch nicht geringer, wenn wir die ursprüngliche Bedeutung des von Hans Selye in die wissenschaftliche Diskussion
eingebrachten Begriffs und dessen mannigfaltige, im Rahmen
seiner exponentiellen Erfolgsgeschichte entstandenen Schat-
tierungen rekapitulieren würden.

Unmittelbar an die Wurzeln des Stress-Begriffs und damit
an die Basis menschlichen Belastungserlebens führt hingegen
die Psychophysiologie, also die Wissenschaft, die unmittelbar
die Interaktion psychischer und körperlicher Vorgänge zu
messen versucht. Da dies auch hinsichtlich von Lehrerbelastung überaus erhellend ist, soll hier etwas weiter ausgeholt
werden. Biologen und Psychologen unter Ihnen mögen mir
verzeihen und dürfen getrost einige Seiten weiterblättern.

Der menschliche Organismus wurde im Laufe seiner langen
Entwicklungsgeschichte auf das Bestehen eines Überlebens-

kampfes, der im wahrsten Sinne des Wortes aus Kämpfen bestand, hin optimiert. Dabei ist es überlebenswichtig, möglichst sofort viel Energie zu haben, um kräftig zuschlagen oder aber schnell weglaufen zu können. Kurzfristig wird dies über das sympathische Nervensystem – funktionell zusammenhängende Nervenzellen, zu denen auch das Nebennierenmark gehört – veranlasst. Sobald von den Sinnesorganen und den übergeordneten Hirnstrukturen – auf die noch zurückzukommen sein wird – Gefahr gemeldet wird, schüttet das sympathische System Adrenalin und Noradrenalin aus. Diese Überträgerstoffe führen umgehend zum Anstieg der Herzfrequenz, zur Kontraktion von Blutgefäßen (und damit zum Blutdruckanstieg) sowie zur vermehrten Bereitstellung von Zucker im Körper-Zucker, den die Muskeln für ihre nun geforderten Leistungen dringend benötigen. Darüber hinaus wird – vorsorglich – das Immunsystem stimuliert, möglicherweise trägt man ja Verwundungen davon, Krankheitskeime könnten eindringen. Der Kampf kann beginnen ...

Halt! Vorbeugen ist entschieden gesünder als aufgefressen werden. Falls der Kampf etwas länger dauern sollte, würde es gefährlich werden. Die ad hoc bereitgestellte Energie ist schnell verbraucht. Deshalb schaltet sich ein weiteres System ein. Der Hypothalamus, im Zwischenhirn unter einer zentralen Schaltstation namens Thalamus gelegen, ist eine komplexe Ansammlung von Nervenzellen, deren Ausläufer zur Hirnanhangdrüse ziehen. Dort geben sie Botenstoffe in die Blutbahn ab, die schließlich in der Nebennierenrinde die Ausschüttung von Steroidhormonen – insbesondere Cortisol – veranlassen. Cortisol bewirkt, dass im Körper Eiweiß ab- und Glukose aufgebaut wird. Zudem werden das Immunsystem und alle den Körper regenerierende, also potenziell Energie verbrauchende Funktionen gebremst. Offenbar rechnet der Körper damit, dass ein Kampf im Normalfall nach kurzer Zeit vorbei ist. Im Sinne eines Rückkopplungsmechanismus kommt dann Cortisol nach einiger Zeit im Gehirn an und schaltet den Mechanismus, der seinen Anstieg provoziert hat, wieder ab. Perspektivisch gesehen wäre Energieverschwendung ungünstig. Zwischenzeitlich liegt unser Gegner hoffentlich niedergestreckt am Boden, wir konnten dem Säbelzahntiger glücklicherweise in schnellem Spurt auf einen Baum entkommen oder es war, wie so oft, nur Fehlalarm. In allen genannten Fällen gilt es, die noch auf Hochtouren laufende Maschine, insbesondere auch das Immunsystem, schnell wieder auf Normalkurs zurückzufahren und sich dem Mittagsschlaf zuzuwenden. Soweit zu unseren frühmenschlich-altsteinzeitlichen Vorfahren. Das beschriebene Modell wird derzeit mit einigen äußeren Modifikationen im Homo-sapiens-sapiens-Design gefertigt, worauf wir uns einiges zugute halten. Das Funktionsprinzip an sich wurde dabei jedoch nicht nennenswert überarbeitet. Eine Anpassung an die veränderten Umgebungsbedingungen erfolgte nicht. In jeder Stresssituation schießt die Maschinerie dementsprechend mit der ganzen vorgeschichtlichen Kaskade los, obgleich dies in der weit überwiegenden Zahl von Stresssituationen, in denen Sie und ich ja nicht körperlich bedroht sind, eigentlich sinnlos bis schädlich ist. Ein Homo-sapiens-paedagogicus-Modell, das die verschiedenen Arten von Bedrohungen automatisch unterscheiden könnte, das da »cool« bleibt, wo es für alle Beteiligten besser ist – etwa im Unterricht –, wäre eine echte Innovation, ist aber leider genauso utopisch wie die grünen Männchen vom Mars.

Dass unser Alarm- oder Stresssystem weiterhin so abläuft wie bei unseren Vorfahren, lässt sich unschwer nachweisen. Wer dies auf seine eigene Person bezogen nicht glauben will (»Als Lehrer hat man gelernt, sich nicht zu ärgern ...«, »Wieso soll mich das aufgeregt haben? Es gehört zu meiner Professionalität, als Lehrer ruhig zu bleiben«), der sollte einmal Biofeedback ausprobieren. Von der Methode her ist dies nichts anderes als der aus älteren amerikanischen Krimis gut bekannte Lügendetektor, jetzt allerdings mit einem modernen Bildschirm versehen. Die Elektroden werden auf die Haut geklebt und messen – je nachdem – die durch Adrenalin stimulierte Schweißdrüsentätigkeit der Haut (Hautleitfähigkeit), die Hauttemperatur, den Blutdruck und/oder die Muskelanspannung. Das Resultat sieht man in Form fortlaufender bunter Linien auf dem Bildschirm.

Zunächst einmal entspannen Sie sich bitte, denken an irgendetwas Schönes, den letzten Urlaub, einen Sonnenuntergang am Meer. Ein plötzliches, harmloses Klatschen hinter Ihrem Rücken treibt die Kurven einen Moment lang steil nach oben. Also wieder zur Ruhe kommen, Sonnenuntergang – wie es Ihnen gefällt.

Und nun denken Sie bitte an ein belastendes schulisches Ereignis, etwa dasjenige, das Sie zu Beginn dieses zweiten Teils beschrieben haben. Wetten, dass alle Kurven respektive die durch sie repräsentierten Stressparameter in Sekundenbruchteilen steil nach oben gehen?!

Wenn es wirklich ein belastendes Erlebnis war, dann reagieren die meisten Menschen (einschließlich Lehrer) diesbezüglich sehr ähnlich. Worin sie sich unterscheiden, ist die Sensibilität, diesen Anstieg von Adrenalin bis Cortisol und die dadurch hervorgerufenen Abläufe als solche bewusst wahrzunehmen. Ein Teil der Menschen braucht kein Biofeedback, sie bemerken Anspannung auch ohne technische Hilfsmittel. Andere schauen sich den steilen Kurvenanstieg ungläubig an: »Ich dachte, ich bin ganz ruhig.« Belastung ereignet sich hier gewissermaßen im Unterbewusstsein. Tatsache ist aber, dass sie sich ereignet. Auch die Fähigkeit, die Kurven – respektive die zugrunde liegenden Stressreaktionen – wieder auf den Boden zu bringen, ist recht unterschiedlich ausgeprägt. Wo der eine um Entspannung und Ruhe ringt – und genau das Gegenteil passiert –, scheint Stress bei anderen regelrecht abzuperlen.

Wir kommen darauf nochmals zurück. Hier ging es vorerst nur um die Demonstration des Phänomens »Stressreaktion an sich«. Ob wir das nun sinnvoll finden, wahrnehmen und akzeptieren wollen oder nicht, spielt (leider) keine Rolle. Vorsätze wie »Ich will mich nicht mehr aufregen ...« oder »Mein Hausarzt hat gesagt, ich soll mich nicht ...« sind lobenswert, aber naiv, selbst wenn es Ihr Doktor so verordnet hat. Wie beim Segeln kann es nur darum gehen, möglichst optimal mit den (hormonellen) Böen umzugehen. Dies kann mitunter extrem elegant aussehen oder aber kurzfristig zu Schlagseite und Kentern führen. Schade, dass ich Ihnen nicht nebenbei mal ein paar Elektroden aufkleben kann. Selbsterfahrung – auch auf dieser Ebene – lässt sich nicht durch die klügsten Argumente ersetzen.

Im Leben und insbesondere im Schulalltag, wo einige Jahrzehnte alten Zählungen zufolge in jeder Unterrichtsstunde bis zu 200 Entscheidungen zu treffen sind und im Durchschnitt 15 »erzieherische Konfliktsituationen« bestanden werden müssen, sind Stressreaktionen keine isolierten Einzelereignisse. Dazu, wie der Körper mit Dauerstress-Konstellationen umgeht, gibt es eine Reihe von Untersuchungen. So kann durch sich wiederholende Stresssituationen mitunter provoziert werden, dass der Cortisolspiegel bei den Betroffenen, seien es Ratten oder Menschen, längerfristig hoch bleibt. Dies wiederum kann einerseits mit einer anhaltenden Drosselung beziehungsweise Störung des Immunsystems und andererseits mit verminderten Reparaturarbeiten in den Organen einhergehen. Im Gehirn selber sollen Steroide darüber hinaus schädigende Nebenwirkungen haben, insbesondere wurde eine Verkleinerung des Hippokampus, einer Hirnregion, die für den Gedächtnisprozess von zentraler Bedeutung ist, beschrieben. Auf psychischer Ebene wurden als Ausdruck erhöhten Cortisols unter anderem Schlaf- und Konzentrationsstörungen festgestellt.

Ganz so einfach und gefährlich ist es jedoch wiederum nicht. So gibt es widersprüchliche Befunde, wonach etwa bei Dauerstress eine verminderte Cortisolfreisetzung registriert wurde. Das System fährt dann gewissermaßen auf Sparflamme, einhergehend mit Müdigkeit und Erschöpfung. Bei einer kleinen Gruppe von Lehrkräften, die sich auf Fragebögen eher von Burnout betroffen beziehungsweise ausgebrannt beschrieben hatte, wurde beispielsweise ein deutlich niedrigerer morgendlicher Cortisolspiegel gefunden als bei psychisch weniger belasteten Kollegen. Durch zusätzliche Gabe von Steroidhormonen in Tablettenform wird üblicherweise ein körpereigener Rückkopplungsmechanismus angestoßen und die Cortisolausschüttung des Körpers zurückgefahren. Lehrer – respektive deren hormonelles System –, die sich selber als langfristig sehr gestresst erlebten, reagierten diesbezüglich empfindlicher. Sich gleichzeitig ausgebrannt und gestresst fühlende Lehrkräfte wiesen dabei sowohl erniedrigte Spiegel als auch eine höhere Sensitivität bei der Blockierungsreaktion auf. Darüber hinaus gibt es eine Reihe von Untersuchungen an Lehrern, die Zusammenhänge zwischen Unterrichtsbelastung und Cortisol aufzeigen.

Diese Erkenntnisse sind sehr interessant, aber auch mit mindestens einem großen Fragezeichen zu versehen. So spannend es ist, aus verschiedenen Einzelbefunden, von weißen Ratten bis zu finnischen Lehrkräften, Argumentationsketten zusammenzustellen, so hypothetisch bleiben die sehr vorläufigen Ergebnisse. Es handelt sich in keinem Fall um einfache Kausalzusammenhänge, um Gesetzmäßigkeiten, die auf jeden übertragen werden könnten, etwa: »Wenn jemand Dauerstress hat, dann sinkt der Cortisolspiegel, dann funktioniert das Immunsystem nicht mehr richtig, man fühlt sich matt und antriebslos, eben ausgebrannt, und zu allem Übel wird auch noch das Gehirn geschädigt. Jemanden als Lehrer arbeiten zu lassen, ist wissenschaftlich erwiesene Körperverletzung ...«.

Wenn Kollegen dies in 100 Jahren lesen sollten, wird es diesen etwa so unsinnig vorkommen wie uns heute die hippokratische Viersäftetheorie, wo alles Übel aus ungesunden Mischungsverhältnissen von Blut, Schleim, schwarzer und gelber Galle erklärt wurde. Alle beschriebenen Einzelzusammenhänge sind auf der Ebene von statistischen Mittelwerten beschrieben. Bei nicht wenigen Individuen sind die Verhältnisse deshalb ganz anders. Demnach gibt es auch Lehrer mit viel Stress und hohem Cortisol und geringer Blockadereaktion. Selbst die Frage, inwieweit die genannten Veränderungen zumindest zum Teil sinnvolle und letztlich gesunde Anpassungsreaktionen an Dauerbelastungssituationen darstellen, ist derzeit nicht abschließend zu beurteilen, schon deshalb, weil unsere Forschung insgesamt gesehen noch recht defizitorientiert ist und potenziell gefährliche Aspekte viel sensibler registriert werden als gesund erhaltende.

So schön es wäre, mit einfachen Hormonbestimmungen objektiv den Grad der individuellen Belastung messen zu können, so weit sind wir derzeit noch von tragfähigen Konzepten hierzu entfernt. Nichtsdestoweniger sind Untersuchungen hierzu überaus spannend, unterstreichen sie doch nachdrücklich, wie hochkomplex unsere Körperfunktionen und wie groß die interindividuellen Unterschiede sind.

Was ist Lehrerarbeit aus Expertensicht?

Arbeitswissenschaften im Allgemeinen zielen auf die Erforschung des Menschen im Kontext seiner Arbeitswelt ab. Der Betrachtungsschwerpunkt kann dabei – je nach Zielsetzung – entweder auf das arbeitende Individuum oder aber das System gelegt werden. Arbeitswissenschaften sind ein weites Feld, in dem der Lehrerberuf bislang nur eine marginale, dafür aber besonders spannende Rolle spielte.

Was ist Lehrerarbeit? Die diesbezüglichen Probleme beginnen bereits dort, wo es um Versuche geht, Lehrerarbeit im arbeitswissenschaftlichen Sinne zu definieren. Arbeit ist demnach beispielsweise »eine Aktivität oder Tätigkeit, die im Rahmen bestimmter Aufgaben entfaltet wird und zu einem materiellen und/oder immateriellen Arbeitsergebnis führt, das in einem Normensystem bewertet werden kann; sie erfolgt durch den Einsatz der körperlichen, geistigen und seelischen Kräfte des Menschen und dient der Befriedigung seiner Bedürfnisse« (Hoyos 1974). Die Aufgabe wäre bei Lehrern die Erfüllung des Lehrplans, das Arbeitsergebnis das in Schülerhirnen »produzierte« Wissen, die Normsysteme wären die Vorgaben des Kultusministeriums oder das Leben selber ... und schließlich macht ein Lehrer das alles, um seine vitalen und ein paar darüber hinausgehende Bedürfnisse befriedigen zu können. Lehrer sind im Dienstleistungsgewerbe tätig, wobei – ähnlich einem Kinderarzt, der einem Kind eine Spritze gibt – Auftraggeber nicht die Bedienten, sondern deren Eltern respektive Staat und Gesellschaft sind.

Hilft es Ihnen zu wissen, dass Schulen Klein- oder Mittelbetrieben vergleichbar sind, ausgehend von der Zahl der dort tätigen Personen? Finden Sie sich in diesen Definitionen wieder und, vor allem, fühlen Sie sich damit wohl?

Lehrertätigkeitslisten

Vollständigkeit anstrebende Auflistungen von Lehrertätigkeiten sind ein weiterer Versuch, diesen Beruf (be)greifbar zu machen. Auch ohne allzu akribische Differenzierung lassen sich damit unschwer viele Seiten füllen. Zumeist werden *organisatorische Aufgaben* – von der Pausenaufsicht über Bücherbestellungen, von praktischen Arbeiten wie dem Umräumen überfüllter Klassenzimmer bis zum Führen von Statistiken – und *pädagogische Aufgaben* – von den disziplinarischen Interventionen in der Klasse über Elternabende bis zu Zensuren – unterschieden. Angesichts solcher Listen, in denen sich von der Konferenzvorbereitung bis zum Transport eines verletzten Schülers Häufiges und Seltenes, Beiläufiges wie Zentrales, Lustvolles wie emotional Belastendes findet, mag manchen die Ehrfurcht vor Menschen überkommen, die all dies zu leisten haben.

Sicher spiegeln diese Listen die Vielseitigkeit der Anforderungen an Lehrkräfte wider. Darüber, ob das für den einzelnen Lehrer unzumutbar viel oder gerade richtig und besonders interessant ist, sagen sie jedoch nichts aus. Diesbezügliche Kategorien, bezogen auf die einzelnen Aufgaben und vergleichbare Listen anderer Berufe, wären nötig, um wertende Aussagen begründen zu können. Vor allem in anderen Sozialberufen und im Management kämen vermutlich auch recht lange Listen zustande.

Beschleicht Sie an dieser Stelle ein ungutes Gefühl, dass der Autor Ihre beruflichen Belastungen relativieren und damit bagatellisieren will? Hierin steckt ein tatsächliches Dilemma, wenn man als Betroffener gleichzeitig eine distanzierte Perspektive auf sich und seinen Beruf einnehmen will. Unmittelbar kommen dann leicht, man ist ja betroffen, existenzialistische Gefühle auf. Lehrerkollegen, mit denen ich das Thema »Lehrerbelastung« diskutiert habe, stellten mitunter die

Frage: »Sind Sie eigentlich für oder gegen uns?« Deren Anliegen an die Arbeitswissenschaften war offenbar vornehmlich, zu beweisen, dass die Belastungen des Lehrerberufs größer sind als in allen anderen denkbaren Tätigkeiten, ausgenommen vielleicht Topmanager, aber die sind besser bezahlt.

Es gibt tatsächlich viele mehr oder weniger wissenschaftliche pädagogische Schriften zum Thema, die von solchen Tendenzen nicht frei sind, die Äpfel mit Birnen vergleichen und eine Obstsorte für höher belastet erklären. Abgesehen von der politischen Außendarstellung und Ihrer narzisstischen Selbstwerterhöhung: Wem helfen solche Darstellungen weiter? Falls es für Sie einen etwas kränkenden Beigeschmack haben sollte, wenn sich Lehrerbelastung aus entsprechender Distanz heraus betrachtet relativiert, ist das einerseits psychologisch gesehen verständlich (schließlich sind Sie ja betroffen und die politischen Konnotationen hinlänglich bekannt), andererseits stellen Sie sich damit selber ein Bein. Schließlich war es ja Sinn und Zweck, durch unseren Exkurs in arbeitswissenschaftliche Betrachtungsweisen Abstand vom spontanen Alltagserleben und Handlungsspielraum zu gewinnen.

Lehrerarbeitszeiten

Eine diesbezüglich vergleichsweise unproblematische, weil überschaubarere und methodisch vergleichsweise klar definierbare arbeitswissenschaftliche Fragestellung zielt auf die Arbeitszeiten des Lehrers ab. Hierzu haben zahlreiche Kollegen teils minutiös über Wochen Stundenpläne geführt. Neben den Unterrichtsstunden haben sie alle Vor- und Nachbereitungszeiten und alle mit Schule in Zusammenhang stehenden Tätigkeiten vermerkt.

Eine gewisse Unschärfe ergibt sich daraus, dass die Zuordnung gewisser Aktivitäten zum Beruf unterschiedlich gewertet werden kann: Ist das Lesen der Tageszeitung für einen Geschichtslehrer oder das Sammeln von leeren Jogurtbechern für eine Handarbeitslehrerin Unterrichtsvorbereitung? Wir brauchen dies glücklicherweise nicht auszudiskutieren, denn ungeachtet solcher Detailprobleme sind die Ergebnisse der seit den 60er-Jahren des 20. Jahrhunderts immer wieder erhobenen Studien eindeutig. Übrigens unterscheiden sich dabei die mit Tagebüchern akribisch ermittelten Werte nur wenig von den spontan aus dem Bauch heraus geäußerten Lehrereinschätzungen.

Wie viele Arbeitsstunden fallen für Sie in der Woche an?

Stundendeputat: _____ Stunden/Woche

Organisatorische Aufgaben: _____ Stunden/Woche

Vor-/Nachbereitung: _____ Stunden/Woche

Gesamtstunden/Woche: _____

Den genannten Studien zufolge kommen Lehrer mit vollem Unterrichtsdeputat auf durchschnittliche Wochenarbeitszeiten zwischen 45 und 55 Stunden, wobei Grundschullehrer die geringsten und Gymnasiallehrer die höchsten Arbeitszeiten haben. Auch wenn die relativ zu anderen Arbeitnehmern längeren Ferienzeiten berücksichtigt und entsprechend auf die Jahresarbeitszeit umgerechnet werden, ergeben sich immer noch im Bereich von 40 und mehr Wochenstunden liegende Arbeitszeiten. Eine Reduktion des Stundendeputats reduziert die Wochenarbeitszeit dabei in deutlich geringerem Ausmaß, als dies statistisch zu erwarten wäre. Teilzeitkräfte nehmen sich beziehungsweise benötigen damit relativ mehr Zeit zur Vor- und Nachbereitung.

Diese Zahlen widerlegen nachdrücklich die Legende vom Lehrerhalbtagsjob und zudem die relativ höheren Arbeitszeiten von Kollegen mit Korrekturfächern. Weiter gehende Interpretationen sind jedoch schwierig, schon weil Arbeitszeit nur bedingt etwas über Arbeitsleistung und Belastung aussagt. Ein wichtiger diesbezüglicher Nebenbefund ist, dass Lehrerarbeitszeiten in allen Schultypen und Jahrgangsstufen interindividuell erheblich voneinander abweichen. So gibt es etwa an Grundschulen Kollegen, die in weniger als 37 Wochenarbeitsstunden ihr Pensum erledigen, andere brauchen dazu mehr als 60. Sind die Ersten schlampig und die Letzten besonders gewissenhaft oder die Ersten stringent-souverän, die Letzten zwanghaft?

Daten, die belegen würden, dass höherer Zeitaufwand mit besseren Unterrichtsresultaten verbunden ist, gibt es nicht. Angesichts der praktischen Relevanz dieser Frage ist es für Außenstehende erstaunlich, dass solche Untersuchungen nie versucht wurden. Sie wären natürlich sehr aufwändig und viele müssten sich in die Karten sehen lassen. Als Ergebnis wäre, wie in ähnlich komplexen Konstellationen üblich, eine Normalverteilungskurve zu erwarten. Demnach gäbe es einen mittleren Bereich, in dem ein mittlerer Zeitaufwand mit relativ hoher Lehrerleistung einhergeht. Mit weniger, aber auch mit mehr Zeiteinsatz würde es dann zunehmend ineffektiver. – Können Sie dem zustimmen?

Welchen Zusammenhang würden Sie, bezogen auf Ihre Person, erwarten ... und auf welchem Punkt der Arbeitszeit-Effektivitätskurve befinden Sie sich zurzeit?

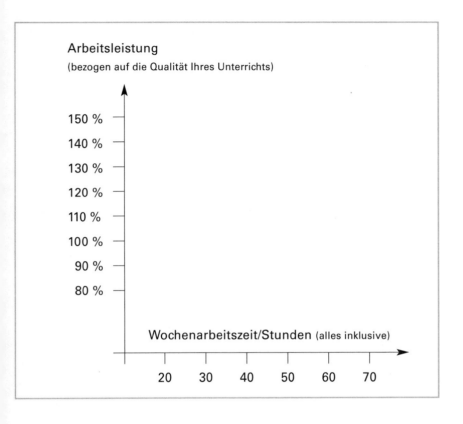

Welcher Punkt wäre, angesichts Ihrer Situation und Person, am günstigsten? Und wie ließe sich dieser erreichen? (s. S. 200 ff.).

Lehrerarbeit konzeptuell durchleuchtet: Belastung und Beanspruchung

Abstrakte Definitionen, die von beruflicher Arbeit im Allgemeinen ausgehen, Auflistungen von Tätigkeiten oder auch

Arbeitszeiterfassungen gehen letztlich an zentralen Aspekten von Lehrerarbeit und Lehrerbelastung vorbei. Diskussionen, wonach Lehrertätigkeit irgendwo zwischen Produktions- und Alltagstätigkeit anzusiedeln sei, wobei »gesellschaftliche Werte im Sinne höherer Normen prägend sind« (wie gefällt Ihnen das?), machen ergänzend dazu deutlich, dass einerseits einfache Handlungsmodelle zu kurz greifen und andererseits abgehobene Perspektiven zwar beeindruckend sein können, aber ebenfalls wenig Konkret-Praxistaugliches ergeben. Zwischen diesen beiden Extremen gibt es Konzepte, die versuchen, die heterogenen Aufgaben, Voraussetzungen und Tätigkeiten, die im Lehrerberuf anfallen, zu integrieren. Deren Basis ist die Gegenüberstellung von »objektiven« *Belastungen* (beziehungsweise Anforderungen) und subjektiv erlebter *Beanspruchung*.

Belastungen sind demnach die Bedingungen und Aufgaben, die sich – zumindest theoretisch – für jeden Lehrer in identischer Weise stellen, also Stundendeputat, Klassengröße, räumliche Bedingungen, Lehrpläne etc. Diesen Anforderungen sieht sich jede Lehrerpersönlichkeit gegenüber, die individuelle Leistungs- und Handlungsvoraussetzungen mitbringt. Dazu gehören die fachliche und pädagogische Kompetenz, aber auch Geschlecht, Alter, körperlich-gesundheitliche Stabilität, Persönlichkeit einschließlich aller Teilaspekte dieser Faktoren, von der Stimmkraft bis zu den persönlichen Handlungsmotiven. Je nach Art und Ausprägung dieser Voraussetzungen kann dabei die Erfüllung identischer Aufgaben ganz unterschiedlich »anstrengend« sein, womit die Angelegenheit vor allem immanent psychologisch wird.

Zunächst geht es darum, ob ein Phänomen überhaupt als störend wahrgenommen wird. Sind Sie der Meinung, das sei eine müßige Frage, weil doch jeder Lehrer die gleichen, eben die professionellen Maßstäbe anlege? Am besten kommen wir deshalb nochmals auf Ihre eingangs geschilderte Problemsituation zurück. Nehmen wir der Einfachheit halber an, es ginge um ein eindeutig kontraproduktives Verhalten (»Schwätzen«) eines bestimmten, Ihnen diesbezüglich wiederholt aufgefallenen Schülers. (Ideal wäre dabei, Sie hätten die ganze Stunde auf Video aufgenommen.)

Wie lange hat es gedauert, bis Sie das betreffende Verhalten des Schülers als störend wahrgenommen haben? Sofort oder etwas später? Also: Wie lange konnte der betreffende Kandidat schwätzen, bis Sie es als störend bemerkten?

_____ Sekunden

Wie lange dauerte es, bis Sie gezielt auf den Vorfall reagierten und handelten? _____ Sekunden

Und nun stellen Sie sich die gleiche Szene bitte noch einmal vor (oder suchen eine solche sicher ebenfalls zu findende Konstellation auf dem Video), allerdings mit einer angenehmkonstruktiven Schülerin, die eine der erfreulichsten Erscheinungen der Klasse ist. Auch diese schwätzt (ausnahmsweise) in nämlicher Weise ... Wie lange dauert es hier, bis Ihnen ihr Verhalten als störend auffällt? _____ Sekunden

Wie lange dauert es, bis Sie einschreiten? _____ Sekunden

Davon abgesehen: Haben Sie sich Ihren eigenen Unterricht überhaupt schon einmal auf Video angesehen? Wann zuletzt?

Solange kein Video mitläuft und später eine objektive Auswertung zulässt, könnte man den Eindruck haben, man bemerke alles gleich schnell, fast sofort. Gleichzeitig kennt man als Lehrer natürlich seine Pappenheimer, ahnt das Unheil im Voraus und versucht im Vorfeld einzuschreiten. Und ebendieses müsste sich in der Zahl der Sekunden, zumindest was die Problemwahrnehmung anbelangt, abzeichnen.

Das Ganze hat einen elementaren psychologischen Hintergrund. Unser Gehirn nimmt nichts isoliert wahr, sondern stets a) im situativen Kontext und b) durch die Brille ähnlicher Vorerfahrungen. Konkret: Durch Ihre entsprechenden Vorerfahrungen wurden Wahrnehmungsmuster gebahnt, also gewissermaßen Spurrillen im Gehirn angelegt, in die der aktuelle Fall quasi automatisch hineinfällt, um seinerseits die Spurrillen noch weiter auszuschleifen und dabei vielleicht ein wenig aus- oder umzulenken. Dieser damit weitgehend automatisierte Ablauf wird nun noch dadurch kompliziert, dass es ja eben nicht um die Wahrnehmung des neutralen Sachverhaltes »Schüler redet mit Nachbarn hinter einem aufgestellten Mathe-Buch über Videospiele« geht. Der Vorfall, soweit er in Ihr Bewusstsein vorgedrungen ist, hatte offenbar eine dezidierte emotionale Qualität. Ein wenig geärgert haben Sie sich doch schon, bei allem Verständnis für den Schüler und aller pädagogischen Souveränität?! Falls Sie sich an keine Gefühle erinnern können, lesen Sie noch einmal den Abschnitt über Biofeedback, das unbewusste vegetative Reaktionen aufzeigt! Das ist durchaus nicht als »Strafarbeit« gemeint, sondern als Maßnahme zur Realitätsorientierung.

Absolut neutrale Sachverhalte nimmt unser Gehirn im Normalfall nicht bewusst wahr. Entweder sind die diesbezüglichen Spurrillen schon so breit und tief ausgefahren, während gleichzeitig etwas anderes im Vordergrund des Interesses steht, dass das betreffende Phänomen schlicht reibungslos hindurchrutscht (etwa wenn man morgens in der Schule ankommt und sich nicht mehr an einige Details der Fahrt dorthin erinnern kann). Oder aber es ist überhaupt keine auch nur irgendwie ähnliche Spur vorhanden und das Ereignis nebensächlich genug, um keine Furchen aufzureißen. Von diesen Ausnahmen abgesehen ist jedes von Ihnen bewusst wahrgenommene Phänomen zum einen über die sachliche Spurrille und zum anderen über eine ähnliche, in anderen

Hirnregionen verlaufende emotionale Schiene vorgefiltert worden.

Im Gehirn ist das limbische System als zentrale Schaltstelle für die Integration emotionaler und sachlicher Wahrnehmungen zuständig. Die emotionale Schiene prägt dabei die bewusst gewordene Version eines Vorfalls in erheblichem Maße. Angesichts dieser parallelen emotional-faktischen Aufarbeitung des jeweiligen Geschehens steht zu erwarten, dass Sie geneigt waren, die Unruhe der Musterschülerin längere Zeit eher als lebhaftes Interesse am Stoff zu interpretieren.

Mitunter sind emotionale Straßen erheblich steiler und damit schneller als die rational-sachlichen. So wurde experimentell belegt, dass Versuchspersonen, denen für Sekundenbruchteile Porträtfotos gezeigt wurden, zwar nicht erinnern konnten, wie die Dargestellten aussahen, ob es Männer oder Frauen waren etc. Ungeachtet dessen hatte sich aber ein bestimmtes angenehm-sympathisches oder eher unangenehm-unsympathisches Gefühl eingestellt. Wurde den Versuchspersonen anschließend das Foto vorgelegt, begründeten die Kandidaten üblicherweise »rational« ihre spontan-unreflektierte Einschätzung. Kaum einem gelang es, den ersten Spontaneindruck zu überwinden ...

Gleichzeitig integrativ und selektiv wahrzunehmen war im Rahmen der Evolution offenbar vorteilhaft. Dies spart Zeit und Energie. Wichtiges und Unwichtiges wird automatisch vorselektiert und mit unterschiedlichen Dringlichkeitsstufen versehen. Der einzige Nachteil dabei ist, dass der erste Eindruck aus dem spontanen Erleben heraus nachträglich nicht überprüfbar ist. Dieser war evolutionsgeschichtlich betrachtet von geringem Gewicht. Das menschliche Gehirn wurde auf Überleben, nicht auf Objektivität hin optimiert.

In Ihrer Belastungssituation haben Sie dank Ihrer Erfahrung ja auch sofort bemerkt, wo Gefahr droht. Im Fall des Problemschülers konnten Sie – zumindest potenziell – mit

Hilfe dieses Automatismus umgehend reagieren, während der ausnahmsweise etwas unruhigen Musterschülerin ein höherer Toleranzbereich zugemessen wurde. Im (Schul)Alltag ist es somit lästig, unpraktikabel und unnötig, ständig die Relativität der eigenen Wahrnehmung zu reflektieren.

Aber auch das andere Extrem, nämlich sich für grundsätzlich objektiv und gerecht zu halten respektive einen solchen Anspruch an sich zu vertreten (dies ist zumindest bei psychosomatisch belasteten Lehrkräften weit verbreitet), ist in vielerlei Hinsicht problematisch. Und, bei aller Hochachtung vor dem darin anklingenden Gerechtigkeitsideal, ein wenig naiv wäre es auch. Hoffentlich erfahren Ihre Schüler nie, dass Lehrer nicht wirklich objektiv sein können, sich »nur« darum bemühen ... Vielleicht verraten Sie es ihnen selber, natürlich mit einer dem jeweiligen Alter angemessenen Begründung. Warum? Ja, warum ...

Ausgehend von dem Sachverhalt, wonach jede Wahrnehmung gleichzeitig mit einer emotionalen Bewertung einhergeht, haben sich Psychologen bemüht, hierbei relevante Determinanten zu erfassen. In die Bewertung einer Situation gehen Ihre (fast) lebenslangen Vorerfahrungen ein und zudem Ihre – von Ihnen antizipierten – Möglichkeiten, die mit der Situation verbundenen Probleme zu bewältigen.

Bezogen auf Ihre aktuelle Belastungssituation: Sie haben auf den als störend wahrgenommenen Problemschüler unmittelbar reagiert? Dann wäre eine Kombination folgender psychologischer Determinanten denkbar:

- überdauernde Werthaltung und Motivation, zum Beispiel: »Im Unterricht soll Ruhe herrschen, damit jeder Schüler optimale Lernbedingungen hat.«
- Kompetenz- und Kontrollüberzeugungen: »Der Betreffende ist zwar ein schwieriger Fall, aber ich habe die Sache im Griff, weil ich beispielsweise autoritär auftreten kann, durch rhetorische Fertigkeiten den Betreffenden zur Ein-

sicht oder zumindest die Klasse auf meine Seite ziehen kann.«

Wenn Sie hingegen erst mit erheblicher Latenz, halbherzig oder aber letztlich gar nicht für den Betreffenden erkennbar gehandelt haben, gäbe es folgende Möglichkeit: »Eigentlich hat mich der Schüler nicht wirklich gestört, außerdem sollte meiner Meinung nach jeder Schüler die Freiheit haben, sich im Unterricht ungestört zu artikulieren.«
Wirklich? Diese Möglichkeit ist auszuschließen, da Sie selber die Situation als belastend erlebt haben! Somit bleibt nur noch, dass Sie erwartet haben, dass Ihre potenzielle Intervention erfolglos geblieben wäre, oder schlimmer, die Situation wäre weiter eskaliert: »Ich habe keine Chance gegen diesen Schüler, wenn ich versuche einzuschreiten, mache ich mich lächerlich, die ganze Klasse merkt, dass ich hilflos bin ...«

Welche Werthaltungen und Motive, welche Kompetenz- und Kontrollüberzeugungen (in der Situation durchaus unbewusst) haben bei Ihnen in der betreffenden Situation eine Rolle gespielt? (Natürlich dürfen Sie die Tabelle auf Seite 223 gerne entsprechend ergänzen!)

Fassen wir zusammen:
Art und Ausmaß der in der als Lehrer erlebten Beanspruchung resultieren zum einen aus objektivierbaren Belastungsfaktoren (»Stressoren«), die zum anderen durch interindividuell höchst unterschiedliche Brillen wahrgenommen und mit mehr oder weniger angemessenen Strategien bewältigt werden. Menschliche Wahrnehmung ereignet sich vor dem Hintergrund individueller Persönlichkeit und Lerngeschichte (etwa der unterschiedlich ausgeprägten Tendenzen, Konflikte zu vermeiden oder Risiko zu lieben). Lernerfahrungen und

Persönlichkeitsaspekte sind dabei letztlich untrennbar miteinander verschmolzen. Bestimmte Persönlichkeiten lernen bevorzugt bestimmte Sachen beziehungsweise lernen sie nicht.

Unsere ureigenen Wahrnehmungen und Handlungsstrategien basieren auf komplexen Mechanismen und Mustern, die uns als handelnden Subjekten in aller Regel nicht als solche bewusst werden. Wahrnehmungspsychologie und psychologische Handlungstheorie liefern Modelle, anhand derer sich solche Abläufe exemplarisch beschreiben lassen. Spätestens dann, wenn sich im Bereich der sozialen Kommunikation mittelfristig Probleme häufen und die Beanspruchung erträgliche Maße übersteigt, empfiehlt es sich, die eigenen Wahrnehmungs- und Handlungsmuster näher unter die Lupe zu nehmen. Ansonsten drohen Teufelskreise, die in zunehmende Verstrickungen, Depressionen und/oder sonstige Überlastungsphänomene hineinführen.

Können Sie sich Strategien vorstellen, mit denen Sie – rein theoretisch – die von Ihnen geschilderte Belastungssituation elegant hätten abwenden können? Noch keine Idee? Macht nichts, wir haben ja noch einige Seiten Zeit.

Das Belastungs-Beanspruchungs-Konzept muss noch um einige in der Praxis hochrelevante Aspekte erweitert werden. Beanspruchung hat auf unterschiedlichen Ebenen etwas mit den Facetten der jeweiligen Persönlichkeit zu tun. Hier sind weniger Persönlichkeiten im Sinne von Lehrertypologien gemeint, sondern elementarere Muster wie Neurotizismus, Narzissmus, Dependenz, Depressivität, Frustrationstoleranz, Impulsivität oder aber: Zwanghaftigkeit, Perfektionismus ... Auch »Schemata« oder »Pläne« als persönlichkeitsimmanente Handlungsmuster meinen – allerdings auf konkrete Handlungsmuster bezogen – etwas Ähnliches.

Im großen Feld der Persönlichkeitspsychologie begegnen sich unterschiedlichste Traditionen, Konzepte und Methoden, was gewisse Unschärfen aller hier aufgeführten Begriffe mitbedingt. Hinter Persönlichkeitszügen elementarer Art stehen bis zu einem gewissen Grad (Zwillingsstudien zufolge in etwa 50 %) genetische Dispositionen (Erbanlagen), die dann durch Lebens- und Lernerfahrungen ausgebaut oder relativiert werden. Die genauen, im Einzelfall nicht bestimmbaren, unendlich diskutierbaren Anteile von Veranlagung versus Erlerntem sind dabei von eher theoretischem Interesse. In jedem Fall bleibt erheblicher prozentualer wie praktischer Spielraum für individuelle Modifikationen, der jedoch mitunter als solcher nicht mehr gesehen wird. Ein Beispiel? Es gibt Menschen, die von Kindheit an dazu neigen, Unangenehmes zu vermeiden. (Haben Sie solche Kinder in Ihrer Klasse?) Wer dann später stets Probleme aus dem Wege gegangen ist, wird kaum offensive Problemlösestrategien erlernt haben. In Situationen, wo es ohne diese nicht geht, erlebt er sich als hilflos – und ist es auch, zumindest so lange, wie er an der Strategie »Vermeide lieber ...« festhält.

Im beruflichen Bereich relevante Verhaltens- und Erlebensmuster lassen sich unter anderem mit dem bereits erwähnten Fragebogen AVEM (s. S. 44 ff.) abbilden. Jeder Faktor wird mit ein paar Fragen erfasst. Grundsätzlich kann angenommen werden, dass das Optimum der einzelnen Faktoren vorzugsweise im mittleren Bereich liegt. Zu geringe, aber auch zu hohe Verausgabungsbereitschaft wäre – aus nahe liegenden Gründen – problematisch. Bei jedem Faktor ist angemerkt, wie sich diesbezüglich gesunde und psychosomatisch belastete Lehrkräfte unterscheiden:

Verausgabungsbereitschaft: Belastete Lehrkräfte sind deutlich verausgabungsbereiter.
Distanzierungsfähigkeit: Belastete Lehrkräfte ziehen sich deutlich schneller »jeden Schuh an« und nehmen ihn mit nach Hause.

Perfektionsstreben: Was vermuten Sie? Siehe dazu S. 221 ff.
Beruflicher Ehrgeiz: Ehrgeiz ist gut, solange die Ziele konkret und potenziell erreichbar sind.
Bedeutsamkeit der Arbeit: Beide Extreme sind ungesund.
Resignationstendenz: je höher, umso beanspruchter ...
Offensive Problembewältigung: Tun Sie auch alles, was man von Ihnen verlangt, nur um des lieben Friedens willen? Das wäre perspektivisch gesehen eine beträchtliche negative Hypothek.
Innere Ruhe und Ausgeglichenheit: Eine Henne-Ei-Angelegenheit – hochbeanspruchte Lehrkräfte jedenfalls haben nicht die Ruhe weg ...
Erfolgserleben im Beruf: selbstredend ...
Lebenszufriedenheit: Sie hat natürlich nicht nur etwas mit dem Beruf zu tun, aber wenn die Berufszufriedenheit gering ist, dann ist es die Lebenszufriedenheit meist auch. Zudem: Innere Kündigung macht in der Regel niemanden glücklich.

Wie würden Sie sich spontan bezüglich der genannten Aspekte einordnen?
Wo liegen Ihre persönlichen Stärken und Schwächen?

Die – statistisch gesehen – wirklich entscheidenden Unterschiede zwischen gesunden und psychosomatisch erkrankten Lehrern liegen übrigens in den Faktoren Resignationstendenz und Distanzierungsfähigkeit. Zudem – im AVEM nicht erfasst – ist die soziale Einbindung entscheidend. Lehrkräfte ohne feste Partnerschaft haben es – im statistischen Durchschnitt, dort aber hochsignifikant! – bedeutend schwerer.

Darüber hinaus gibt es einen weiteren Aspekt, der für die Frage, ob und inwieweit sich eine Lehrperson in einer bestimmten Situation tatsächlich als beansprucht erlebt, mit entscheidend ist. Neben den skizzierten individuellen Handlungsvoraussetzungen ist es wichtig, wie viel Anstrengung und Frustration zur Bewältigung einer Belastungssituation für angemessen erachtet wird. Wie viel Frust nehmen Sie notfalls noch in Kauf? Es geht dabei also nicht um die Bewältigung der Belastung an sich, sondern um die Relation zwischen der tatsächlich aufgewendeten und der von der betreffenden Person (beispielsweise von Ihnen) dafür als angemessen und gerecht erachteten Anstrengung. Nur wenn diese Relation »stimmt«, ist Zufriedenheit und Wohlbefinden zu erwarten. Ansonsten droht eine Diskrepanz, die mit Unzufriedenheit, Ärger und/ oder vermehrtem Stresserleben einhergeht. Letzteres hat dann wieder Rückwirkungen unter anderem auf die Motivation, mit der bei künftigen Problemen offensive Bewältigungsstrategien eingesetzt werden. Beanspruchung im Lehrerberuf ist somit (auch hier) ein immanent dynamisches und vielfach zirkuläres Phänomen.

Von der Beanspruchung zur Überlastung und deren Folgen

Wir haben auf den letzten Seiten komplexe Sachverhalte skizziert und dabei einen Weg beschritten, der umso schwerer wird, je mehr man die angesprochenen Inhalte auf sich, seine eigenen Beanspruchungen und den Umgang damit zu beziehen versucht. Auch wenn man sich darum bemüht: Niemand kann seine eigenen Muster, mit denen er die Welt erlebt und in ihr handelt, auch nur annähernd vollständig auf höherer Abstraktionsebene erfassen. Auch ein Psycho-Profi nach zig Jahren Berufstätigkeit nicht! Aber das ist auch gar nicht das Ziel der Sache. Es geht »nur« darum, Begriffe, Erklärungen und Hilfsmittel zu finden, spätestens wenn Berufsalltag und/ oder andere Lebensbereiche nicht (mehr) locker von der Hand gehen, es an verschiedenen und schließlich allen Ecken hakt und sich ein bedrückendes Gefühl von Überforderung, Hilflosigkeit und Hoffnungslosigkeit einstellt.

Was geschieht, wenn dieses Lehrerschicksal seinen Lauf nimmt? Ganz allgemein (persönlich-konkreter wird es ab S. 135 ff.) beginnt dann ein Teufelskreis, der unterschiedliche Richtungen nehmen kann, aber in seiner elementaren Dynamik fast als psychologisches Grundgesetz gelten kann. Wie bei Kreisen üblich, ist der Anfang nicht als solcher festgelegt. Jeder der folgenden Punkte kann retrospektiv dazu erklärt werden.

- Erfolgserleben im Beruf nimmt ab, Unzufriedenheit wächst.
- Man traut sich nichts mehr zu, sieht keine Chance, wieder das Heft in die Hand zu bekommen; die Selbstwirksamkeitserwartung schwindet.
- Deshalb versucht man zumindest nicht aufzufallen, fügt sich den vermeintlichen Gegebenheiten, offensive Problemlösungsmöglichkeiten werden zum Fremdwort.
- Aus alledem resultieren noch weniger Erfolge, noch weniger Selbstvertrauen und eine nahe liegende Unlust, sich diesen Frust weiter anzutun ...

Es gibt mannigfaltige Varianten dieses Phänomens, das in der Psychotherapie als *Depressionsspirale* traurige Berühmtheit erlangt hat. Der zugrunde liegende Mechanismus ist gleichwohl weitgehend identisch. Auch wenn sie zur Erklärung einer psychischen Störung, der Depression, herangezogen wird: Für sich betrachtet beinhaltet die Depressionsspiralendynamik nichts »Unnormales« oder »psychisch Krankes«. In einer gegebenen Überbeanspruchungs-Konstellation ist sie ein psychologisch gesehen völlig normaler und kalkulierbarer Vorgang, bei dem Emotionen (man fühlt sich unzufrieden, hilflos, niedergeschlagen, frustriert-antriebsarm ...) und

Handlungen (weniger offensive Problemlösung, Rückzug, Vermeidung …) eng verzahnt sind. Und wer es schließlich aufgegeben hat, für seine Bedürfnisse einzustehen, braucht sich nicht zu wundern, dass es ihm auch am nächsten Tag nicht gut geht. Kennen Sie Beispiele aus der eigenen Erfahrung – oder zumindest im Bekanntenkreis?

Die Depressionsspirale mag aus einer gewissen Distanz heraus betrachtet fast banal erscheinen. Steckt man aber einmal drinnen, dann sieht es anders aus und die Spirale scheint gar nicht zu existieren. Deren Sog treibt (fast) jeden – aus »psychohygienischen Gründen« – in Richtung der Schuldfrage. Und wer sucht, findet sie zumeist in Form eines Einzelfaktors, einer Person oder Konstellation, auf die er keinen Einfluss hat. Intuitive Strategien, die Sie und ich vermutlich in einer solchen Situation auch anwenden würden, um die Schuldfrage zu klären (wenn man nicht frühzeitig resignativ den Kopf sinken lässt), führen dann eben in der Regel nicht zu einer konstruktiven Problemlösung. Selbst wenn sich ausnahmsweise die Situation klärt, der störende Schüler die Schule verlässt, der Schulleiter wechselt, der betreffende Kollege in Pension geht, läuft oftmals die Spiralendynamik weiter. Um wirklich herauszukommen, bleibt nichts anderes übrig, als die Dynamik, von der man ja selber ein Teil ist, als solche zu realisieren und seine Strategien zu modifizieren. (Klingt einfach, aber wenn man selber betroffen ist, erlebt man solche Vorschläge zumeist als Zumutung. Dies zu vermitteln ist der zentrale und mit Abstand schwierigste Punkt jeder Psychotherapie.)

In vielen, aber durchaus nicht allen Fällen erleben sich die in einer entsprechenden Dynamik gefangenen Personen als niedergeschlagen und depressiv. Eine Variante ist die innere Kündigung: Ich stabilisiere mich dadurch, dass ich mich nicht mehr verantwortlich fühle. Da mir die Schule etwas Wesentliches, zum Beispiel faire Behandlung oder Anerkennung, schuldig geblieben ist, bin ich ihr nun auch nichts mehr schuldig. Ich mache Dienst nach Vorschrift und suche meine Bestätigung außerhalb der Schule. Glücklich macht eine solche Teillösung allerdings selten. Und dies nicht deshalb, weil die subjektive Rechnung mit dem Beamtenrecht nicht kompatibel ist. Entscheidend ist, dass die innere Kündigung den Kündigenden vom Sinn stiftenden Austausch zwischen Geben und Nehmen und von vielen potenziell positiven beruflichen Erlebnissen abschneidet. Es droht ein mehr oder weniger zynisch unterlegtes Vegetieren: Warten auf die Pension.

Die mit einer frustrationsträchtigen Beanspruchung verbundene innere Anspannung kann sich in unterschiedlichen körperlichen Reaktionen niederschlagen, vornehmlich im Bereich des vegetativen Nervensystems und der Muskulatur. Körperliche, familiäre und/oder genetische Vorbelastungen können richtungsweisend sein, ob sich im gegebenen Kontext beispielsweise chronische Rückenschmerzen einstellen.

Wussten Sie, dass Orthopäden angesichts von Röntgenbildern der Wirbelsäule kaum vorhersagen können, ob der Inhaber der abgebildeten Wirbelsäule Schmerzen hat oder nicht? Es gibt Menschen mit »chaotischen« Wirbelsäulen, krumm, schief, mit vielen Verschleißerscheinungen und sich vorwölbenden Bandscheiben, die mit ihrem Rücken recht gut leben können. Andere, deren Wirbelsäule jungfräulich aussieht, sind von schweren Schmerzen geplagt, flüchten von einem Arzt zum nächsten, haben viele Klinikaufenthalte hinter sich, schlucken Unmengen von Medikamenten und führen alles andere als ein erfülltes Leben. Diese Schmerzpatienten sind keineswegs eingebildet, sondern schwer krank, nur eben primär nicht an der Wirbelsäule.

Ähnliches gilt für den großen Bereich der somatoformen oder funktionellen Störungen. Menschen erleben sich von ständigen Blähungen, von nachhaltigem, teils schmerzhaftem Rumoren im Darm beeinträchtigt, ihr ganzes Erleben wird von diesen Phänomenen absorbiert und dominiert, ohne dass sich am Darm etwas Krankes finden lassen würde. Tinnitus, Pfeifen im Ohr, erlebt der eine als lästig aber nebensächlich. Den anderen treibt es bei gleicher subjektiver Intensität des Pfeifens zur Verzweiflung, in tiefe Depressionen.

Im Rahmen von Überbeanspruchungs-Konstellationen manifestieren oder verschlimmern sich nicht selten auch Ängste. Plötzlich sich entladende Ängste vor Herzinfarkt oder dem sprichwörtlichen Verrücktwerden (Panikattacken) beruhen, bei zumeist völlig normaler Herzfunktion, auf einer hochsensibilisierten ängstlichen Selbstbeobachtung (»Angst vor der Angst«), die dann bei kleinsten vermeintlichen Unregelmäßigkeiten zu psychovegetativen Eruptionen führen kann. Aber auch Ängste vor sozialen Situationen sind nicht selten. Man erlebt sich als extrem unsicher, vermeidet es, in Konferenzen oder gar an Elternabenden aufzutreten, fürchtet Blamage, Errötung ...

Alle hier erwähnten Störungsbilder haben zumeist komplexe Hintergründe und Ursachen, von denen schulische Überlastung eine sein kann, aber nicht sein muss. Bezogen auf die Schule, die die Mehrzahl stationär behandelter Lehrer mit deutlichem Abstand als Hauptbelastungsfaktor erlebte, bedeuten solche Erkrankungen zudem, dass man krankgeschrieben wird und damit der Situation zumindest vorübergehend entkommt, und zwar ohne sein Gesicht zu verlieren (»Meine Kollegen gehen davon aus, dass ich mit der Klasse 6c überhaupt keine Probleme habe ...«). Sigmund Freud nannte Letzteres seinerzeit primären Krankheitsgewinn. Dass dies langfristig eine konstruktive Lösung des Problems nicht unbedingt begünstigt, dürfte nachvollziehbar geworden sein.

Niedergeschlagenheit, Lust- und Antriebsverlust kann global mehrere bis (fast) alle Lebensbereiche betreffen, entsprechend dem charakteristischen Bild einer Depression, wie es die Weltgesundheitsorganisation in den Diagnoserichtlinien

(ICD-10) definiert. Eine ganz ähnliche Symptomatik kann sich aber auch auf die Schulsituation konzentrieren. Letzteres wird seit den Arbeiten der amerikanischen Psychologin Christina Maslach als »Burnout« bezeichnet. Konkret definierte Frau Maslach 1980 Burnout als ein Phänomen, das (nur) bei langfristig und engagiert in Sozialberufen tätigen Personen auftritt. Mit insgesamt 22 (beziehungsweise in einer erweiterten Version mit 25) Fragen versuchte sie, dieses Phänomen zu erfassen (»Maslach Burnout Inventar« – MBI):

Hat man ein bestimmtes Gefühl und wie stark ist es ausgeprägt?

Jeder Aspekt ist anhand einer 5-Punkte-Skala zu bewerten:

Emotionale Erschöpfung
- »Ich fühle mich durch meine Arbeit ausgebrannt.«
- »Am Ende eines Arbeitstages fühle ich mich verbraucht.«

Depersonalisation (besser: Dehumanisation)
- »Es ist mir eigentlich egal, was aus manchen SchülerInnen wird.«
- »Seit ich diese Arbeit mache, bin ich gefühlloser im Umgang mit den SchülerInnen geworden.«

Reduzierte Leistungsfähigkeit
- »Ich habe ein unbehagliches Gefühl wegen der Art und Weise, wie ich manche SchülerInnen behandelt habe.«

Personen, die auf diesem Fragebogen in allen drei Aspekten eine hohe Punktzahl erreichen, gelten als ausgebrannt. An dieser Stelle ist es nicht möglich, die seit den ersten Publikationen exponentiell angestiegene Zahl von Arbeiten und Modellen zum Burnout vorzustellen. Burnout tritt demnach häufiger bei Frauen und bei sozial weniger gut eingebundenen Personen auf. Es nimmt mit dem Alter zu, allerdings nur leicht. Entgegen den ersten Hypothesen, wonach nur jemand ausbrennen kann, der »entflammt war«, unterscheiden sich ausgebrannte und nicht ausgebrannte Lehrer eben nicht durch ihr ursprüngliches Engagement, sondern durch eher inkonkret-idealistische Motive (»Ich wollte die Welt verändern, Schüler sind meine Freunde ...«) der Erstgenannten. Zudem korreliert Burnout kaum bis gar nicht mit den objektivierbaren Belastungsfaktoren wie Schülerzahl etc.

Zwischenzeitlich ist Burnout zu einem quasi gesamtgesellschaftlichen Phänomen geworden. Über den Bereich von Schule und Sozialberufen hinaus erleben sich etwa 25 % der arbeitenden Bevölkerung als überlastet und ausgebrannt. Hat somit eine klar definierbare Erkrankung des späten 20. und beginnenden 21. Jahrhunderts einen angemessenen Namen erhalten?

Liest man die Publikationen genauer und versucht nachzuvollziehen, was man sich unter Burnout konkret vorzustellen hat, dann verkehrt sich die vermeintliche Klarheit ins Gegenteil. Ist nun Burnout eine psychische Erkrankung, vergleichbar einer Depression, einer Angst- oder Zwangsstörung, oder (nur) eine Vorstufe dazu? Ist Burnout ein Zustand oder ein Prozess? Wenn es ein Prozess ist: Entwickelt sich Burnout gesetzmäßig in unterschiedlichen Stufen (wobei in der Literatur Modelle mit drei bis elf verschiedenen Stufen vorgeschlagen wurden)? Entwickelt sich Burnout kontinuierlich und nur in eine Richtung oder ist mit Umkehrmöglichkeiten zu rechnen? Und wenn es denn ein Prozess ist: Ab welcher Stufe, angefangen von leichter allgemeiner Erschöpfung bis zur maximalen Ausprägung, ist es Burnout? Bleibt Burnout ein Privileg von Sozialberufen oder sollte es auch wegen Erfolglosigkeit entlassenen Bankvorständen oder sozialverträglich aufs Abstellgleis geschobenen Telekom-Beamten zuteil werden?

Alle diese Fragen und einige mehr sind bislang offen, es gibt dazu widersprüchliche Expertenmeinungen, aber kaum Daten, anhand derer sie sich tatsächlich klären ließen. Hinweise, dass sich als ausgebrannt erlebende Personen etwa im Bereich des vegetativen Nervensystems, zum Beispiel der Cortisolausschüttung, auffällig seien, beziehen sich bislang stets auf statistische Vergleiche größerer Gruppen. Für den Einzelnen sagt dies nicht viel aus. So gibt es bezüglich Cortisol zahlreiche unauffällige ausgebrannte Personen ...

Aller Wahrscheinlichkeit nach ist Burnout zumindest ein ebenso komplexes Phänomen, wie es Depressionen sind. Von der Weltgesundheitsorganisation wurde Burnout bislang nicht als Diagnose aufgenommen, sondern erscheint dort nur als Zusatzkodierung: Gründe, das Gesundheitssystem zu konsultieren. Letzteres wäre ein akademisches Problem, wenn der Begriff »ausgebrannt« nicht so glücklich gewählt wäre.

Was zu seinem Erfolg und seiner Popularität beitrug, nämlich das jedem eingängige Bild eines bis auf die Grundmauern ausgebrannten Hauses, also eines an Eindeutigkeit nicht zu überbietenden Endzustands (»Ich kann nichts machen, Herr Doktor, ich bin eben ausgebrannt«), macht Burnout zum Risiko. Lehrkräfte haben doch schon Probleme und Belastungen genug. Sollen Sie sich dazu noch mit einer solchen, wissenschaftlich keineswegs abgesicherten, dafür aber erschreckend düsteren Vorstellung vom Ende Ihrer Berufstätigkeit herumschlagen? Oder noch schlimmer: Wenn Sie nicht ausgebrannt sind, dann waren Sie wohl nie ein wirklich engagierter Lehrer ...

Lehrer: Einzel-kämpfer als Räder im Getriebe

»Wenn ich die Klassentür hinter mir zumache, dann bin ich der freieste Mensch auf Erden, ich kann machen, was ich will. Ich genieße das und meine Schüler auch«, so ein 46-jähriger Realschullehrer.

»Als Lehrer sind Sie in allem und jedem reglementiert, Sie können nichts tun, ohne mit einem Bein im Gefängnis zu stehen«, so ein 49-jähriger Lehrer an einer anderen Real-schule.

Im zweiten Teil des Buches wurden psychophysiologische, psychologische, arbeitswissenschaftliche und psychotherapeu-tische Grundlagen dargelegt, die zum konzeptuellen Verständ-nis schulischer Belastungs- respektive Beanspruchungskons-tellationen wichtig sind. Dabei bestand eine gewisse Gefahr, sich in grauer Theorie zu verirren und in elaboriert-trocke-nen, je länger, je praxisuntauglicheren Argumentationsketten zu verheddern. In diesem dritten Teil wird das diesbezügliche Risiko minimiert. Wir stürzen uns einerseits offensiv in die Realität von Klassen- und Lehrerzimmern und versuchen andererseits den Überblick zu bewahren, indem wir uns an wenige, aber einschlägige Befunde und Konzepte halten.

Wie schwer dieser Balanceakt ist, machen jedoch schon die beiden einführenden Zitate deutlich. Beide Kollegen wissen, wovon sie sprechen, beide haben offenbar das gleiche Faktum im Auge. Haben sie beide Recht? Einerseits könnte man nun die betreffenden Kollegen unter die Lupe nehmen und ihren individuellen Ansprüchen und Möglichkeiten nachspüren, wie es bereits im zweiten Teil angeklungen ist und im vierten und fünften Teil weiterzuverfolgen sein wird. Scheinbar widersprüchliche Aussagen von Lehrkräften (wozu auch die folgenden Statements gehören: »Vor der Klasse ist man immer allein« – »Wenn ich bei meinen Kindern bin, dann bin ich glücklich« – »Das Lehrerkollegium ist meine zweite Familie, das Lehrerzimmer meine Heimat« – »Ich bin froh, wenn ich meine Kollegen nicht sehen muss, ›Kollegen‹, was für ein hohler Begriff, ein zusammengewürfelter Haufen von Egomanen und Intriganten«) sollen im Folgenden jedoch in erster Linie im systemisch-interaktionellen, formellen wie informellen Kontext der Schule betrachtet werden, ausgehend von der Frage: *Sind Lehrer Einzelkämpfer oder vielmehr namenlose Räder im Schulgetriebe?*

Schüler aus Lehrersicht: Freund, Feind, unbekanntes Wesen?

»Ich bin Lehrerin geworden, weil ich Kinder mag. Ich weiß, dass es nicht ganz stimmt, aber irgendwie sind Kinder doch die besseren Menschen, noch unverbildet, offen. Ich leide sehr darunter, wie meine Kinder von ihren Eltern vernachlässigt werden. Wie sollen sich Kinder, die aus solchen Verhältnissen kommen, konzentrieren können? Ich hatte eine Schmuseecke hinten im Klassenzimmer eingerichtet, auch in den Pausen war ich für die Kinder da, einer muss sich ja um sie kümmern.«

(Eine 44-jährige, in loser Beziehung allein lebende Grundschullehrerin, biologisch betrachtet kinderlos, die unter Intrigen von Seiten der Schülereltern und Mobbing im Kollegium leidet und sich unter der Diagnose einer Depression in Behandlung befindet.)

»Wir waren früher anders, interessiert, konzentriert und diszipliniert. So ähnliche Schüler muss ich erwartet haben, als ich Lehrer wurde. Die Wirklichkeit heute ist ganz anders. Für die Schüler sind wir doch nur die Deppen, am besten immer lustig. Schülerentertainer. Bloß keine Anstrengung, schon gar nicht montags, wenn die noch den Fernsehrausch ausschlafen. Wenn man von denen irgendetwas verlangt, gar selbstständiges Arbeiten, dann ist es ganz aus. Bevor ich jede Hausaufgabe rechtfertige, verzichte ich lieber ganz darauf. Interesse haben die meisten eh für nichts ... falsch, für Klamotten, Affärchen, Zigaretten. Von wegen Disziplin, die wissen ganz genau, wie weit man gehen kann, haben Spaß, einen bis aufs Blut zu reizen. Was würden Sie denn machen, wenn plötzlich eine 14-jährige Göre, die Sie beim Spicken erwischen und von der Sie sich ihr Heft geben lassen wollen, durch die Klasse schreit: ›Fassen Sie mich nicht an den Busen‹? Natürlich habe ich ihr das Heft gelassen, ich bin doch nicht wahnsinnig. Ich bin froh, wenn ich den Scheißladen nicht mehr sehen muss.«

(Ein 56-jähriger Hauptschullehrer, verheiratet, zwei erwachsene Kinder, Behandlungsdiagnose Dysthymie, deutlicher Pensionierungswunsch.)

Die zitierten Lehrpersonen kennen Schule und Schüler seit Jahrzehnten aus tagtäglicher Erfahrung. Beide sind entsprechend sicher, dass ihre Einschätzungen über die Schülerinnen und Schüler objektiv und richtig sind. Wer sollte etwas über Schüler wissen, wenn nicht Lehrer? Dass sich die beiden Aussagen dabei diametral unterscheiden, zumindest auf den ers-

ten Blick des unvoreingenommenen Lesers, ist augenschein-
lich. Die Wahrheit liegt vermutlich irgendwo in der Mitte,
zwischen dem romantischen Ideal des unverbildeten, reinen
Kindes und der trägen, hinterhältigen Bestie.

Zur Frage, wie Schüler ehemals waren und heute wirklich
sind, gibt es eine Unzahl von Untersuchungen. Aus unterschiedlichen Perspektiven heraus, bis hin zum umfassenden
Anspruch der PISA-Studie, war und ist man wissenschaftlich
bemüht, Facetten dieses Themas so sachlich wie möglich abzubilden. Dies im Detail darzulegen, wäre allerdings in unserem Kontext nur bedingt von Interesse, nicht nur, weil sich
mit Zunahme des wissenschaftlichen Anspruchs alles irgendwie relativiert. Hier geht es vor allem um die Frage, wie und
warum Lehrpersonen, die oben zitierten und insbesondere
Sie selber, Schüler so sehen und erleben, wie sie es eben tun.
Entspricht Ihre Sicht der Schüler eher der der aufopfernd-
liebevollen, alles entschuldigenden Kollegin oder der des illu-
sionslosen, sich hilflos, ausgenutzt und ausgeliefert fühlenden
Kollegen?

Wie erleben *Sie* Ihre Schüler???

Könnte es sein, dass Sie die Frage als, na ja, typische Zer-
pflückungsstrategie eines Psychotherapeuten empfinden?
Eigentlich ist doch alles klar, Ihre Kollegen sehen es genauso,
zumindest seit PISA kann man es überall nachlesen: Deutsche
Schüler können sich nun mal schlecht konzentrieren, haben
unter anderem Probleme beim inhaltlich-logischen, abstrahie-
renden Denken, sind unmotiviert, undiszipliniert, einfach
anders als die Schüler in manchen anderen Ländern, beispielsweise in Finnland, und vermutlich auch anders, als wir es
früher waren. Mit einer subjektiven Sicht der Dinge hat das
also ganz und gar nichts zu tun. Grundsätzlich würden Sie
zwar zustimmen, dass jede Form menschlicher Wahrnehmung
subjektiv ist, aus elementaren psychologischen Gründen. Andererseits weiß man eben, was man weiß.

Wirklich? Gegen die Evidenz der Alltagserfahrungen scheint mitunter kein Argument gewachsen zu sein, zumindest nicht auf direktem Wege. Solange Sie mit sich und der Welt im Reinen sind, gibt es kein Problem, zumindest sieht die oder der Betreffende es nicht. Achselzuckend ließe sich nun konstatieren, dass es aus der Perspektive eines Therapeuten immer wieder erstaunlich ist, wie felsenfest manche Menschen (aller Berufe!) davon überzeugt sind, dass ihre auf Erfahrung begründete Sicht der Dinge die objektive Wahrheit sein muss. Und das selbst dann, wenn die Situation die Betreffenden gehörig in die Sackgasse getrieben hat, sie ihnen regelrecht zur Falle wurde und selbst von Freunden nicht mehr nachvollzogen werden kann. (»Meine beste Freundin sagt, ich sei verrückt, nicht nur nach den Kindern, sondern überhaupt, weil ich alles für meine Kleinen geben würde«, ergänzt die 44-jährige, derzeit krankgeschriebene Kollegin.) Ein erhobener Zeigefinger, selbst wenn er ein therapeutischer ist, bewirkt jedoch leider in der Regel das Gegenteil dessen, was man beabsichtigt (aus der Schule werden Sie das bestens kennen ...).

Versuchen wir es also andersherum, formaler.

Sie stimmen sicher zu, dass man sich die Wahrnehmung von Schülern durch Lehrpersonen durch zwei Aspekte bestimmt vorstellen kann:

1. Faktoren auf Schülerseite und
2. Faktoren auf Lehrerseite.

Als Faktor auf Schülerseite ließe sich unschwer eine Liste erstellen. So hat das Ganze sicherlich etwas mit dem Alter »Ihrer« Kinder zu tun. Spätestens ab der Mittelstufe hat der durchschnittliche Schüler seine ursprüngliche Naivität und Niedlichkeit, wenn er denn jemals diese Qualitäten besessen haben sollte, eingebüßt. Dafür nehmen die intellektuellen Fähigkeiten zu. Auch dass sich Jungen und Mädchen im Sozial- und Lernverhalten unterscheiden, ist eine Binsenweisheit.

Ideologisch heikler darzulegen sind gesellschaftliche Aspekte, etwa, was man anzieht (Flohmarkt, H&M oder Markenklamotten?), wann und wie häufig Worte der Fäkaliensprache und aus dem sexuellen Bereich in die Umgangssprache einfließen dürfen, ob und wie man sich für Verspätungen oder andere Versäumnisse entschuldigt und vieles mehr. Weiterhin hochgradig sensibel sind darüber hinaus multikulturelle Bereiche. Wer kann schon öffentlich zugeben, dass er sich mit Kindern ausländischer Herkunft und Sozialisation schwer tut? Etwa als Lehrerin mit halbwüchsigen Jungen aus Balkanländern, die, kaum des Deutschen mächtig, die Füße auf der Schulbank, erklären, dass sie sich von Frauen gar nichts sagen lassen? Auch wenn man das alles gut verstehen kann, man die Werte anderer Kulturen durchaus respektiert, bleibt doch ein gewisser Rest Kränkung schlicht im Halse stecken.

Entschuldigung! In alle diese Aussagen, die vermeintlich Aspekte auf Schülerseite bezeichnen sollten, haben sich von Satz zu Satz heftiger Erwartungen und Wertmaßstäbe der Lehrerseite eingeschlichen. Sie haben es trotz der wohl weitgehend konsensfähigen Einschätzungen sicher bemerkt. Also versuchen Sie nun bitte noch einmal selber, wirklich neutral zu formulieren:

Wichtige Aspekte von Schülern, die deren Wahrnehmung durch Lehrer determinieren, sind: ...

Wenn Sie sich nicht auf Plattitüden und Nullnummern beschränkt haben, etwa: »Schüler aller Altersgruppen, aller Nationalitäten und jeglichen Geschlechts haben ihre ihnen eigenen Qualitäten«, oder entwicklungspsychologisches Basiswissen referierten (Zunahme intellektueller Fähigkeiten mit zunehmendem Lebensalter etc.), dann spiegeln Ihre Aussagen ganz unmittelbar das wider, was Sie für wichtig halten – und damit wiederum weniger Ihre Schüler als: Sie selber.

Körpergröße, Haarfarbe, Physiognomie – haben Sie sich unmittelbar zum Wert solcher Äußerlichkeiten für die eigene Wahrnehmung bekannt? Es gibt psychologische Untersuchungen (Sie erinnern sich?!), wonach sich tatsächlich jeder von uns in Sekundenbruchteilen, einzig angesichts solcher Äußerlichkeiten, ein sehr konkretes und später nur schwer revidierbares Bild vom Mitmenschen, dessen Charakter und Qualitäten macht. Die Feststellung, man habe keine Vorurteile, ist demzufolge nichts anderes als ein solches.

Lernverhalten, Auffassungsgabe, Sozialverhalten, Offenheit Ihnen gegenüber – offenbar sind wir übergangslos bei den Faktoren auf der Lehrerseite angekommen. Soziale Wahrnehmung ist ja tatsächlich ein interaktionelles Phänomen. Jede statische Trennung in Sender und Empfänger macht hier wenig Sinn. Erinnern Sie sich noch an Ihr Studium, an Jean Piaget, wonach Assimilation und Akkomodation Grundphänomene der Wahrnehmung bezeichnen?

Konkret geht es um folgende Fragen:

- Was, welches Verhalten erwarten Sie von Schülern in Ihrem Unterricht? (Wie viel Schwätzen ist für Sie tolerabel etc.)
- Welche Verhaltensweisen von Schülern erleben Sie als positiv, schmeichelhaft, als Kompliment?
- Durch welches Schülerverhalten fühlen Sie sich genervt, geärgert, gekränkt?
- Wie sieht für Sie ein angemessen gekleideter Schüler aus? (Eher modisch, Markenklamotten, eher dezent, zerschlissene Jeans und Pullover, Minikleid mit Ausschnitt, junge Herren mit Bügelfalte und Sakko ...)

Selbstverständlich können Sie diese Fragen anhand aktueller Beispiele beantworten!

Welche persönlichen Erfahrungen stecken hinter Ihren Antworten? Warum sind Sie nicht toleranter oder intoleranter, dickhäutiger oder verletzlicher, liberaler?

Unmittelbar und sehr nahe an die letztgenannten Fragen und damit gewissermaßen zu einem Kernfaktor auf *Lehrerseite* führt folgende, im Rahmen von Untersuchungen in verschiedenen Varianten gestellte Frage:

Warum (und gegebenenfalls auch wann und gegen welche Alternativen) haben Sie sich damals für das Studium des Lehramts entschieden?

1. _____
2. _____
3. _____
...

Auf diese Frage antworten Lehrpersonen in aller Regel, dass es in erster Linie die Arbeit und der enge Kontakt mit jungen Leuten waren, die für sie zu den Attraktivposten des Berufs gehör(t)en, gefolgt von eher pädagogischen oder eher fachlich-inhaltlichen Aspekten. Praktische Überlegungen, bei Lehrerinnen die Vereinbarkeit mit der eigenen Familie, Einkommen und Sicherheit folgen auf hinteren Plätzen. Trifft dies in etwa Ihre Antworten?

Die Liebe zur schulbesuchenden Jugend ist offenbar eine Qualität, die Lehrer aller Schultypen und Länder vereint. Liebe ist zweifellos eine höchst wünschenswerte menschliche Tugend. Gleichzeitig ist sie eine immense emotionale Qualität, die zwangsläufig Ihre Wahrnehmung der real existierenden Schüler mitbestimmt. Berufsspezifische Liebe dieser Art ist natürlich auch unter Lehrpersonen ganz unterschiedlich konfiguriert, konstelliert und getönt, mit erheblichen Konsequenzen für die jeweilige Person.

Bei vergleichenden Befragungen von psychosomatisch erkrankten und gesunden Lehrpersonen fiel Folgendes auf: Alle Lehrer wählten den Beruf, vor allem weil sie gerne mit jungen

Menschen arbeiteten. Die gesund Gebliebenen behielten dabei jedoch oftmals eine gewisse Distanz, sahen gewissermaßen von einer Metaebene auf die Schüler herab, schwärmten weniger für antiautoritäre Erziehung und waren weniger darauf aus, Busenfreund ihrer Schüler zu sein. Zudem hatten sie ein tragfähiges soziales Netz, Partnerschaft und Freundeskreis.

Die erkrankten Lehrer tendierten in diesen Punkten eher in die andere Richtung, was sich treffend am Beispiel der oben zitierten 44-jährigen Lehrerin aufzeigen lässt. Natürlich kann man ganz unverbindlich von »meinen« Kindern reden und damit seine Klasse meinen. Mitunter weist dieses »meine« jedoch spürbar eine die Grenzen des in unserem Kulturkreis Üblichen deutlich überschreitende emotionale Qualität auf. Für die betreffende Kollegin resultierten daraus sehr konkrete Schwierigkeiten. Nicht nur, dass sie sich durch ihren Einsatz, die Pausen hindurch, restlos überforderte. Eltern hatten zudem den Eindruck, die Lehrerin versuche die Kinder gegen sie auszuspielen, und mochten es auch nicht besonders, dass ihre Kinder von der liebevollen Lehrerin »beschmust« wurden.

Eine Preisfrage:
Welche Einschätzung über Schüler im Allgemeinen geben Lehrer, die aufgrund schulischer Schwierigkeiten psychisch und psychosomatisch belastet sind, eher ab:
1. »Kinder sind doch die besseren Menschen, noch unverbildet, offen« oder
2. Kinder sind Bestien, »die haben Spaß, einen bis aufs Blut zu reizen«?

Haben Sie sich für 2. entschieden? Dann entspricht Ihre Antwort einer der drei Grundannahmen des klassischen Burnout-Konzepts (s. dazu S. 96 ff.), konkret der Komponente

»Depersonalisation«. Diese meint ein emotional hochgradig distanziertes, unpersönliches Verhältnis zu den Schülern. Zumindest bei den Lehrern, die mir in psychosomatischen Kliniken begegnet sind, waren solche Vertreter aber deutlich in der Minderheit. Richtig ist demnach die Antwort 1. Für die konzeptuellen Verfechter des klassischen Burnout-Begriffs dürfte dies einige argumentative Schwierigkeiten aufwerfen. Tatsache ist, dass selbst restlos in den Klassen untergegangene Kollegen nicht selten unbeirrt bekunden, ihre Schüler weiterhin zu lieben, ihre Situation ihnen nicht übel nehmen zu können und einzig »das System« schuld sei.

Exemplarisch sei eine Kollegin erwähnt, die von einem Schüler vor der Klasse heftig geohrfeigt wurde. Sie traute sich nicht, den Vorfall ihrem Direktor zu melden. Am Tag darauf ließ sie sich krankschreiben, um niemals wieder in die Schule zurückzukehren. Sich von ihren Kindern distanzieren konnte sie aber auch dann nicht. Wut auf den betreffenden Schüler zu haben, wäre das nicht unprofessionell gewesen? Er war ja nur selber Opfer seiner Verhältnisse, hatte viel versprechende Anlagen und einen zu strengen Vater. Später hinderte eine depressive Erkrankung die Kollegin daran, in die Schule zurückzukehren und so auf die Schüler einzugehen, wie sie es aus ihrer Sicht nötig hätten. Es fällt offenbar schwer, von Idealen, die einstmals für einen wichtig waren, Abschied zu nehmen – auch wenn diese Ideale mit dem Alltag kaum noch Ähnlichkeiten haben.

Und mit den übrigen Erwartungen an die Schüler, die natürlich nicht von so existenzieller Bedeutung sind, ist es da nicht ähnlich? Was müsste passieren, um Sie dazu zu bringen, etwa einen nervigen Schüler, der regelmäßig seine Mütze nicht runternehmen will, oder eine gänzlich exaltiert auftretende 15-Jährige als konstruktiv-interessiertes Klassenmitglied zu empfinden? Oder eine interessiert mitarbeitende Schülerin als langweilige »Schleimerin«?

Am äußeren Ende eines Spektrums steht die vom 56-jährigen Hauptschullehrer eindrücklich vertretene »Dehumanisations-Variante«, charakterisiert durch einen ausgesprochenen Hass Schülern gegenüber, die nur noch als Fratze erlebt werden. Dies setzt offenkundig erhebliche Aggressivität voraus, die dezidiert nach außen gerichtet ist und in dieser Extremform für alle Beteiligten nur destruktiv sein kann. Extreme dieser Art sind jedoch – wie gesagt – bei Lehrpersonen rar. Deutlich mehr Kollegen tendieren zur anderen Seite des Spektrums. Denen wiederum könnte also ein bisschen mehr an Abgrenzungsfähigkeit Schülern gegenüber nicht schaden? Das Risiko, damit gleich zum unpädagogischen Schülerhasser zu werden, ist generell als extrem gering zu veranschlagen.

Es bleibt nachzutragen, dass zwischen den beiden einleitenden Lehrerzitaten in Bezug auf die Beschreibung von Schülerverhalten, letztlich kein sachlich-inhaltlicher Widerspruch besteht. Der Unterschied liegt eher in der unterschiedlichen Bewertung, der Brille, durch die die Schüler gesehen werden. Und die Tönung dieser Brillen wiederum resultiert aus der jeweiligen individuellen Ausgangssituation und den damit verbundenen Emotionen der Kollegen. Wenn man eine stark gefärbte Brille trägt und nicht damit rechnet, dass man so ein Ding auf der Nase hat, muss einem das resultierende Bild ganz natürlich und evident vorkommen. Damit dieses Phänomen nicht zum Schicksal wird, sollte man sich gelegentlich der Brillen-Tatsache erinnern. Hätten die eingangs zitierten Kollegen ihre Brillen respektive ihre Wahrnehmungsmuster oder Schemata zumindest in den Grundzügen reflektiert, wären sie in den skizzierten Krisensituationen zumindest handlungsfähiger geblieben.

Kennen Sie zufälligerweise ähnliche Kollegen? Versuchen Sie den Betreffenden die Relativität ihrer Standpunkte darzulegen. Das Hauptrisiko ist das Gegenargument: »Es ist halt so.« Wie könnten Sie dieses umschiffen? Spätestens nach solchen Versuchen wissen Sie, was Psychotherapie so beschwerlich macht. Und es wird auch nicht leichter, wenn den Betreffenden das Wasser buchstäblich bis zum Halse steht. Wenn die beiden Lehrpersonen früher eine Standortbestimmung versucht hätten, als es in der Schule noch einigermaßen lief, wäre es vermutlich einfacher und für alle Beteiligten entspannter gewesen.

Lehrer aus Schülersicht: Freund, Feind, unbekanntes Wesen?

Wie im letzten Kapitel erwähnt, ist soziale Wahrnehmung ein immanent interaktionelles Phänomen, in das sich alle Beteiligten mit ihren individuellen Erwartungen, Wertmaßstäben und ihrem Vorwissen einbringen. Das gilt für Lehrer und Schüler gleichermaßen. Zusammengenommen wird die Sache ungemein spannend, zirkulär und mitunter zentrifugal. Genauso, wie Sie etwas von den Schülern erwarten, was deutlich über einigermaßen respektable schulische Leistungen hinausgeht, so erwarten auch die Schülerinnen und Schüler viel von Ihnen als Lehrperson. Was konkret?

Die Antwort auf diese Frage und damit das Phänomen der Schülererwartungen an Lehrer scheint in pädagogischen Kreisen als so selbstverständlich empfunden worden zu sein, dass sich bislang nur wenige systematisch damit beschäftigt haben. Zumal man ja selber ehemals Schüler war. Als Lehrkraft bekommt man tagtäglich von Schülern zu hören, mal mehr, mal weniger indirekt, was so von einem erwartet wird. Wissenschaftliche Untersuchungen haben demgegenüber zumindest den Vorteil, dass sie weniger störanfällig bezüglich individueller Situationen und Konstellationen sind. Und das garantiert Ergebnisse, die zumindest für Einzelne überraschend sein dürften. Der wohl einfachste wissenschaftliche Zugang zum Thema ist, wenn man die Schüler direkt befragt. Das macht man am besten auf eine den Schülern vertraute Art und Weise, etwa in Form eines Besinnungsaufsatzes zum Thema »Wie wünsche ich mir meinen Lehrer?«.

Martin Keilhacker wählte im Jahr 1929 diesen Weg und ließ 4 000 Schüler, zumeist Gymnasiasten, in dieser Angelegenheit zum Füllfederhalter greifen (Brandl 1989). Die Texte wurden inhaltlich analysiert. In der Unterstufe wollen Kinder demnach zunächst alles klar und gut verständlich präsentiert haben, in der Mittelstufe lieben sie es interessant bis spannend aufbereitet. Die Oberstufe setzt Fachwissen bei Ihnen voraus und zielt auf ein kameradschaftliches bis freundschaftliches Verhältnis zu Ihnen ab. Mit zunehmendem Alter und größerer Reife sehen die Kinder Sie somit weniger in Ihrer Lehrerfunktion und mehr als individuelle Person. Spätere Befragungen (seit 1950) bestätigten und differenzierten diese Ergebnisse. In erster Linie wird von Lehrern natürlich anschaulicher Unterricht erwartet, aber ein gutes persönliches Verhältnis und die Hoffnung, von Ihnen positive Wertschätzung zu erfahren, ist fast genauso groß. Dabei sollten Sie gütig, gerecht, humorvoll und nachsichtig sein. Jüngere Schüler sehen in erster Linie Ihre Gerechtigkeit als entscheidend an, ältere die Vertrauenswürdigkeit und das den Schülern entgegengebrachte Verständnis.

Ganz aktuell (2004) versuchte Professor Edgar Schmitz aus München das Thema standardisiert, also mit Fragebögen zu erfassen. Zuerst wurde nochmals eine Aufsatzrunde gedreht, um die Merkmale zu sammeln. Arrogant, launisch, ungerecht, streng-autoritär, aggressiv, nur auf den Lernstoff fixiert und egoistisch – in ebendieser Reihenfolge – sollten Sie demnach tunlichst nicht sein und sich stattdessen durch Verständnis, partnerschaftliches Verhalten, Humor, Gerechtigkeit, Freundlichkeit, Geduld und Ausgeglichenheit sowie Lockerheit auszeichnen. In einem zweiten Schritt wurden diese Stichwörter dann in Fragen eingebaut. Etwa ein Drittel der befragten Berufsschüler fühlte sich ungerecht behandelt. Je älter und je unzufriedener mit der möglichen oder vermuteten eigenen Situation nach der Schule (zum Beispiel Arbeitslosigkeit) der Betreffende war, umso kritischer beurteilte er seine Lehrer, erst recht, wenn er männlichen Geschlechts war.

Die Eleganz der Untersuchung liegt darin, dass in einem weiteren Schritt Schüler und Lehrer parallele Fragen vorgelegt bekamen. Schüler sollten angeben, a), wie sie sich Lehrer wünschen, und b), wie sie sie tatsächlich erleben. Lehrer beantworteten die entsprechenden Fragen zu den Aspekten a), wie sie als Lehrer sein sollten, b), wie sie sich selber tatsächlich erleben, und zudem c), was Schüler mutmaßlich von ihnen erwarten. Hinsichtlich der Fachkompetenzen gingen die Lehrer – zutreffenderweise – davon aus, dass Schüler viel von ihnen erwarten. Sie sollten die Schüler unter anderem von der Sinnhaftigkeit des Lehrstoffs überzeugen, weiterführende Fragen beantworten können, Schüler ernst nehmen und einiges mehr.

Lehrer bekundeten für sich in etwa ein identisch hohes Anspruchsniveau, hinter dem sie sich dann in der Praxis ein gutes Stück hinterherhinken sahen. Schüler beurteilten das reale Verhalten ihrer Lehrer noch entschieden kritischer und gaben den Lehrern eine volle Schulnote schlechter, als diese sich selber gegeben hätten. Dieses Muster zieht sich, mal mehr, mal weniger deutlich, durch fast alle erfragten Bereiche, durch die Art und Weise der Unterrichtsgestaltung, die möglichst aktuell sein sollte, und vor allem auch durch diverse Aspekte der sozialen Kompetenz der Lehrperson. Umgekehrt sind sich Lehrer und Schüler darin einig, dass Lehrer idealerweise gerecht sein, niemanden bevorzugen und vor der Klasse bloßstellen sollten. Hinsichtlich dieser fast moralische Qualitäten streifenden Aspekte erteilen die Schüler ihren Lehrern dann die deutlichste Ohrfeige. Sie werden hier als Lehrer etwa zwei Schulnoten schlechter bewertet, als Sie – selbstkritisch genug – mit sich selbst ins Gericht gehen würden!

Kurz und knapp:
1. Die Realität bleibt fast immer hinter den Idealen zurück.

Diese Erkenntnis wird Sie zugegebenermaßen nicht sonderlich überraschen und auch Ihren Glauben in die pädagogische Wissenschaft kaum exponentiell erhöhen. Schön, wenn man es bei diesen launigen Bemerkungen bewenden lassen könnte. Tatsächlich habe ich viele Lehrerinnen und Lehrer kennen gelernt, die in der Annahme leben und unterrichten, sie oder andere Lehrpersonen könnten idealistisch-hohe Gerechtigkeitsideale (und andere) tatsächlich erreichen. Die Realität wird dann vorzugsweise als Folgeerscheinung ungenügender Einsatzbereitschaft einiger Kollegen und schließlich als eigenes Versagen erklärt, entschuldigt durch Burnout und/oder Erkrankung. Vielleicht ist ergänzend von Interesse, dass es von der Tendenz, wonach Schüler höhere Ansprüche an Lehrer stellen als diese an sich selber, bezeichnende Ausnahmen gibt. So thematisieren Lehrer demnach offener Partnerschaft, Sex oder Aids, als es die Schüler erwarten. Dies spricht dafür, dass auch Schüler noch Tabus kennen, zumindest Lehrern gegenüber.
2. *Was auch immer Sie tun, nie werden die Schüler Sie gerecht bewerten!*
Bitte lesen Sie sich diesen Satz mindestens dreimal täglich laut vor ... Auch wenn Sie noch so kritisch mit sich und Ihrer eigenen Unterrichtsleistung sind, es wird immer Schüler geben, die Sie deutlich schlechter bewerten, als Sie sich selber sehen. Diese Schüler sind die Klassenmehrheit.

Aus solchen Ergebnissen lassen sich Schlüsse auf unterschiedlichen Ebenen ziehen, auch darauf, wie Lehrerverhalten zum (vermeidbaren) Störfaktor werden kann. Es wird deutlich, wo die empfindlichsten Stellen der Schülerseelen sitzen. Man tut gut daran, nicht ohne zwingenden pädagogischen Grund auf solche Hühneraugen zu treten, die letztlich alle etwas mit einem Schülerselbstwertgefühl zu tun haben, das zumeist erheblich sensibler ist, als es das mitunter ruppige Auftreten vermuten lässt. Sie könnten natürlich ihrem Herzen Luft machen und gelegentlich austeilen, was kurzfristig erleichtern kann. Die Wahrscheinlichkeit ist groß, dass sich dann perspektivisch gesehen jedoch eine explosive Mischung ergibt, die nur mühsam wieder entschärfbar ist. Vorsichtshalber kann man davon ausgehen, dass Schüler noch leichter kränkbar sind, als man es selber ist. In jedem Fall besser und überaus Erfolg versprechend ist die Alltagsarbeit unter Einsatz des Verstärkerprinzips (als ob Sie das nicht längst wüssten ...).

Für Schüler (und Gesellschaft) gilt umgekehrt im Prinzip natürlich das Gleiche. Das Potenzial von Schülern, zum Störfaktor zu werden, ist oftmals ganz erheblich. Auch Sie als Lehrperson haben einen Anspruch darauf, dass man Ihnen gegenüber Gerechtigkeit walten lässt, Sie lobt und anerkennt! Aber Achtung: Auch wenn es Ihre Seele gerne anders hätte, die Lehrer-Schüler-Beziehung bleibt asymmetrisch. Wenn Schüler Sie kritisch-abwertend behandeln, dann hat das aus deren Perspektive meist wenig mit Ungerechtigkeit per se zu tun. Denken Sie an die oben erwähnten Berufsschüler, die mit Arbeitslosigkeit rechnen und dafür ihre Lehrer noch kritischer bewerteten als deren zukunftsoptimistischere Mitschüler. Schüler sehen Sie nur teilweise als Person, sondern eben auch als Teil des Systems. Auch deswegen sitzen Sie in einer ständigen interaktionellen Zwickmühle. Sie sind gezwungen, an Normen festzuhalten, die der subjektiven Wirklichkeit mancher Schüler nicht gerecht werden können. Sie können eben nicht bei einem Schüler mal beide Augen zudrücken, weil er meint, aus vermeintlich guten Gründen keine Hausaufgaben gemacht zu haben, ohne das Gerechtigkeitsempfinden derjenigen zu verletzen, die sich mit den Aufgaben herumgequält hatten. Es bleibt Ihnen nichts anderes übrig – und es gehört ein Stück weit zu Ihrer Professionalität, dies zu schlucken –, dass Sie von Schülern nicht als Person gesehen und damit auch nicht gerecht beurteilt werden können.

Übrigens gilt das in beide Richtungen. Wenn Sie von wohlerzogenen Kindern auf Händen getragen und geliebt werden, meint auch dies nur partiell Ihre Privatperson. Ob Sie es wollen und/oder reflektieren oder nicht, diese Konstellation schafft Distanz und ist eine bittere Pille, auf die man sich besser vorbereitet, als dann irgendwann unversehens aus seinen Träumen gekippt zu werden (siehe die Ausführungen zur Supervision, S. 221 ff.). Die Rechnung mancher Studienanfänger, die sich für das Lehramt entscheiden, um in Schülern gleichberechtigte Kameraden und Freunde zu finden, kann langfristig nicht aufgehen, selbst wenn man sich als Lehrer noch so verbiegen würde. Unter der Voraussetzung, dass sich die Ebenen nicht über Gebühr vermischen, schließt das ein Leben lang haltende freundschaftliche Verhältnisse nicht aus – aber nur dann. Wenn Sie ein gutes Gegenbeispiel kennen, bitte ich um Mitteilung! Die bisher vorliegenden Meldungen hatten fast alle Pferdefüße und zumindest langfristig einen schalen Beigeschmack. Den emotionalen Ausgleich zum Lehrerdasein müssen Sie sich wohl oder übel woanders holen.

Schülerbefragungen haben natürlich alle ihre methodischen Grenzen, vom erwünschten Antwortverhalten bis zum Gegenteil davon (»Den Paukern will ich es mal zeigen ...«), und wie dargelegt, nur auf allgemeiner Ebene etwas mit Ihnen als Person zu tun. Gleichwohl kann es erhellend sein, sich die folgenden Fragen selber zu stellen. Also:

- Wie wollen Sie von Ihren Schülern gesehen werden?
- Wie sehen Sie sich selber?
- Wie werden Sie von Ihren Schülern tatsächlich erlebt?
- Unterscheiden sich Ihre spontanen Antworten erheblich von den oben skizzierten Ergebnissen?

Die Frage »Wie werden Sie von Ihren Schülern tatsächlich erlebt?« ist sicher die schwierigste. Wirklich offene Antworten von den Schülern sind ja nur bedingt zu erwarten. Wie wäre es also mit der Feuerzangenbowlen-Parabel (als Schüler verkleidet kehren Sie in die Schule zurück), einem beliebten, unterhaltsamen und mitunter wohlschmeckenden Lehrertherapeutikum? Wenn Sie schon nicht die Möglichkeit haben, daraus einen guten Film zu machen, dann machen Sie doch wenigstens eine kleine Traumreise oder Imaginationsübung!

Wechseln Sie also die Seite, streifen Sie ein paar unerhebliche Lebensjahre ab, kleiden Sie sich so dezent wie im Klassenkontext möglich und nehmen Sie wieder die Schülerposition ein. Nicht gerade in der ersten Reihe, sondern eher unauffällig (welche Plätze im Klassenzimmer haben Sie am wenigsten im Blick?), und betrachten Sie die Lehrperson, also in diesem Fall sich selber. Schauen Sie sich zu, genießen Sie die kurioshintergründige Situation, machen Sie unter der Bank ein paar Notizen zur Beantwortung der eingangs gestellten Frage (ohne sich erwischen zu lassen) und dann sind Ihrer Fantasie keine Grenzen gesetzt ...

War Ihre persönliche »Feuerzangenbowle« ein angenehmes Erlebnis?

Wenn nicht, dann haben Sie entweder nur kopfschüttelnd über den Vorschlag hinweggelesen – was bedauerlich wäre – oder aber eines von zwei Problemen hat sich eingestellt: Die erste Möglichkeit wäre, dass Sie absolut authentisch in eine Schülerrolle zurückgeschlüpft sind, die Lehrkräfte in erster Linie als personifizierte Einschränkung ihrer Schülerfreiheiten und pubertären Emanzipationsversuche betrachtet. Solche unreifen Erscheinungen gibt es in Klassen ja durchaus. Da es schwerer ist, sich in solche Schülerseelen hineinzuversetzen als in die der (annähernd lehrergleichen?) Musterschüler, haben Sie einen ersten Preis für ihre imaginative Leistung verdient. Gratulation!

Oder aber Ihnen fiel es schwer, mit der Diskrepanz zwischen (Selbst-)Ideal und der imaginativ erlebten Wirklichkeit Ihrer Lehrertätigkeit umzugehen. Unter den Lehrpersonen, die mit psychosomatischen Problemen in Behandlung kommen, ist eine solche kritisch-distanzierte bis selbstabwertende Sicht der eigenen Person geradezu typisch:

»Ich muss allen Schülern gerecht werden, sonst hätte ich nicht Lehrer werden brauchen ...« (Realschullehrer, 46 Jahre, depressiv)

»Als Lehrerin muss man alles wissen, was mit dem Stoff zu tun hat ...« (Berufsschullehrerin, 50 Jahre, depressiv)

»Als Lehrer dürfen Ihnen einfach keine Fehler unterlaufen, schließlich kann man das erwarten ...« (Sonderschullehrer, 58 Jahre, depressiv – was sonst?)

Es wäre ein Leichtes, die restlichen Seiten dieses Buches mit ähnlichen Zitaten zu füllen und in jedes denkbare Detail möglicher Lehrerunzulänglichkeiten hineinzugehen (»Meine Stimme muss freundlich klingen, kein Schüler darf merken, wenn es mir schlecht geht ...«) Man kann sich lebhaft vorstellen, wie diese Kollegen sich in der Feuerzangenbowlen-Parabel erleben würden. Wenn sie einen Funken Realismus beibehalten, dann kann es ihnen nur schlecht gehen, egal, wie gut sie eigentlich sind.

Natürlich erwarten Schüler von Lehrpersonen, dass sie ihren Job gut machen. Aber vom absolutistisch-perfektionistischen Anspruch, der diese Lehrerzitate durchzieht, findet sich darin nichts! Bitte nehmen Sie an dieser Stelle zur Kenntnis, dass sich in den tatsächlich erfolgten Schülerbefragungen nichts Perfektionistisches findet! Es ist der Selbstanspruch dieser Lehrpersonen, der aus welchen biografischen Gründen auch immer herrührt, nicht die Erwartung der Schüler!

Sie können die letzten Sätze nicht so einfach hinnehmen? Ihnen fallen tausend Gegenargumente ein? Gut, dann gehören Sie wahrscheinlich zu der Gruppe, die eben diese Aussagen am nötigsten hat. Schreiben Sie – sich selber zuliebe – die Gegenargumente auf ein Extrablatt, heben Sie es für spätere Kapitel auf und lesen Sie ganz in Ruhe den betreffenden Abschnitt noch mal durch. Lassen Sie ihn sich auf der Zunge zergehen, auch wenn er Ihnen (noch) nicht schmeckt. Es wäre doch toll, großartig, entlastend, wenn man nicht so unter Druck stehen würde (was Fortgeschrittene wieder zu einer entsprechenden Imaginationsübung anregen könnte: Ich als Lehrperson, aber heute einmal ganz anders ...).

Derart geläutert sind Sie nun gut vorbereitet, einen weiteren Schritt in die Praxis zu tun: Nehmen Sie eine Unterrichtsstunde auf Video auf. Wenn Sie Ihren Schülern darlegen, dass Sie dies für Ihre pädagogische Selbstreflexion benötigen, dürfte es keine unüberwindlichen Schwierigkeiten geben. Genießen Sie das Resultat, gegebenenfalls mit einem Glas Wein in der Hand, und seien Sie gnädig mit sich. – Das wäre vorerst alles!

Wenn man dieses und das vorangegangene Kapitel zusammen betrachtet, dann spiegelt sich darin insgesamt ein wenig von dem, was Schule aus systemtheoretischer Sicht ist: ein kommunikatives Konstrukt, mit Sender-Empfänger-Rückkopplungselementen (Schüler – Lehrer – Schüler – Lehrer – usw.), wobei auf zahlreichen Kanälen gleichzeitig kommuniziert wird. Und das mitunter heftig. Der Lehrstoff ist nur Teilaspekt. Namentlich die Beziehungsebene macht sich allerorts bemerkbar. Nicht selten als Störfaktor ...

Und da steht man nun als Lehrperson den noch nicht Erwachsenen gegenüber, die fast keine Kinder mehr sind und dies noch entschiedener nicht mehr sein wollen, die bekanntermaßen aufgrund der aktuell in ihren Gehirnen ablaufenden Wachstumsvorgänge auch gar nicht so logisch denken können, wie sie meinen, dass sie es tun. Wenn Sie auch nur entfernt den Anspruch haben, alle diese Ebenen bewusst kontrollieren zu müssen, vier bis acht Unterrichtsstunden am Tag, dann gute Nacht. Umgekehrt: Können Sie sich vorstellen, dass Segeln, Surfen oder Ski fahren Spaß macht? Ich hatte leider eher selten mit Lehrern zu tun, die Schule als Tanz auf dem Vulkan und Surfen vor Hawaii in einem erlebten, die mit der Sicherheit eines Seiltänzers das Chaos in Kreativität verwandelten, und das alles so selbstverständlich, dass jede pädagogische Wissenschaft dagegen nur Trockenfutter ist.

»Nun heben Sie mal nicht ab, Herr Doktor ...« Sie haben ja Recht, aber ich wollte nur andeuten, warum Perfektionismus und Perfektionismus nicht das Gleiche ist. Der Unterschied liegt in Mut und Freude am tagtäglichen Risiko, das nicht als Bedrohung empfunden zu werden braucht. Diese Mischung gehört vermutlich zu den wünschenswerten, entscheidenden Lehrereigenschaften. Sie ist natürlich selber ein Ideal, nur annähernd erreichbar, aber das wäre schon mehr als genug. Merkwürdig, dass diese Qualität selbst den befragten, noch so kritischen Schülern entgangen ist. Auch pädagogisch-wissenschaftliche Definitionen, etwa soziale Kompetenz und Ungewissheitstoleranz, bleiben dieser Qualität gegenüber flau.

Wenn Sie sich diese Qualität zutrauen, haben Sie Glück! Sie dürfen die letzten beiden Kapitel noch einmal lesen und sich unverzüglich *Die Feuerzangenbowle* auf Video ansehen. Am besten gleich heute Abend, warten Sie nicht auf die nächste Wiederholung im Fernsehen. Sie haben es sich verdient! Alle anderen sollten noch etwas weiterlesen.

Kollegiale Verhältnisse oder:
Die offenste geschlossene
Gesellschaft der Welt

Sie hätten es nicht besser treffen können. Zufällig hat Sie das Schicksal respektive die Behörde an Ihre Schule gespült. Und dennoch fühlten Sie sich vom ersten Moment an zu Hause. Gemeinsam beseelt vom Wunsch, die Jugend zu bilden, war da eine verschworene Gemeinschaft, wie sie nicht herzlicher, offener und hilfreicher hätte sein können, und Sie mittendrin. Konkurrenz zwischen Ihnen und Ihren Kolleginnen und Kollegen gab und gibt es nicht, wichtig ist nur das gemeinsame Ziel. Wenn Sie in den Pausen oder auch nach Schulschluss zusammensitzen, Tee trinkend, sprechen Sie ohne Vorbehalte über Ihre Probleme und Sorgen, über die Katastrophen der letzten Stunden in Ihrer 8a, wo nunmehr sogar wohlerzogene Schülerinnen über Tische und Bänke zu gehen drohen. Die Kollegen hören ruhig zu, legen ergänzend ihre entsprechenden Schwierigkeiten dar und gemeinsam sucht man nach Lösungen. Ihr Schulleiter bietet an, sich in der kommenden Stunde in die Klasse zu begeben. Er kann es sich zeitlich zwar nur mit einigen Mühen einrichten, aber er tut es gerne. Freudig nehmen Sie das Angebot an. Ein anderer Kollege bittet Sie, ihm fachlich unter die Arme zu greifen. Sie suchen ein paar Folien heraus, die Sie ihm gleich kopieren. Es ist ja nicht nötig, dass eine Arbeit zweimal gemacht wird. Geheimnisse voreinander haben – wozu? Wir ziehen doch alle am gleichen Strang! Und schließlich verabredet man sich für gemeinsame Freizeitaktivitäten, an denen ausnahmslos alle teilnehmen, einfach weil es Spaß macht.

Habe ich Ihr reales Kollegium gut porträtiert? Wenn ja, dann endet für Sie dieses Kapitel mit einem nachdrücklichen »Herzlichen Glückwunsch!« an ebendieser Stelle.

Das Risiko, dass ich durch diese Zäsur allzu viele Leser verloren habe, dürfte gering sein, selbst wenn man weniger paradiesische Varianten mit etwas weniger gemeinsamen Freizeitaktivitäten gelten lassen würde. Dies legen zumindest Publikationen zum Thema »Lehrerkollegien«, in denen der Begriff »Mobbing« zunehmend häufiger auftaucht, und vor allem Berichte psychosomatisch erkrankter Lehrpersonen nahe.

Sind Sie hier noch am Lesen? Dann entspricht also auch Ihre kollegiale Situation nicht ganz dem oben skizzierten idealen, vorteilhaften Zustand, den wir uns alle wünschen: Kollegen als Freunde und Helfer, kein Reibungsverlust, jeder kommt seinen individuellen Bedürfnissen entsprechend mit seinen emotionalen Bedürfnissen nach Anerkennung und auch Geborgenheit zur Geltung. (Falls Ihnen letzterer Begriff nicht gefällt: Sind Sie sicher, dass Sie wirklich keine Form von Geborgenheitsgefühl im Kollegium brauchen, haben oder vermissen?)

Warum ist es nun in Ihrem Kollegium nicht annähernd ideal, sondern so, wie es ist?

Naive Frage von jemandem, der von der Schulwirklichkeit keinen Schimmer hat ... Ich kenne natürlich Ihre Kollegen nicht, insbesondere den Betreffenden, mit dem sowieso niemand kann, weil er so tut, als könne er alles besser, und diejenige, die regelmäßig auf ihrer Schleimspur selber kleben bleibt. Und Ihren Schulleiter kenne ich erst recht nicht, der mit seiner Seilschaft eine Neuauflage der innerdeutschen Grenze durchs Lehrerzimmer zieht. Mit keinem von denen würde ich »es können«, sicher nicht. Also?

Um ein wenig Abstand von solchen unmittelbaren Verhältnissen zu bekommen, werfen wir zunächst einen Blick auf die kollegiale Realität, wie sie sich in psychologisch-pädagogischen Untersuchungen niedergeschlagen hat, und genießen nebenbei ein paar dazu geprägte Begrifflichkeiten.

Kollegien sind demnach die wichtigste Nebensache des Schulsystems. Im Vordergrund stehen zeitlich und überhaupt selbstverständlich Schülerinnen, Schüler und der Bildungsauftrag. Kollegien fungieren hinter diesen Kulissen als *»schulinterne Subsysteme«*. Es handelt sich dabei um *Zweckverbände*, die »in den Organisationszielen und -bedingungen der Institution Schule begründet sind« (Gudjons 1980 und Rothland 2004). Das heißt im Klartext ... also gut ...

Zumindest in der bundesdeutschen Schulwirklichkeit sind Kollegien alles andere als nach definierten persönlichkeitsbezogenen Auswahlkriterien zusammengestellte Gruppen, sondern das Gegenteil davon: schlicht zusammengewürfelt. Sie sind als Kollegium also mit hoher statistischer Wahrscheinlichkeit hochgradig heterogen, nicht nur in Bezug auf die Fächerkombinationen und das Alter, sondern auch hinsichtlich der Persönlichkeiten einschließlich ihrer Hobbys, Bedürfnisse und Werte. In jeder einzelnen Schule ergibt sich als Resultat dieser Lotterie ein ganz eigenes Klima, auf das natürlich noch viele andere Faktoren einschließlich der geografischen wie gesellschaftlichen Umgebung Einfluss haben. Die gute Nachricht dabei ist, dass Ihre Kollegen und Sie in der Gewissheit leben können, in dieser Ihrer kollegialen Form einzigartig zu sein. Die schlechte Nachricht wäre, dass dieses für sich genommen mitunter nur ein schwacher Trost ist.

Kommen wir nochmals auf die Zweckverband-Subsystem-Realität zurück. Kollegien haben ihren Sinn und Zweck in den im Bildungsauftrag liegenden Zielen. Sie sind ansonsten weitestgehend selbstzwecklos, solange die Lehrpersonen nicht übermäßig krank werden. Und unter der Oberfläche der optimalen Zielerfüllung ergibt sich so ein Tummelplatz, auf dem sich Einzelinteressen breit machen, Narzissmen blühen, Aggressionen aufflackern, Beziehungen geknüpft und (über)-strapaziert werden, einer gelegentlich den anderen ausnutzt. Der andere bemüht sich um Koalitionen, um dem Betreffenden heimzuleuchten usw. Solche interaktiven Turbulenzen gibt es – mehr oder weniger – in allen Menschengruppen, es gehört schließlich zur Bildung, dass man sich darin einigermaßen zurechtfindet. Was macht dann also manche Lehrerkollegien zu einem derart schwierigen Parkett, dass nicht wenige darauf ausrutschen? Mehrere Aspekte kommen in Frage.

Wo findet »Kollegium« statt? Das Kollegium steht auf dem Papier und dem Vertretungsplan des Direktors. Wenn man sich trifft, dann auf dem Flur, wo sich Wege kreuzen, oder in den Pausen, für eine Zigarette oder einen Tee. Mit den Gedanken ist man bereits wieder in der nächsten Stunde oder sonst wo. Und dann gibt es natürlich die offiziellen Kontakte im Rahmen von Konferenzen, die, je nach Dynamik des Schulleiters mehr oder weniger straff organisiert, zu bestimmten Ergebnissen führen sollen. Inhaltlich wird das Ganze wie gesagt von Rahmenrichtlinien, Verordnungen und vielem mehr zusammengehalten. An Verordnungen fehlt es quantitativ sicher nicht. Mitunter solidarisiert die gemeinsam empfundene Unsinnigkeit einzelner Pflichten dieser Art mehr als die gemeinsam erarbeiteten Resultate. Das Kollegium als eine Gruppe interagierender Menschen mit nicht nur rationalen Anteilen gibt es de facto – offiziell betrachtet – nicht.

Vielleicht vom Wandertag des Kollegiums abgesehen, bliebe keine Zeit für eine kollegiale Nabelschau, für eine Reflexion dessen, was informell an Interaktionen abläuft und möglicherweise Reibungsverluste verursacht. Machen Sie einmal einen solchen Vorschlag und Sie können was erleben ... Allein die Nabelschau-Vorstellung wäre für viele Kollegien vermutlich recht unangenehm. Was nicht sonderlich verwundert, denn schließlich hat so etwas in der Regel noch niemand gemacht, es fehlt an Übung. Und wozu auch: Alles, was vom Lehrauftrag ablenkt, Kraft und Zeit kostet, verzettelt, sollte man tunlichst bleiben lassen. Da gehe ich lieber gleich in meine Klasse.

Isolation und Kontaktarmut der Lehrerinnen und Lehrer untereinander wird vor diesem Hintergrund als ein zentrales Merkmal des Lehrerberufs beschrieben. Entsprechend dem Ergebnis mehrerer Befragungen dominiert *Einzelkämpfertum* das Selbstbild der meisten Lehrpersonen. Einzelkämpfer sind stark. Sie wissen, auf wen sie sich verlassen können: auf sich selber. Manche lieben diese Rolle, was sie im Kollegium vermutlich nicht immer beliebt macht. Zumal sie andere zwingen, Einzelkämpfer wider Willen zu werden.

Aber warum überhaupt kämpfen? Jeder macht seine Arbeit, lässt den anderen in Ruhe, setzt sich ins Lehrerzimmer und redet, wenn es nichts zu sagen gibt, übers Wetter. Bereits am Versuch, sich dies vorzustellen, dürften die meisten längerfristig wenig Freude haben. Dass dem so ist und uns das unverbindliche kollegiale Nebeneinander nicht wirklich befriedigt, hat mutmaßlich etwas mit *Grundbedürfnissen* zu tun, Ihren und meinen: nach Sicherheit, Kalkulierbarkeit der Situation, Achtung, Anerkennung. Wenn sich das nicht zufällig-glücklicherweise ergibt, dann bemüht man sich darum, mit den Mitteln, die man hat. Und zumeist nimmt das Drama dann seinen Lauf.

Weshalb soll das in der Schule nun schwieriger sein als überall sonst im Leben? Ein wichtiger Aspekt dürfte in den denkbar unscharfen Begriffen liegen. Gut unterrichten und bei den Schülern anerkannt sein wollen eigentlich alle. Aber da hören die Gemeinsamkeiten vielfach auch schon wieder auf. Vieles, was mit Schule zu tun hat, bleibt inkonkret-undefiniert, bis hin zur Notengebung und der Auslegung von zentralen Bestimmungen. Mit dem Thema »Schüler: Wie viel soll der Lehrer fordern, bis wohin fördern und ab wann von der Schule verweisen?« lassen sich mühelos unendliche Diskussionsabende füllen. Alle haben dabei gute Argumente und das Recht auf ihrer Seite. Praktikabel wird Schule offenbar nur dadurch, dass man bei vielen Entscheidungsfragen auf Sicherheit verzichtet (und verzichten kann), von sich aus ein Stück dazugibt, interpretiert, letztlich selber entscheidet und sich damit zwangsläufig potenzielle Blößen gibt. Und erst die gesellschaftlichen Dimensionen: Was ist schon ein Lehrer, was sollte er sein (s. S. 28 ff.)?

Vorwärtsverteidigung, möglichst die Schaffung von genügend Schussfeld um sich herum, das gibt zumindest etwas Sicherheit. Dabei darf man aber auch die Rückendeckung nicht vergessen. Entweder sorgt man für ausreichenden Abstand oder hat die Verteidigungslinien organisiert. Nein, Sie haben sich nicht in ein Strategielehrbuch für Offiziersanwärter verirrt ...!

Selbst wenn dies alles glückt, oder gerade deshalb, droht entweder Isolation oder aber man bildet eine Koalition Gleichgesinnter, die sich tapfer über Wasser hält. Angesichts einer zumal in großen Kollegien ansonsten kaum kontrollierbaren Situation sind Koalitionen sicher nicht die schlechteste Möglichkeit, sich lebenswichtige Freiräume zu sichern. Aber wirklich gut sind sie auch nicht, zumindest dann nicht, wenn sie sich klein, schwach oder bröckelig gestalten. Auch dann nicht, wenn sie zu groß, stark und starr werden, denn Fraktionszwang ist eisern und bügelt glatt. Und wenn einem noch nicht einmal das gelingt, sich in Ehren bügeln zu lassen oder dem Kollegen dasselbe »Vergnügen« zukommen zu lassen, dann ... ist man ein Mobbingopfer?

Ein Standort, der auf Dauer persönliche Sicherheit und Selbstwert – im oben dargelegten Sinn – garantiert, ist in Kollegien nicht immer leicht zu finden. Zumal: Was wissen Sie schon von der Unterrichtstätigkeit Ihrer Kollegen? Das Wenige, was Sie wissen, erschließen Sie – wie Lederstrumpf in der Prärie – aus den so genannten *Spuren der Kollegen*.

Neben dem Lärm, der bei geöffneten Fenstern nach draußen dringt, bekommt man beim Stundenwechsel so einiges mit. Im Lehrerzimmer erzählt dann der Kollege noch kalt lächelnd vom anregenden Klassenklima und einer richtig schönen Stunde, Pokerface ... Wie kann der bei solchem Lärm nur konstruktiv arbeiten? Das schafft niemand – oder doch ...? Sie denken sich ihren Teil, versuchen sich einen Reim darauf zu machen und schmunzeln dezent. Nur sich selber dabei nicht in die Karten schauen lassen.

Zudem gibt es noch *Sekundärinformationen*, und zwar solche schriftlicher Art (Klassenbucheinträge etc.) oder in mündlich-gerüchtemäßiger Form. Haben Sie Informanten, Lieblings-schüler, die Ihnen auf dem Pausenhof nebenbei, ohne dass Sie danach gefragt hätten, etwas über einen Kollegen zuflüstern? Eigentlich will man es gar nicht wissen, Weghören ist aber schwer. In Erinnerung bleibt vage, dass es zumindest keine Komplimente über den betreffenden Kollegen waren. Gleich-zeitig kann man nur hoffen, dass nicht auch über einen selber entsprechende Gerüchte von anderen Lieblingsschülern ge-kocht werden. Besser tut man alles dafür, dass dem nicht so ist.

Wenn man in der Schule schon kaum um höhere Bezahlung kämpfen kann und Initiativen, die die eigene Person heraus-stellen (Siege seiner Schüler im Sport oder im Chorwett-bewerb, von der lokalen Zeitung aufgegriffene Initiativen um den Schulgarten usw.), von Kollegen und Schulleitung nicht immer positiv wahrgenommen werden, dann sollte man we-nigstens versuchen, bei den Schülern beliebt zu sein, also als besonders gerecht, kumpelhaft, freundlich, stützend, unter-haltsam zu gelten. Wenn schon nicht im Kollegium, dann we-nigstens Rückhalt bei den Schülern? Aber Vorsicht, auch dies wäre wieder eine Falle (s. S. 110 ff.)!

Wie Schulklassen, so kann man auch *Kollegien als sich selbst organisierende Systeme* betrachten. Es finden sich diejenigen zu-sammen, die sich sympathisch finden und zusammenpassen. Entweder weil man gemeinsame Interessen hat und sich auch ansonsten ähnlich ist, politisch-weltanschaulich, verheiratet und im Sportverein, oder aber komplementär, sich ergänzend, etwa im Sinne von Beschützer und Anhängerschaft. Entsprechende Fraktionskonstellationen bestehen neben offiziell-formalen Hierarchien (Schulleiter, Fachleiter etc.) und durch diese hindurch. Was der eine als Freundschaft erlebt, sieht der andere als Seilschaft. Der ganze Sprengstoff, der sich bis hierher angesammelt hat, kommt aber glücklicherweise so lange nicht zur Detonation, wie sich alle an bestimmte Regeln respektive ihre Streichhölzer unter Verschluss halten. Die sicherste Methode ist: nicht darüber reden. Was ich nicht will, das man mir tut, das füge ich auch keinem anderen zu. Achtest du meine Intimsphäre, dann achte ich auch deine.

Natürlich wissen die meisten, dass Kollege X. regelmäßig in der 9c baden geht. Aber ansprechen tut es niemand, weil es könnte mir ja einmal ähnlich gehen und dann wäre es mir sehr lieb ... eben! Und Y. in der nächsten Konferenz öffentlich zu kritisieren, weil er es ganz offensichtlich auf Schüler A. abgesehen hat, wobei Letzterer einem nur Leid tun kann, lässt man lieber auch. In den üblichen Konferenzen bleibt sowieso keine Zeit. Kollegin Z., die es dann doch versucht, penetrant-nachdrücklich, ist offensichtlich eine Streberin ohne Gespür, die sich auch bei den Schülern immer einschleimt und eigentlich nicht hineinpasst ins Kollegium. Das kann man dann ausgiebig in seiner intimeren Bezugsgruppe diskutieren. Hier kann man alles sagen, Luft ablassen und bekommt sogar ein paar freundliche Worte zu hören, die das Selbstwertgefühl über dem Nullpunkt halten. Ansonsten bleiben die Probleme zwar ungelöst, die von den Kollegen X., Y. und der querulierenden Störenfriedin Z., aber zumindest geht es einem etwas besser mit Nestwärme im Rücken.

Ungeschriebene, unausgesprochene, gleichwohl eiserne Gesetze halten so das Kollegium und Ihre Fraktion zusammen, schaffen Sicherheit und Probleme gleichzeitig. Jeder ist bemüht, an seiner eigenen Legende zu stricken: Nein, Probleme habe ich eigentlich keine. Sie haben noch nie mitgespielt beim Lehrerzimmerpoker der alltäglichen Art? Noch nie gespielt, aber schon oft gewonnen?

Manche hätten gerne eine Art Einwegscheibe, wo man nach außen hin freie Sicht hat, man selber aber unsichtbar bleibt. Weil so etwas in der kollegialen Interaktion nicht wirklich funktioniert, einigen wir uns besser darauf, dass Transparenz unerwünscht ist. Dadurch wird der Raum für Spekulationen und Projektionen allerdings unendlich. Alle sind besser als ich, alle schlechter – für welche Variante sind Sie anfälliger? Selbst wenn die Frage sinnvoll wäre, zu klären ist sie realiter nicht. So fühlt sich manch einer in der kollegialen Umgebung so schwerelos, als sei er im Universum verloren gegangen.

So schlimm ist es nun auch wieder nicht? Stimmt, und Gott sei Dank gilt dies sicher für viele Kollegien. Allerdings bleibt es schwierig, irgendwelche konkreten Aussagen über die realen Verhältnisse in hiesigen Lehrerkollegien zu formulieren. Für Außenstehende ist die innere Dynamik eines Kollegiums kaum beurteilbar, Nestbeschmutzer sind bekanntlich unbeliebt und vieles dürfte genauso mysteriös bleiben wie die Geheimarchive des Vatikans.

Bände sprechen allerdings einige basale Fakten. Sozialpsychologen der Universität Marburg haben schlicht die Anzahl von Fehltagen und die Frühpensionierungsraten zahlreicher Kollegien hessischer Schulen zusammengestellt (Wagner 2003/2004). Besonders spannend sind dabei die ganz erheblichen Unterschiede zwischen den einzelnen Schulen, auch zwischen solchen, die nach außen hin (Schultyp, Größe des Kollegiums, Umfeld) vergleichbar wären. In einer Schule fehlen im Jahresdurchschnitt krankheitsbedingt bis zu 21 % der Kollegen, in der anderen fast niemand, bei einem Durchschnittswert von etwa vier % kranker Kollegen. Bei einem Mittelwert von sechs bis sieben % Frühpensionierungen pro Jahr gibt es Kollegien, in denen praktisch keine Lehrkraft in Frühpension geht, und solche, bei denen bis zu 25 % diesen

Schritt pro Jahr vollziehen. Letztere zeichnen sich offenbar unter anderem durch einen erhöhten Sanktionsdruck von oben aus, zumindest wird der Schulleiter hier entsprechend vom Kollegium erlebt.

Diese Daten sprechen nachdrücklich für die Bedeutung, die der kollegialen Interaktion für das Wohlbefinden des Einzelnen zukommt, und hinterlassen beim Betrachter von außen einiges Kopfschütteln, warum es üblicherweise so läuft, wie es läuft, warum man es so laufen lässt, so zufällig-selbstorganisierend.

Ein weiterer Faktor, der für die skizzierte kollegiale Dynamik wichtig ist und potenziellen Änderungen entgegensteht, liegt in besonderen Umständen: Das kollegiale System gleicht in Sartre'scher Weise einer geschlossenen Gesellschaft. Diese Geschlossenheit rührt aber nun nicht von Peitschen und Gitterstäben her, sondern vom Zuckerbrot. Es bleibt übrigens Zuckerbrot, auch wenn der Geschmack gelegentlich als bitter empfunden wird und die Frage, ob und in welchen Dosen Zuckerbrot letztlich für den Einzelnen gesund ist, auf einem anderen Blatt steht. Es geht um den Beamtenstatus. Wo in der freien Wirtschaft sechs Monate Probezeit an jeder neuen Stelle die Regel sind und Kollegen, die sich unwohl fühlen, mehr oder weniger von sich aus eine Veränderung anstreben und durchführen (müssen), alles vor dem Gespenst der Arbeitslosigkeit, da herrscht in der Schule de facto absolute Sicherheit.

Schulleiter singen hinter vorgehaltener Hand (zumindest in psychosomatischen Kliniken) ein Lied von Kollegen, die sie am liebsten loswürden, seit Jahren. Wenn sie die betreffenden Kollegen ansprechen, verlängern sich deren Fehlzeiten zusätzlich. Silberne Löffel haben diese Kandidaten bislang nicht geklaut und auch keine Hand gegen eine unschuldige Schülerwange erhoben. Und solange sie diese letzten Hürden nicht überschreiten, solange bleibt einem Kollegium nur, solche

Kollegen auszuhalten. Natürlich gäbe es Wege, aber wozu der unendliche Aufstand, wenn man noch nicht einmal sicher sein kann, ob und wie der Apparat – Sie wissen schon – reagiert, ob und wann etwas nachkommt, geschweige denn, was und wer. Höchstens bei allzu offensiv-unangenehmen Kollegen, besonders solchen mit einem Hang zum Märtyrertum, bei denen das ganze Kollegium hinter einem steht, einem sogar im Nacken sitzt (etwa im Falle der oben genannten Kollegin Z.), macht man sich auf den Dienstweg.

Und es gibt andererseits Lehrpersonen, die am liebsten heute kündigen würden. Täglich träumen sie (Sie?) davon, ihrem Schulleiter den flott hingeschriebenen Zettel auf den Schreibtisch zu knallen und ihm um die werten Ohren zu hauen, was sie schon immer gerne gesagt hätten. Andererseits wollen sie aber auch nicht weitere Arbeitswege, Umzüge oder gar die Pensionsansprüche aufs Spiel setzen. Goldener Käfig, bis dass die Pension euch scheide. Und gleichzeitig erleben sich einige Lehrer unter ständigem Druck. Ein Fehler kann das sichere Ende bedeuten, ein Ende, das im allerschlimmsten Fall hieße: Frühpensionierung.

Wenn Sie jetzt von mir erwarten, dass ich den therapeutischen Zeigefinger hebe und Sie auffordere, etwas an Ihrer in einigen bis vielen Punkten unbefriedigenden kollegialen Situation zu verändern – Sie erinnern sich: Bereits dadurch, dass Sie diese Zeilen lesen, haben Sie die Situation als verbesserungswürdig apostrophiert –, dann muss ich Sie enttäuschen. Es wäre schlicht ungeschickt, in ein offen daliegendes argumentatives Messer zu laufen. Als Antworten lägen allzu nahe:
1. Ich als Einzelner habe ja leider keinerlei Möglichkeiten, an dem durch die angedeuteten Rahmenbedingungen geprägten System nachhaltige Änderungen zu bewirken. Zumindest wäre das Risiko für mich, gegen die systemimmanenten – impliziten – Regeln zu verstoßen und mir damit beträchtliche Nachteile einzuheimsen (etwa als Querulant

zu gelten), ungleich größer als die Wahrscheinlichkeit einer Verbesserung meiner Situation.

2. Der Dienstweg ist einzuhalten. Gezielte Änderungen der kollegialen Interaktion sind Aufgaben der Schulleitung. Soll ich meinen Schulleiter um einen Termin bitten und ihm Vorschläge machen?

Die allgemeine Weisheit, wonach jeder ein Teil seines Systems ist, versagt diesen Argumenten gegenüber. Natürlich kann niemand von Ihnen erwarten, dass Sie zum Außenseiter werden oder gar gegen die Vorschriften verstoßen. Also lassen Sie es, wie es ist, hoffen Sie auf Eingebungen des Kultusministeriums oder zumindest Ihres Schulleiters, beißen also die Zähne fest zusammen und lächeln dabei. Weitermachen wie beim seligen Sartre? Was anderes fällt einem Therapeuten dazu nicht ein?

Wenn Ihnen ein kleiner, spannender, vielleicht sogar wichtiger Schritt genügen sollte, dann verfahren Sie wie folgt: Eine Situation verliert ein wenig ihren unangenehmen, vielleicht sogar bedrohlichen Charakter, wenn man sie überschauen kann, ihre Abläufe kennt und sich in seinen Handlungen rational-angemessen darauf einstellen kann. Unausgesprochene Regeln, ungeklärte Fraktionen und Interaktionen im Kollegium kann man sich zusammengenommen wie einen Hafen bei dichtem Nebel vorstellen. Ständig muss man mit einem Zusammenstoß rechnen. Also klären Sie die Verhältnisse, so gut es geht. Folgende Themen seien vorgeschlagen:

- Ungeschriebene Gesetze an meiner Schule
- Machthierarchie in meinem Kollegium (formale Variante)
- Machthierarchie in meinem Kollegium (informelle Variante)
- Soziogramm meines Kollegiums (wer koaliert mit wem, wer intrigiert gegen wen, wie fest sind die positiven oder auch

negativen Bande zwischen zwei Kollegen, wie variabel sind die Konstellationen ...), wo/wie stehe ich darin?

- Wunsch-Soziogramm, wo/wie würde ich gerne stehen?

Im therapeutischen Kontext kann man Kollegien wie Familien behandeln und mit Figuren oder Stellvertretern (etwa Mitpatienten) als Skulpturen aufstellen. Kollegen, die mir liegen (respektive ihre Stellvertreter), stelle ich nahe zu mir. Wen habe ich direkt vor Augen, wen eher neben und hinter mir? Wo stelle ich die neutralen Kollegen hin, wo meine Antipoden? Ergänzend können Sie jedem Kollegen-Stellvertreter einen Satz in den Mund legen, der die Beziehung des Betreffenden zu Ihnen zum Ausdruck bringt, etwa: »Wann gehen wir wieder mal Tennis spielen?« bis: »Mit Ihnen hat es doch eh keinen Sinn, darüber zu reden«. Vielleicht gibt es auch Kollegen, zu denen Ihnen beim besten Willen kein Satz einfällt. Was dann auch eine Aussage wäre. Das spontan entstehende Bild ist so für Sie noch nicht stimmig? Die Aufstellung lässt sich natürlich beliebig korrigieren.

Wenn Sie zum Schluss dann so stehen, wie es Ihrem Gefühl und Wissen nach richtig ist, entweder in der Mitte bei einer auf Ihre Person zentrierten Aufstellung oder eben dort, wo Sie sich bei einer kollegiumszentrierten Aufstellung sehen, beispielsweise eher am Rande, und die Mitspieler nacheinander ihre Sätze sagen, dann bekommen Sie ein klareres Bild und ein ganz deutliches Gefühl. Der Nebel lichtet sich dabei etwas und Sie halten nun eine Karte des Hafens in der Hand. Sie können nachsehen, was Sie besonders bedrückt und wo Sie mit Sicherheit gegen die Kaimauern stoßen würden. Sie könnten sich auch überlegen, wie Sie vielleicht durch einen Standortwechsel im System eine günstigere Position einnehmen können. Bitte direkt – im Bild, in der Aufstellung – ausprobieren! Zudem: Welche Konsequenzen hat Ihr Stellungswechsel im und für das System?

Die Anschlussfrage liegt nahe: Wie würde ein solcher kleiner Positionswechsel in der Praxis aussehen, vor allem mit welcher realistischen und möglichst kleinen Maßnahme ließe sich der erste Schritt in diese Richtung machen? Ließe sich eine Koalition ausbauen, ein Antipode wirkungsvoller ausblenden ... etwa wenn man den Kopf ein wenig dreht? Und wenn es keine einzige Kollegenschulter gibt, an der Sie die Wärme und Anerkennung, die Sie verdienen, finden können? Spätestens dann sollten Sie sich daran erinnern, dass Sie auch Teil anderer Systeme sind: vor allem von Partnerschaft, Freundeskreis und Familie.

Ohne Aufstellung und konzeptuelle Annäherung hätte man sich intuitiv ähnlich verhalten, aber eben nur ähnlich. Mit einem Plan in der Hand kann es nur einfacher und entlastender – weil kalkulierbarer – werden. Man hofft etwas weniger auf positive Signale aus Richtungen, wo man vom Verstand her weiß, dass sie nicht kommen werden, und investiert seine Energien lohnender.

Alles nur leere Versprechungen eines theoretisierenden Therapeuten? Dann bleibt Ihnen nur, es selber auszuprobieren. Bitte achten Sie darauf, an einen seriösen Aufstell-Therapeuten zu geraten, nicht an »Gurus«, die eindrucksvoll, aber mitunter nachhaltig traumatisierend ihre Allmachtsfantasien an Ihnen ausleben. Wenn Sie wirklich unter Schwierigkeiten im Kollegium leiden, was könnten Sie schon verlieren? Der Witz ist, dass sich durch Ihr geändertes Verhalten und die damit verbundenen Veränderungen in der Interaktionsdynamik auch etwas im System verändern wird, absolut sicher, Naturgesetz bleibt Naturgesetz. Und wenn es zunächst auch nur Nuancen sind.

PS: Falls Ihnen der Einwand, ein egoistisches Vorgehen dieser Art ginge am Interesse des Kollegiums als Ganzem vorbei oder hätte gar etwas mit Manipulation zu tun (wobei hier mit

keinem Gedanken Manipulationen außerhalb einer wohlver-
standenen Kollegialität gemeint waren!), dann lesen Sie bitte
gleich im Kapitel »Perfekt, gerecht und von allen geliebt –
haben Sie das nötig?« weiter, wo es unter anderem um Helfer-
komplexe und eigene Rechte geht.

Lehrerschicksal Frühpensionierung?

Alles Gute hat ein Ende. Dass dies für Lehrer seit Jahren recht früh kommt, durchschnittlich in einem deutlich unter 60 Jahre liegenden Alter, war lange ein Tabuthema. (»Sie wollen über psychosomatische Lehrer forschen? Da gibt es zumindest in unserem Bundesland keinen Forschungsbedarf, unseren Lehrern geht es gut. Wenn Sie unbefugt eine Schule betreten, dann ist das zumindest Hausfriedensbruch ...«, so die telefonische Auskunft einer Behörde im Jahre 1997.) Zwischenzeitlich pfeifen es die Spatzen vom Dach, das Medieninteresse schlägt mitunter Wellen bis in die *Bild*-Zeitung.

Es ist natürlich nicht nur die reine Sorge um das Wohlergehen der Lehrer, das die Bevölkerung erregt. Es geht um mehr, um Nachwuchsprobleme bei Lehrern, um das Wohl der Schüler und damit um die Gesellschaft im (ehemaligen) Land der Dichter und Denker an sich. Aber vor allem geht es um Geld, das niemand mehr hat, um eben die Milliardenbeträge, die die Frühpensionierungsrealität kostet (aktuellen Berechnungen aus Bayern zufolge kostet die Frühpensionierung eines einzigen Lehrers durchschnittlich 375 000 Euro). Lehrerfrühpensionierung wird nicht vom Kultusministerium bezahlt, auch die Schulen kostet es nichts. Die besoldungstechnischen Gegebenheiten, wo andere Töpfe zuständig sind als die, in denen es überkocht, haben vermutlich nicht unerheblich dazu beigetragen, dass das Problem so spät unübersehbar wurde. Letztlich zahlt natürlich alles der Steuerzahler.

Derzeit bemühen sich alle Kultus- und auch Gesundheits- und Sozialministerien der Länder um die Lehrergesundheit. In einer Bund-Länder-Projektgruppe »Eindämmung der Frühpensionierungen« versuchen die Länder zu koordinieren, was bislang auf eigene Faust, zumindest aber ohne übergreifende Koordination, versucht wurde. So gab und gibt es Modellprojekte, in denen Präventionsmaßnahmen unter anderem in Form von Gesundheitskreisen, Gesundheitstagen, Supervisionsangeboten, Sorgentelefonen und auch der Etablierung einer arbeitsmedizinischen Versorgung installiert und mehr oder (wohl zumeist) eher weniger stringent evaluiert werden sollen.

Um die Effektivität solcher Maßnahmen wissenschaftlichen Kriterien entsprechend nachzuweisen, reicht es nicht, zu dokumentieren, dass die Besucher von Lehrergesundheitstagen die Sache zumeist sehr gut und anregend fanden. Welche Lehrer werden mit solchen Angeboten erreicht, welche Effekte haben sie auf die Berufszufriedenheit, die Erkrankungs- und Frühpensionierungsraten der Teilnehmer? In welchem Verhältnis stehen dann Aufwand und Nutzen? Dies zu erfassen ist aufwändig. Mitunter drängt sich der Verdacht auf, dass man es dann so genau gar nicht wissen will. Auch Lehrerverbände und Gewerkschaften wurden aktiv, initiierten Diskussionsrunden und Lehrergesundheitstage mit Plenarvorträgen und Kurzseminaren zu Themen mit Belastungsreduktionspotenz.

Wenn bislang etwas mit hoher Wahrscheinlichkeit Wirksames gegen die Frühpensionierungsepidemie gefunden wurde, dann hat (leider) der Erfinder der steigenden Versorgungsabschläge das schulpolitische Ei des Kolumbus verdient. Die Effektivität der anderen aufgezählten Maßnahmen auf die tatsächlichen Frühpensionierungsquoten ist bislang kaum beurteilbar. Ob sie je zu definieren sein wird, hängt davon ab, ob zumindest in einigen Pilotprojekten eine tragfähige wissenschaftliche Begleitung vorgenommen wird. Vermutlich werden diese Effekte weniger durchschlagend ausfallen, als es sich Optimisten erhoffen, zumindest solange bei Pädagogen – die diesbezüglich vermutlich nicht anders sind als andere Menschen – Prävention freiwillig bleibt. Die Lehrer, die man derzeit auf Lehrergesundheitstagen trifft, sind oft interessierte, psychisch stabilere Kollegen, die es ertragen können, wenn ihr Schulleiter sie fragt: »Haben Sie es nötig, zu so was hinzugehen?«

Verglichen mit dem gesellschaftlichen und politischen Diskussionsgewitter um die Thematik vollzieht sich das individuelle Lehrerschicksal üblicherweise auf dem Dienstweg, also im Stillen. So mancher Lehrer verabschiedet sich auf leisen Sohlen, froh, die Schule hinter sich lassen zu können. Und Amtsärzte haben dabei mitunter vielleicht ein beklemmendes Gefühl angesichts ihrer schicksalsträchtigen, de facto fast allmächtigen Rolle, die ihnen da zuteil geworden ist. Was ist einem Lehrer medizinisch-wissenschaftlich gesehen zumutbar? Wer muss es ertragen können, wieder in eine belastende Schulsituation hineingestoßen zu werden? Wem, wann und warum ist dies unzumutbar? Schön, wenn es diesbezüglich objektive Standards gäbe ...

In diesem vierten Teil des Buches lassen wir zunächst kurz die formalen Möglichkeiten zur Beendigung des Schuldiensts und deren praktische Relevanz Revue passieren. Im Anschluss daran wenden wir uns Kollegen zu, bei denen sich die Frühpensionierungsfrage stellt. Verstrickt in Ansprüche, Möglichkeiten, unglückliche Schulrealität und die goldenen Fesseln des Beamtenstatus hat deren Schicksal mitunter die Qualität antiker Tragödien. Aber es geht nicht allein um Mitgefühl. Anhand dieser Beispiele lässt sich vieles diskutieren, relativieren und nicht zuletzt nachvollziehen, warum für alle Beteiligten glückliche Lösungen in diesem Bereich so schwierig sind.

Bis dass die Pension euch scheide ...

Theoretische Wege in die Pension

Es gibt verschiedene Möglichkeiten, seine Tätigkeit als Lehrkraft zu beenden. Prinzipiell könnte jeder Lehrer zum Schulhalbjahr oder Schuljahresende kündigen respektive seine Entlassung aus dem Beamtenverhältnis beantragen, selbstverständlich unter Verzicht auf gewisse Vorteile, die er als Beamter oder Staatsangestellter hat. Man wird dann bei der BfA nachversichert und hat auch ansonsten jede Freiheit, sich beruflich neu zu orientieren. Nicht wenige Lehrer träumen davon. Die Tatsache, dass diese Träume in Deutschland nur in Ausnahmefällen realisiert werden, hat verschiedene Gründe. Neben der recht spezifischen Ausbildung, die in anderen Berufsfeldern nur bedingt Ein- beziehungsweise Auskommensmöglichkeiten auf vergleichbarem Niveau garantiert, wiegt der Verlust an Sicherheit und der Verzicht auf erworbene Ansprüche offenbar für viele relativ schwer. So werden die Träume oftmals auf die felsenfest zementierte Pensionszeit verschoben.

Im theoretischen Normalfall endet das Lehrer-Berufsleben durch Erreichen der »Regelaltersgrenze«. Diese liegt für Lehrer derzeit bei 65 Jahren und wird, abhängig vom Geburtsjahrgang, zukünftig auf 68 Jahre steigen. Konkret erfolgt die Ruhestandsversetzung automatisch zum Ende des Schuljahres, das dem 65. (beziehungsweise bis 68.) Geburtstag vorangeht. Seit langem sind es jedoch nur relativ wenige Kolleginnen und Kollegen (derzeit um die 25 %), die den ihrer »Regelaltersgrenze« vorausgehenden Geburtstag noch als aktive Lehrkraft feiern dürfen – müssen?

Eine zweite, erheblich häufiger genutzte Möglichkeit ist der vorzeitige Ruhestandseintritt auf Antrag nach Vollendung des 63. Lebensjahrs (bei Schwerbehinderten des 60. Lebensjahrs). Hierzu benötigt man keine medizinischen oder sonstigen Gründe, ein formloser fristgerechter Antrag in zwei Ausfertigungen über den Dienstweg reicht. Gleichzeitig muss man einen Versorgungsabschlag von derzeit 3,6 % für jedes vorzeitig quittierte Jahr in Kauf nehmen. Und dann gibt es seit 1999 die – derzeit leider immer seltener angebotene – Möglichkeit der Altersteilzeit, mit einigen Varianten und sich nach oben verschiebenden Altersgrenzen (ehemals mit 56, seit 2002 mit 58 Jahren). Im Teilzeitmodell arbeitet man die Hälfte des bisherigen Deputats bis zum Erreichen der Regelaltersgrenze, im Blockmodell zunächst weiter Vollzeit, um dann in der zweiten Hälfte freigestellt zu sein. Dafür erhält man jeweils 83 % der Besoldung und behält als zusätzlichen Anreiz in vollem Umfang die Beihilfeansprüche. Es ist finanztechnisch dafür gesorgt, dass die Vorteile dieses inhaltlich stimmigen Modells in Zukunft wohl noch weniger als heute in den Beamtenhimmel wachsen werden.

Viele Lehrer beenden derzeit ihre berufliche Laufbahn, weil sie »dauerhaft dienstunfähig« geworden sind. (Die Versetzung in den Ruhestand bei Dienstunfähigkeit und nach Vollendung des 60. beziehungsweise 63. Lebensjahres regelt § 42 BBG.) Zwischen 1990 und 2001 lag der Anteil frühzeitiger Pensionierungen aus Krankheitsgründen zwischen 54 und 64 %. Vermutlich aufgrund der seinerzeit erhöhten Versorgungsabschläge (3,6 % für jedes vor dem 63. Geburtstag in Pension gegangene Jahr, wobei die Gesamtminderung in der Regel 10,8 % nicht übersteigen darf) waren es 2002 nur noch 41 %, um seitdem weiter zu sinken. Leider dürften die oben skizzierten Projekte zur Verbesserung der Situation in den Schulen kaum zu dieser – was die nackten Zahlen anbelangt – positiven Entwicklung beigetragen haben. Auch weiterhin sind in etwa der Hälfte der Frühpensionierungen aus Krankheits-gründen psychische und/oder psychosomatische Diagnosen ausschlaggebend, wobei die meisten depressive Symptome beinhalten, gefolgt von knapp 20 % Muskel- und Skeletter-krankungen (wohl zumeist im Sinne chronischer Rücken-schmerzen) und Herz-Kreislauf-Erkrankungen. Der hohe An-teil psychischer Diagnosen findet sich ähnlich auch bei nicht verbeamteten Lehrern und liegt über dem anderer, nicht im Schuldienst tätiger Beamter. Belege dafür, dass schwere kör-perliche Erkrankungen wie Krebs bei Lehrern häufiger sind als bei anderen Berufsgruppen, gibt es bislang nicht.

Frühpensionierung aus gesundheitlichen Gründen in der Praxis

Entweder stellt der Lehrer – soweit er Beamter ist – selber den Antrag auf Dienstunfähigkeit bei der zuständigen Behörde (zweifach über den Dienstweg), wobei ärztliche Atteste beige-legt sein sollten, oder aber der betreffende Lehrer war inner-halb von sechs Monaten zumindest drei Monate krank, ohne dass eine begründete Aussicht auf mittelfristige, sich innerhalb der nächsten sechs Monate vollziehende Wiederherstellung der Dienstfähigkeit besteht. In letztgenanntem Fall wird das System, üblicherweise vertreten durch den Schulleiter, durch Anberufung einer amtsärztlichen Untersuchung aktiv. Letztlich entscheidet die zuständige Behörde über die Ruhe-standsversetzung. De facto dürfte dabei in aller Regel das amtsärztliche Gutachten den Ausschlag geben.

Wie hat man sich eine amtsärztliche Untersuchung vorzu-stellen? Man wird schriftlich zum Termin einbestellt und war-tet zunächst auf dem Flur einer nicht übermäßig gemütlichen Behörde, die sich »Amtsärztliche Untersuchungsstelle« nennt.

Fast pünktlich sitzt man dann dem Amtsarzt gegenüber, einer Fachärztin oder einem Facharzt für Sozialmedizin, von Hause aus Internist, Psychiater, Orthopäde oder … Sie oder er blättert in der Akte des Kandidaten, sieht ihn neutral-freundlich an und lässt sich über Beschwerden und die aktuelle Situation berichten. Man verweist auf ärztliche Atteste, erhebliche Fehlzeiten, Belastungen, Symptome und Diagnosen, die für einen mit der schulischen Tätigkeit verbunden sind. Eine andere Möglichkeit als Pensionierung sehe man nicht, um ein einigermaßen erträgliches Leben führen zu können.

Wie das Gespräch im Detail verläuft, hängt sehr von den Persönlichkeiten der beiden Beteiligten ab, zwischen herzlich bis kalt-sachlich, von einer guten Stunde (oder länger) bis zu wenigen Minuten. Letzteres meist mit dem Hinweis, dass die vorliegenden Befunde nicht ausreichend seien und erst nach Einholung weiterer fachärztlicher Stellungnahmen eine abschließende Begutachtung erfolgen könne.

Die Begutachtung selber beinhaltet einen persönlichen, der ärztlichen Schweigepflicht unterliegenden, und einen gewissermaßen offiziellen Teil. In den vergangenen Jahren wurden für Letzteren zunehmend differenzierte Fragestellungen vorgegeben (Ziel: Eindämmung der Frühpensionierungen …). So gibt es etwa in Bayern eine »Allgemeine Anweisung an alle Dienstvorgesetzten zur Überprüfung bei Ruhestandsversetzungen«, einen dezidierten Fragenkatalog, den der Gutachter »umfassend« abzuarbeiten hat. Das Gutachten hat nicht nur den gegenwärtigen Gesundheitszustand zu bewerten, sondern muss auch eine Prognose über den weiteren Verlauf der Erkrankung, auch unter Berücksichtigung moderner Therapiemöglichkeiten, enthalten. Es ist dabei nach dem Grundsatz »Rehabilitation vor Versorgung« auszugehen (wobei weitestgehend ungeklärt ist, wer die Rehabilitation bezahlt; die zur Ergänzung der Beihilfe abgeschlossenen privaten Krankenversicherungen sehen sich hier vertragsgemäß nicht zuständig).

Allerdings gibt es ein relativ weites Repertoire an Wiedereingliederungshilfen, von befristeten Reduktionen des Stundendeputates über eine stufenweise Wiedereingliederung bis zu konkreten Entlastungen besonders belastender Einzelaufgaben. Insbesondere sind auch alternative Verwendungsmöglichkeiten »umfassend« zu prüfen. Neben der Formulierung solcher Vorgaben wurden die amtsärztlichen Untersuchungsstellen in verschiedenen Bundesländern zentralisiert, um einheitliche ärztliche Beurteilungsstandards zu gewährleisten.

Dafür, dass solche »Verschärfungen« bei der amtsärztlichen Beurteilung die Zahl tatsächlich früh pensionierter Lehrer verringert haben, gibt es keine Anhaltspunkte. Hinter vorgehaltener Hand wird vermutet, dass die Sensibilisierung von Amtsärzten für die Probleme des Lehrerberufs eher das Gegenteil bewirkt. Wie dem auch sei: Bislang war die statistische Wahrscheinlichkeit groß, als Frühpensionär die amtsärztliche Untersuchungsstelle verlassen zu können (in Bayern waren es zum Beispiel zwischen 1996 und 1999 knapp 80 %).

Die intensivierte und umfassende Frage nach anderweitigen Verwendungen erweist sich bislang als (fast) reinrassiger Papiertiger. Hauptgrund ist dabei zum einen die spezifische Ausbildung und das entsprechende Tätigkeitsprofil des Lehrers. Zum anderen sind alle Behörden aktuell zumeist selber vom Personalabbau betroffen und damit eher wenig geneigt, zum Auffangbecken für Expauker zu werden. So waren es bislang nur einige wenige engagierte (ehemalige) Lehrer, die nicht selten gegen erhebliche Widerstände dafür gekämpft haben, eine andere Tätigkeit in der weiten Welt der Beamten ausüben zu dürfen. Am ehesten bieten sich dafür Aufgaben in Schulbehörden oder im Bereich Lehrplankonzeption und Schulbuchgestaltung an. Aber es gibt auch einen ehemaligen Erdkundelehrer, der nun die Kartensammlung eines Universitätsinstituts verwaltet (»Ich sollte eigentlich in Frühpension. Aber ich hab da jemanden gekannt ...«). Alle Achtung vor solchen Einzelleistungen!

Auf der Suche nach objektiven Kriterien

Ziel jeder ärztlichen Begutachtung ist selbstverständlich eine möglichst objektive und gerechte Beurteilung des individuellen Falls, was die fachliche Kompetenz des ärztlichen Gutachters gewährleistet. Formulierungen dieser Art sagen alles, was genauer betrachtet nicht viel ist. Als (Fach)Arzt stellt man zunächst eine medizinische Diagnose, entsprechend den von der Weltgesundheitsorganisation aufgestellten Kriterien (ICD-10 – s. S. 95 f.). Soweit möglich, ist diese durch medizinisch-technische Befunde zu begründen.

Im Falle etwa einer schweren Herzerkrankung, die im Belastungs-EKG ab einer bestimmten Belastung entsprechende Hinweise auf Überlastung des Herzmuskels zeigt, ist dies vergleichsweise einfach, zumal wenn die Ursache der Erkrankung bekannt und der Verlauf vergleichsweise sicher prognostizierbar ist. Im Falle psychischer und psychosomatischer Erkrankungen gibt es solche relativ-objektiven Anhaltspunkte praktisch nicht (Test- und Leistungspsychologie gehören bislang nicht zum Standard amtsärztlicher Untersuchungen, im Kontext psychischer Erkrankungen bleibt deren Aussagekraft zudem oftmals relativ). Der Gutachter muss schlicht unter Berücksichtigung aller ihm zugänglichen Informationen, vor dem Hintergrund eigener Erfahrungen und natürlich der wissenschaftlichen Literatur, seine Entscheidung treffen und begründen. Das läuft auf eine Integralrechnung mit sehr vielen Unbekannten – gerade an den entscheidenden Stellen – hinaus. Der elaborierteste Großrechner könnte daraus nur vage Wahrscheinlichkeitsabschätzungen herleiten. Experten machen daraus umfassend-schicksalsträchtige Gutachten.

Natürlich tun dies alle Kollegen nach allerbestem, langjährig erarbeitetem Wissen und Gewissen. Sie leisten ihr Möglichstes, den zu Beurteilenden und dem System gerecht zu werden. Wenn dabei verschiedene Ärzte zu unterschiedlichen Einschätzungen kommen, verwundert das nicht. Ein zentrales Dilemma dabei ist, dass ein Gutachter in unserem Bereich eigentlich nie erfährt, wie gut oder schlecht, stimmig oder unsinnig seine Einschätzung war. Über den Verlauf von Erkrankungen früh pensionierter Lehrer gibt es bislang so gut wie keine Daten. Und das ist mehr als schade, aus vielen Gründen. Die Qualität einer Beurteilung und die Sinnhaftigkeit der zugrunde gelegten Kriterien ließe sich ja eigentlich nur anhand des weiteren Verlaufs der beurteilten Personen beurteilen. So wird allgemein angenommen, dass es Lehrern nach der Pensionierung besser geht. Dies trifft zumindest für einige nicht zu: »Natürlich fiel es mir in der Schule zunehmend schwer. Aber als ich dann pensioniert war, brach eine Welt für mich zusammen, alles kam mir so sinnlos vor ...« (ein 53-jähriger ehemaliger Gymnasiallehrer, Sport und Englisch, allein stehend, nach schwerem Suizidversuch). Hier wäre es sicherlich gut, diese Gruppe vorher zu identifizieren.

Das Fehlen von Daten zum tatsächlichen Schicksal von Lehrern – systematisch-repräsentativ erhoben! – nach Frühpensionierung öffnet zudem der Verallgemeinerung von Einzelfällen Tür und Tor. Haben Sie auch von der Sportlehrerin gehört, die wegen ihrer schlimmen Rückenschmerzen keinen Unterricht mehr geben konnte und nach ihrer Pensionierung eine florierende Tanzschule führt (die auf den Namen ihres Mannes läuft), oder vom ...? Nein, ich will keinem überlasteten Lehrer in den Rücken fallen. Aber wäre es nicht Pflicht der Ministerien, durch saubere Dokumentationen die ihnen anvertrauten Lehrer vor solchen aus Verallgemeinerungen schwarzer Schafe resultierenden Vorurteilen zu schützen?

Einigermaßen sichere, also auf systematischen Erhebungen beruhende Bezugsgrößen, die den Entscheidungen zugrunde gelegt werden könnten, gibt es für ärztliche Gutachter zur Frühpensionierung gerade im psychischen und psychosomatischen Bereich somit bislang nicht. Selbst die einfache Frage, wie es früh pensionierten und nicht früh pensionierten Lehrern bezogen auf den Schweregrad der jeweiligen Erkrankung ein Jahr später geht, ist nicht zu beantworten. Was meint »umfassende« Prüfung der Verweisbarkeit, wenn es eigentlich gar nichts zu verweisen gibt? Welchen Sinn machen Therapie- und Rehabilitationsauflagen für den jeweiligen Kandidaten? Und vor allem, was ist Gerechtigkeit, Zumutbarkeit ...?

In der relativ kleinen Gruppe von Lehrern, die stationär psychosomatisch behandelt werden, sind männliche Lehrer zu etwa 90 % verheiratet und sozial gut eingebunden, Lehrerinnen hingegen nur zu etwa 70 %. Wenn diese Lehrer nun häufiger als Lehrerinnen beabsichtigen, in Frühpension zu gehen, dann vermutlich nicht nur, weil sie zu diesem Zeitpunkt im Durchschnitt zwei bis drei Jahre älter sind. Unter Gutachtern wird unter der Hand behauptet, es gäbe andererseits eine beachtliche Gruppe verheirateter Lehrerinnen im Alter von etwa 50 bis 55 Jahren, die Frühpension anstreben. »Deren Männer sind eben fünf bis zehn Jahre älter, soeben pensioniert und man möchte den Ruhestand gemeinsam verleben ... wer könnte es ihnen verübeln?«

Natürlich gibt es viele schwere körperliche und psychiatrische Erkrankungen, die weitgehend unabhängig von Aspekten dieser Art Dienstunfähigkeit begründen. Aber selbst da sind die Kriterien weniger eindeutig, als es auf den ersten Blick erscheinen mag. Es gibt Lehrerkollegen, die querschnittgelähmt im Rollstuhl unterrichten, nach Kehlkopfoperationen glücklich in die Schule zurückkehren oder auch trotz immer wiederkehrender manisch-depressiver Episoden (mit stationären psychiatrischen Aufenthalten und Psychopharmakabehandlung) wirklich grandiosen Deutschunterricht geben (meiner ehemaligen Lehrerin Frau H. mit vorzüglichster Hochachtung und herzlichem Dank!). In den meisten Fällen sind es offenbar neben medizinischen Diagnosen und schulischen Belastungen sehr viele und die unterschiedlichsten Aspekte, die Einfluss darauf haben können, wer wann und warum aus dem Lehrerberufsleben ausscheidet.

In den Gutachten und in Lehrbüchern sieht dies bislang allerdings ganz anders aus, so, wie es das System verlangt: »Aufgrund der langjährigen Überlastungssituation hat sich bei Frau D. eine chronifiziert verlaufende depressive Störung, die die Kriterien einer Major Depression nach ICD-10 erfüllt, manifestiert. Ambulante und stationäre Behandlungsmaßnahmen blieben ohne Erfolg. Frau D. ist aufgrund dieser Erkrankung nicht mehr in der Lage, ihren Beruf als Lehrerin auszuüben. Auch alternative Verwendungen sind dadurch ausgeschlossen. Aus diesem Grund ist aus ärztlicher Sicht Dienstunfähigkeit anzunehmen.« (Aus der Endversion des Gutachtens für Patientin D., s. S. 165 ff.)

Spannender als eine solche formal-gutachterliche Perspektive ist es, sich die Lehrer genauer anzusehen, die in eine entsprechende Begutachtungssituation gekommen sind. Das kann verdeutlichen, was Begutachtungen leisten können und was nicht. Die folgenden Fälle sind natürlich frei erfunden. Ähnlichkeiten zu tatsächlich lebenden Personen können aus den prägenden gesellschaftlichen und (Beamten-)systemischen Rahmenbedingungen resultieren. Vielleicht wird es noch spannender, wenn Sie die Beispiele unter folgender Vorgabe lesen: Sie sind der Amtsarzt. Wie würden Sie entscheiden?

»Wer einen Fehler macht, ist kein guter Lehrer und sollte in Frühpension gehen«

Der im Folgenden geschilderte Kollege hätte ein Denkmal verdient. In seiner Geschichte spiegelt sich eine Konstellation, die gerade bei psychosomatisch belasteten Lehrerinnen und Lehrern sehr häufig zu sein scheint. Die betreffenden Personen werden von ihren Klassen geliebt, sind engagierte Pädagogen und im Kollegium angesehen. Durch ihre eigentlich in jeder Hinsicht angenehme und verantwortungsvolle Art und Weise werden sie dann jedoch mitunter plötzlich und mit der Dynamik eines Schweizer Uhrwerks zu gescheiterten Figuren. Für Außenstehende mag die Kapitelüberschrift wie eine Groteske wirken, verdächtig einer nicht sehr überzeugenden Ausrede. Eben das ist sie für die Betreffenden nicht.

Kein Märchen von Lehrer A.s Aufstieg und Erfüllung

Lehrer A. ist eines von fünf Kindern. Der Vater erlag wenige Jahre nach dem überstandenen Krieg seinen in der Gefangenschaft zugezogenen Wunden. Die Mutter war mit den Kindern aus dem Osten geflüchtet, baute unter ärmsten Bedingungen eine heile Welt auf, aus dem Nichts, voll von Wärme, als hätte es nie Abgründe gegeben. A. ist seinem eigenen Erleben nach nie erzogen worden und geriet dabei prächtig. Fürsorglich dem jüngsten Geschwisterchen gegenüber, früh erwachsen, nach Kräften hinzuverdienend und in der Schule ohne Fehl und Tadel. Über die Lehrerbildungsanstalt, ein Studium hätte nicht finanziert werden können, wurde er der

Stolz seiner Mutter: Grundschullehrer. Und einige Jahre später war er stellvertretender Schulleiter. Über eine weitergehende Karriere hat er sich nie Gedanken gemacht. Sie hätte ihn zu weit von seinen Wurzeln entfernt. Er heiratete eine Kollegin, die sich dann an eine andere Schule versetzen ließ, liebte seine vier leiblichen Kinder und ebenso seine Klassen. Seine Schüler kannte er besser, als diese von ihren Eltern gekannt wurden. Stets war er präsent, mit jedem Problem ansprechbar, dabei freundlich, verbindlich, lebte auf, wenn er gebraucht wurde. Seinem Nachbarn reparierte er den Rasenmäher, auch wenn sein Sonntagnachmittag damit ausgefüllt war.

Er empfand, dass alle seine Kinder an ihm »saugten«, auch als sein Ältester bereits 24 Jahre alt und selber Referendar war. Aber er wusste, dass alles so sein musste und nur so in Ordnung war. Seine Stellung als stellvertretender Schulleiter nutzte er dazu, diesem Amt zu einigem Ansehen zu verhelfen. Wenn es galt, kurzfristige Vertretungen zu organisieren, konnte er sich unmittelbar in die Nöte der von ihm angefragten Kollegen hineinversetzen. Und so machte er die Vertretungen selber. Es grenzt an ein Wunder, dass er die Zeit fand, Familienleben zu leben, und sei es auch nur ein einträchtiges Nebeneinandersitzen mit seiner ähnlich veranlagten Ehefrau, abends bei einem Glas Wein.

Über die Jahre lief es so. Oder doch nicht ganz. Die Schüler blieben ihm zugetan, viele taten aber nur so, erlebten seine Freundlichkeit als Schwäche und nutzten diese Freiräume. Er ahnte es und nahm es als das, was es war, als sehr menschliches Verhalten. Seine Freunde, seine Kollegen machten es in verschiedenen Hinsichten mit ihm ähnlich wie die Schüler. Sein Schulleiter war sich seines guten Geistes stets bewusst und ehrte ihn durch Übertragung wichtiger Aufgaben.

Lehrer A. spürte seit langem eine gewisse Anspannung, konnte nicht mehr richtig schlafen, lächelte und freute sich dennoch nicht. Er fand eines Tages auf dem Schulhof einen

Zettel, worauf sein Name stand, versehen mit der Bezeichnung »Luschi«, was er harmlos fand, verglichen mit dem, was ansonsten über andere Kollegen geredet und geschrieben wurde. Die Schrift erkannte er als die seiner Klassensprecherin der 4a, eigentlich ein aufgewecktes Geschöpf, das er mochte. Den Zettel ließ er verschwinden. Sein Direktor wurde vier Wochen vor den Ferien krank, »er macht krank«, flüsterten Kollegen. Herr A. übernahm es, Zeugnisse für Klassen zu schreiben, die er nur vage kannte. Eltern beschwerten sich über Beurteilungen, »dem Direktor wäre das nicht passiert«. A. bemühte sich in solchen Fällen um Kompromisse, was ihm meistens gelang.

So verstand er nicht, warum es ihm immer schwerer wurde, morgens in die Schule zu gehen. Ganz deutlich spürte er ein Engegefühl um die Brust. Da seine Schüler ja auf ihn warteten, nahm er es nicht zur Kenntnis. Als es dann immer penetranter wurde, äußerte er sich seiner Frau gegenüber. Die bekam einen Schreck, dachte an einen Herzinfarkt. Plötzlich dachte auch A. daran, es durchzuckte ihn. Und als die Enge am nächsten Morgen immer noch da war, wollte er in die Schule gehen, die Frau aber rief den Notarzt. Aus Sicherheitsgründen veranlasste dieser die Verbringung in ein Krankenhaus. Der Notaufnahmearzt lächelte, als er das EKG betrachtete, ein Lehrer eben. Es war Gott sei Dank auf dem Streifen gar nichts Pathologisches erkennbar, also alles in Ordnung. Und dennoch ging es A. nicht viel besser in den nächsten Tagen. Monate später hatte er plötzlich ein Pfeifen im rechten Ohr, wie früher beim Testbild im Fernsehen, als es noch keine Programme rund um die Uhr gab, die er nun immer häufiger sah, weil er gar nicht mehr schlafen konnte. Er wusste, dass in seiner Familie und in der Schule alles in Ordnung war, aber er spürte es nicht mehr.

Er arbeitete dann noch bis zu den Sommerferien wie ein Roboter, den weder seine Schüler noch seine Familie vom alten A. unterscheiden konnten. Sein Direktor merkte, dass etwas nicht stimmte: »Herr A., passen Sie auf, machen Sie nicht zu viel, wir brauchen Sie doch«, was A. dankbar entgegennahm. Doch in den Ferien besserte es sich nicht, den geplanten Urlaub sagte er ab, der Hausarzt kam dreimal die Woche und riet ihm, einen Psychiater aufzusuchen. A. wusste schon lange, dass es etwas in dieser Richtung sei, und tat den Schritt zwei Tage vor Beginn des neuen Schuljahrs, nachdem es ihm nicht mehr gelungen war, seine Unterrichtsplanung wie gewohnt rechtzeitig abzuschließen. Der älteste Sohn von A. nahm als erster das Wort »Frühpensionierung« in den Mund, »das machen doch heute alle ... Papa sei doch vernünftig«.

Vom Kopf her ist alles klar, aber die praktische Umsetzung ...

Kennen Sie Herrn A. oder sind Sie selber einer? Vielleicht ein bisschen?

Sie finden die Konstellation recht offensichtlich? Sie ist es auch, wenn man den nötigen Abstand dazu hat. Etwa in dem Sinne: Lehrer A. ist gewissermaßen harmoniesüchtig. Seit seiner Kindheit durfte es keine Konflikte geben, er hat stets alles getan, sie zu vermeiden. Offenbar hat er nie gelernt zu streiten. Zudem kennt er seine eigenen Grenzen nicht. Er strebt idealistische Ziele an, tat alles dafür und musste gerade deswegen scheitern.

Lehrer A. ist übrigens alles andere als diesbezüglich blind. Diese Analyse stammt fast wörtlich von ihm selber. Er weiß, dass er eigentlich etwas strategischer vorgehen müsste, er weiß, dass seine Schüler, seine Kollegen, sein Direktor diese seine Schwächen kennen und teils schamlos ausnutzen. Aber bereits beim Wort »Strategie« dreht sich buchstäblich sein Magen um, so was könne er nie, dann wäre er ja nicht mehr er, nicht mehr authentisch. Er wolle ja nicht schauspielern, sondern gesund werden, um wieder seine Arbeit machen zu können. Es leuchtet ihm durchaus ein, wie grotesk es ist, dass er als guter Lehrer seinen Schülern verloren geht, eben weil er ein so guter Lehrer ist. Und Therapie, etwas an seiner Situation ändern? Er könne ja jeden Morgen Frühsport machen, um wieder fit zu werden ...

Stellen Sie sich diese Gespräche ruhig so vor wie eine Konversation mit einem Außer- (oder Über-)Irdischen. Man verwendet die gleichen Worte, spricht die gleiche Sprache, und trotzdem redet man ständig aneinander vorbei. So geht es allerdings auch A. mit sich selber. Nach vielen Wochen Psychotherapie weiß er alles, nur nicht, was er eigentlich will, gleichzeitig wieder der alte sein und doch irgendwie anders. Seine Frau und seine Familie unterstützen ihn in allem.

Wenn Sie Herrn A. als Freund und Kollegen treffen würden, beim Spaziergang und unter vier Augen – es liegt in der Persönlichkeit von A. begründet, dass man ihm wohl auch als Amtsarzt nicht viel anders begegnen kann –, was würden Sie ihm raten?

1. Frühpensionierung unter der Diagnose einer chronifizierten Depression, einer Panikstörung ohne Agoraphobie und Tinnitus auf dem Boden einer dependent-selbstunsicheren Persönlichkeit;
2. eine erneute stationäre Behandlung zum Erlernen selbstsicherer Strategien – insbesondere auch zur Abgrenzung – im Umgang mit Kollegen und Schülern;
3. eine tiefenpsychologische Behandlung, um seine frühkindliche Deprivation – Aufwachsen ohne Vater etc. – aufzuarbeiten;

4. eine Reduktion des Stundendeputats um vier Stunden für das kommende Schuljahr;
5. ein klärendes Gespräch mit dem Schulleiter mit dem Ziel einer Lastenumverteilung.

Mehrfachantworten sind möglich. Ich habe Herrn A. alle diese Möglichkeiten vorgelegt. Frühpensionierung lehnt er ab, obwohl er aufgrund seiner Symptomatik gar nicht in der Lage ist, einen Schultag durchzustehen. Man müsste ihn fast gegen seinen Willen »aus dem Verkehr ziehen«. Selbst sein Schulleiter lege ihm aber die Pensionierung nahe. A. habe doch genug für die Schule getan, zudem sei es schwer zu disponieren, wenn man nicht wisse, woran man bei ihm nun sei. Hinsichtlich des zweiten Vorschlags weiß A., dass er hilfreich ist. Er kann sich auch zunehmend besser abgrenzen, zumindest in den Übungen, in denen er sogar ein wenig Spaß daran findet, »nein« zu sagen. Aber ob das perspektivisch für die Schule reicht? Auch die dritte Möglichkeit hält A. nicht für gut, schließlich habe er doch eine wunderschöne Kindheit gehabt. Er weiß natürlich, dass sie nicht ganz so schön war, man werde sicher etwas finden können, aber eigentlich will er nicht, dass etwas gefunden wird, schon aus Achtung seiner Mutter gegenüber. Und darin, sich selber zu bemitleiden, sieht er gar keinen Sinn und er habe auch kein Recht dazu. Mit einer Reduktion des Stundendeputats wäre er noch am ehesten einverstanden, vorübergehend. Ein klärendes Gespräch hält er nicht für nötig, er stehe ja mit allen im guten Einvernehmen und werde sich schon bemühen, seine Interessen direkter anzusprechen. Lehrer A. ist aktuell 55 Jahre alt, ein absolut sympathischer, deswegen hoffnungsloser Fall?

Wie die Geschichte zu Ende geht? Suchen Sie sich das Ende aus, das Ihnen am besten gefällt:
- A. entscheidet sich, in Frühpension zu gehen, weil er sich so seinen SchülerInnen und KollegInnen nicht mehr zumu-

ten will. Er unternimmt wenig später einen Selbstmordversuch mit Schlaftabletten, wird von seiner Frau gefunden, hat daraufhin solche Schuldgefühle, dass er den Rest seines Lebens still vor sich hin exisitiert.

- A. erholt sich in der Klinik und entscheidet sich für eine stufenweise Wiedereingliederung. Und zwischendurch, ohne dass er oder irgendjemand es vorhergesagt hätte, sieht er seine Situation anders. Er liebt weiterhin seine Schüler und beginnt gerade deswegen ein wenig mit ihnen zu spielen. Er macht keine Vertretungen mehr, sondern sagt den Kollegen lächelnd, dass er im Selbstsicherheitstraining eben die Sätze gelernt habe, die man ihm nun als Ausreden entgegenhalte. Der jeweilige Kollege dürfe dabei aber nicht so lange zu Boden blicken. Auf den Zettel der Klassensprecherin der 4a schreibt er: »Jawohl, A. ist ein Luschi, aber das mit ganzer Kraft«, was die Dame nicht versteht, aber das muss sie auch noch nicht. Die Lust auf freche Zettel ist ihr danach erst mal vergangen, was auch ihren schulischen Leistungen zugute kommt. A. gibt schließlich seine stellvertretende Schulleitung zurück und geht mit 63 Jahren auf Antrag »normal« in Pension, um sich seinem neuen Hobby, der Malerei, zu widmen.
- A. macht Therapie, alle Therapieschulen, will viel und schafft es dann doch nicht. Drei Wochen Schule, dann wieder krank. Und gegen Ende des Schuljahrs wird er zum Amtsarzt zitiert, der den widerstrebenden A. in Pension schickt, fast genau zu seinem 56. Geburtstag. Nun hat er seine Ruhe, und weil er sie nicht gewollt hat, kann er damit sogar leben.
- Ihre Version ...?

Eine Auflösung ist aktuell noch nicht möglich. A. befindet sich derzeit wieder in stationärer Behandlung. Statistisch gesehen dürfte die dritte Variante am häufigsten vorkommen. Aber welche wird A. gerecht? Hätten Sie wirklich geglaubt, Psychotherapie kann alles? Aber vielleicht gelingt doch noch die zweite Version. A. ist heute zu spät zum Einzelgespräch gekommen und hat sich kein bisschen deswegen gegrämt!

Von der finalen Wirkung einer Kränkung im geschlossenen System

Herr Ch. ist (respektive war) Lehrer an einer Berufsschule und Fachleiter, 54 Jahre alt, verheiratet mit zwei erwachsenen Kindern. Zum Lehrer wurde er erst spät, aufbauend auf einen technischen Beruf, dann aber gründlich. Er ist/war ein fast enthusiastischer, zu nichts anderem berufener Lehrer mit demokratischen Idealen und hohen Ansprüchen an sich selber. Aufgrund seiner fachlichen Qualifikationen wurde er zum Fachberater, wegen seiner inneren Verbundenheit mit seinen Schülern strebte er nie an, etwas anderes, Höheres zu werden. Von seinem langjährigen Freund und Schulleiter erlebte er sich anerkannt und gestützt, lebte und arbeitete so über Jahre wie »auf Wolken«. Er wollte immer alles andere sein als ein Vorgesetzter, sah sich als Freund und Berater seiner Schüler und füllte diese Rolle seit Jahren mit einer herzlich-burschikosen Art aus, beneidenswert entspannt.

Der alte Schulleiter wurde pensioniert. Es kam ein neuer, jüngerer, gleichen Alters wie Herr Ch. Beide kannten sich zu allem Unglück von der Lehrerausbildung her, hatten sich schon damals nicht sonderlich leiden können. Im Rahmen des Amtsantritts unternahm es der neue Schulleiter pflichtbewusst, seine Fachleiter, insbesondere jenen auf seinem ureigensten Gebiet tätigen, seinen schulleiterlichen Vorstellungen entsprechend »auf Vordermann« zu bringen. Herr Ch. erhielt entsprechende Anweisungen, auch in Gegenwart anderer Lehrer, fühlte sich wie ein Schüler gemaßregelt, so, wie er es in und vor seiner Klasse dem begriffsstutzigsten Schüler nie angetan hätte, und war entsprechend tief gekränkt. Im Rahmen mehrerer kleiner Konflikte riss er sich mit immer größerer Anstrengung zusammen, er wusste ja, dass es nichts bringt, in diesem System auf den Tisch zu hauen. Umso engeren Anschluss und Unterstützung suchte er bei den Schülern, fand sie auch und stieß dadurch auf zunehmend gemischte Gefühle bei anderen, vormals ihm rückhaltlos positiv gesonnenen Kollegen. Diesen versuchte er in den Pausen, nebenher, deutlich zu machen, dass der neue Schulleiter fachlich wenig auf dem Kasten habe.

Der Schulleiter wies Ch. bei einer anderen Gelegenheit darauf hin, dass er sich mehr der Vermittlung fachlicher Aspekte widmen solle und weniger freundschaftlichem Geplänkel mit den Schülern. Kollegen nickten dazu. Das sich ergebende Gespräch am Rande einer Konferenz konnte Herr Ch. nicht zu Ende führen. Er ging wortlos, mit rotem Kopf aus dem Raum und dann zum Arzt, um sich krankschreiben zu lassen. Dieser diagnostizierte eine schwere Depression. Medikamente halfen wenig, kurz vor dem jeweils abzusehenden Ende der Krankschreibungen ging es Herrn Ch. wieder deutlich schlechter. Er schlief miserabel, hatte Albträume, darunter einen immer wiederkehrenden, in dem er zum Messer griff oder aber mit seinen bloßen Händen den betreffenden neuen Schulleiter erwürgte. Seine Frau sah ihn leiden, versuchte zu trösten, das alles hätte er nicht verdient.

Bei einem Termin mit dem Amtsarzt, Herr Ch. war nun sechs Monate außer Dienst, wurden die Konflikte mit dem Schulleiter angesprochen. Eine Lösung auf organisatorischer Ebene musste Herr Ch. mit Nachdruck ausschließen. Im be-

treffenden Bezirk gab es nur einen Fachleiter an einer Berufsschule im betreffenden Fach – ihn. Jeder Schulwechsel im
Bezirk hätte eine Rückstufung respektive den Verzicht auf
den Fachleiterstatus beinhaltet, was ihm undenkbar und be-
amtenrechtlich unmöglich erschien. Andererseits schien jedes
klärende Gespräch ausgeschlossen, zu hart waren die Fronten,
zumindest aus gut begründeter Sicht von Herrn Ch. Zudem
hatte ein Arzt eine Depression als eigentliche Erkrankung dia-
gnostiziert.

Zwischen der Liebe zu seinen Schülern und dem Hass auf
seinen Schulleiter gefangen, als Beamter ohne Spielraum (zumindest sah Ch. für sich keinen und kannte auch niemanden,
der ihm einen solchen hätte aufzeigen können), wurde Herrn
Ch. die Frühpensionierung nahe gelegt. Er selber erlebte sich
als hilfloses Opfer einer bestimmten Person, der er nicht hatte
entkommen können. Sein Schulleiter sah sich in seiner Einschätzung von Herrn Ch., den er schon im Studium als idea-
listischen Traumtänzer kennen gelernt hatte, bestätigt, als er
auf dem Dienstweg dessen Ausscheiden aus gesundheitlichen
Gründen nichts in den Weg stellte. Herr Ch. hat die Schule
nicht mehr betreten.

Im Nachhinein und von außen betrachtet ist man immer
schlauer! Aber selbst dann: Wo hätten Sie die Weichen umge-
stellt?

Wenn Sie in der Rolle von Herrn Ch. die Handlung nachspielen müssten, welche Möglichkeiten gäbe es?

1. Ein klärendes Gespräch mit dem neuen Schulleiter;
2. ein Schulwechsel, auch unter freiwilligem Verzicht auf den
   »Fachberater«;
3. ein Brief an die Schulbehörde, Kontakt mit der Gewerk-
   schaft, mit dem Amtsarzt, einer (in dieser Form bislang
   nicht existenten) neutralen Schlichtungsstelle etc.;

4. eine Psychotherapie, um zu erlernen, wie er mit der narzisstischen Kränkung entspannter umgehen kann.

Für welche Schritte hätten Sie sich entschieden? In welcher Reihenfolge, warum und mit welchen Erfolgsaussichten?

Hier die Originalzitate von Herrn Ch.:
   Zu 1.: »Was hätte es denn zu klären gegeben, als Schulleiter ist der immer am längeren Hebel, außerdem konnte ich mit dem Streber schon damals nicht reden.«
   Zu 2.: »Wegen dem auch noch auf das verzichten, was mir rechtmäßig zusteht?«
   Zu 3.: »Der Dienstweg ist einzuhalten ... eigentlich hat er ja nichts gesagt, was ihm aufgrund seiner Position nicht zusteht, nur eben die Art, *wie* ... außerdem will ich mich doch nicht lächerlich machen, die Schulbehörde will, dass Ruhe herrscht, was anderes interessiert dort doch niemanden.«
   Zu 4.: »Ich habe ein Recht darauf, in meinen fachlichen Leistungen anerkannt und geachtet zu werden. Das ist doch die verdammte Pflicht eines Schulleiters ... Soll ich mir dieses Recht in einer Therapie ausreden lassen? Das müsste schon eine Gehirnwäsche sein. Ich bin doch nicht verrückt ...«

Wenn Sie in der Rolle des neuen Schulleiters die Geschichte nachspielen müssten, welche Möglichkeiten gäbe es?

1. Ein klärendes Gespräch mit Ch. unter vier Augen;
2. die Einbeziehung eines Moderators, beispielsweise eines Kollegen vom Personalrat;
3. die Einleitung eines Disziplinarverfahrens gegen Ch. – Es gab Kollegen, die Ihnen berichteten, dass Ch. gegen Sie intrigiere. Das Vertrauensverhältnis war dadurch nachhaltig gestört.

4. eine Psychotherapie, um eigene Persönlichkeitsanteile differenzierter wahrnehmen zu können und sensibel für die Kränkungen zu werden, die eigenes Verhalten auslöst;

5. ...

Hierzu liegen leider keine Originalzitate vor. Nicht unwahrscheinlich wären vermutlich solche:

Zu 1.: »Ich habe Herrn Ch. doch klar gesagt, was ich von ihm erwarte.«

Zu 2.: »Welche Rolle soll denn der Moderator spielen? Ich wüsste nicht, wo ich meine Kompetenzen überschritten hätte und Herrn Ch. zu nahe getreten wäre. Wenn Ch. Interesse an einem solchen Gespräch gehabt hätte, hätte er auch die Initiative übernehmen sollen. Gegen den Personalrat habe ich gar nichts.«

Zu 3.: »Ich bin doch kein Unmensch. Dass Ch. fachlich wie menschlich hilflos war und ist, war ja unübersehbar. Und warum soll ich mir eine solche, das Kollegium spaltende Schlammschlacht antun?«

Zu 4.: »Das kann auch nur einem Psychotherapeuten einfallen ... (dann, etwas gefasster) Natürlich haben Sie Recht, dass es prinzipiell und auch für mich gut und wichtig ist, Selbsterfahrung und eine Schulung zur subtilen Gestaltung meines Interaktionsverhaltens zu machen. Aber in jeder Hierarchie werden Personen mit Kränkungen leben müssen. Um Kränkungen zu vermeiden ist es mir nicht möglich, sachliche Argumente – auch zum Wohle der Schülerinnen und Schüler – ganz zurückzustellen. Das muss ein Lehrer einfach ertragen können ...«

Und wenn Sie in der Rolle der Kollegen von Herrn Ch. (oder als dessen Ehefrau) in die Handlung eingreifen könnten, welche Möglichkeiten gäbe es dann?

Sie kennen vermutlich Herrn Ch. oder seinen Doppelgänger, sind es vielleicht gar selber, wenn auch nur ein wenig ...

Perspektivlosigkeit fressen Seele auf

Lehrer H. ist 50 Jahre alt, was man ihm nicht ansieht. Ein jugendlicher Mann in Jeans, gewandt im Auftreten und im Ausdruck. Lehrer wurde er eher aus Zufall. Ein Studium an der philosophischen Fakultät (»zu schwammig und abgehoben«) hatte er nach einigen Semestern abgebrochen. Eine damalige Freundin wurde Lehrerin. Weil er ihr näher kommen wollte, geriet er in die nämliche Laufbahn. Das Studium machte ihm keinerlei Mühe. Verglichen mit Philosophie war es recht oberflächlich. Ehe er es sich versah, hatte er eine Anstellung für Geschichte und Deutsch an einer Berufsschule.

So zufällig er Lehrer geworden war, so vehement und engagiert setzte er seinen Weg fort, zumal es mit seiner Beziehung nicht so rosig aussah. Er hielt daran fest, obwohl sie ihm eigentlich nicht mehr attraktiv vorkam, in der Hoffnung, es würde sich ändern. Im Beruf ging er in die Vollen, machte Fortbildungen, wurde zum Experten für handlungsorientiertes Lernen, versuchte seine Kollegen entsprechend zu motivieren, gründete eine Arbeitsgruppe, in der er dann meistens allein saß. Dieser Zustand entlockte ihm einige sarkastische Zwischentöne den in der Arbeitsgruppe nicht anwesenden Kollegen gegenüber. In den Klassen kam er, dynamisch auftretend, stets zurecht, allerdings ohne wirklich Befriedigung zu finden.

Hatte er in seinem ersten Jahr an der Schule noch »Ich bin eine interessante Lehrerpersönlichkeit, ich weiß, wie ich auf

Schüler wirke ...« in sein Tagebuch geschrieben, vertraute er ihm nach acht Jahren unter anderem Folgendes an: »Ich habe resigniert. Ich gebe den Jugendlichen das, was sie wollen, also möglichst wenig Arbeit, keine Herausforderungen, keine Anstrengung. Ich bin als Lehrer in der misslichen Lage, Schülern etwas anbieten zu müssen, was diese gar nicht wollen: Bildung.« Variationen darauf Seite um Seite. Er wechselte mehrfach die Schule, startete jeweils mit neuem Elan, um sich dann jeweils nach einigen Monaten ausgebremst zu fühlen. Er erlebte die Kollegien durch die Bank als resigniert: »Die machen kollektiv die Augen zu, um nicht zu sehen, wie katastrophal die Jugendlichen sozialisiert sind.« Die Diskrepanz zwischen seinem Anspruch, jungen Menschen auf dem Sprung ins Leben zu helfen, und der Realität nagte tief.

Und wieder nahm er einen Anlauf. Nachdem er sich von seiner Frau getrennt hatte, eine neue Freundin gab ihm dabei den nötigen inneren Halt, ging er ein Jahr an eine deutsche Schule im fernen Ausland. Das exotische Ambiente faszinierte ihn knapp vier Monate lang, bis er merkte, dass, abgesehen eben von der anderen Umgebung, die Abläufe im Wesentlichen gleich waren. Seine Freundin wurde schwanger. In der heimatlichen Schule, an die er danach zurückkehrte, blieb alles beim Alten. Er fühlte sich recht einsam und konnte seine Initiativen, die irgendwie automatisch immer wieder von ihm ausgingen, nicht bremsen. Anerkennung bekam er nicht, und wenn, dann von seiner neuen Freundin, nie vom müden Haufen um ihn herum. Zu Hause erlebte er dann späte Vaterfreuden, eine heile Welt. In der Schule zog er lustlos seinen Unterricht durch. Wozu vorbereiten, es macht ja keinen Unterschied, da man eh nicht weiß, wie die Klasse gerade »drauf« ist. Er ließ sich häufiger krankschreiben und war so zumindest seinem Sohn näher.

Eigentlich würde er am liebsten Bäume ausreißen. Er hatte vor, wieder an eine Auslandsschule zu gehen, in ein wirkliches

Katastrophengebiet, zum Beispiel Afghanistan, Schwarzafrika oder Weißrussland, aber im Kultusministerium wurde sein dahin gehender Antrag abgelehnt. Also überlegt er sich, aus gesundheitlichen Gründen in Vorruhestand zu gehen: »Monotonie führt bereits zu Lebzeiten zum Tode, erst wenn ich die Schule hinter mir habe, diese unästhetischen Schüler und den ganzen Sumpf, dann kann ich wieder durchatmen.« Noch denkt er, für seinen Sohn wäre es wohl nicht gut, einen Frühpensionär zum Vater zu haben. Der Psychotherapeut, den er konsultierte, fragte ihn, was seine Ziele wären. »Dass die Schule anders wird, die Schüler, die Kollegen ..., dann wüsste ich schon, was ich tun würde.« Insofern ist Lehrer H. (noch) kein Fall für den Amtsarzt.

Bis an die Grenzen des Zumutbaren

Lehrerin B. ist jetzt 51 Jahre alt. Dabei wollte sie nie Lehrerin werden. Dass ihr älterer Bruder studieren würde, war von Anfang an klar. Da sie sich in der Schule nicht ganz dumm anstellte und dabei sogar bessere Noten hatte als ihr allseits für besonders begabt erachteter Bruder, ergab es sich, dass auch sie Abitur machen konnte. Durch das Studium des Bruders waren die finanziellen Möglichkeiten der Familie leider bereits überstrapaziert. Zumindest sahen es die Eltern so, die rechtschaffen, gutherzig, treu sorgend und recht traditionell orientiert als exemplarische Vertreter eines konsolidierten Mittelstands gelten können. Man konnte ihnen deshalb nicht böse sein, was insbesondere für B. gilt, die ohne weitere Diskussionen auf ein »richtiges« Studium, zum Beispiel Medizin, verzichtete und Grundschullehrerin wurde.

Mit ihren ausgeprägten Interessen für Natur und Kultur wirkte sie auf ihre Mitstudenten und später die Kollegen eher unnahbar, hatte wenige, aber sehr enge Freundinnen. Im Studium und im Beruf war sie stets engagiert und gewissenhaft. Scheinbar mühelos wurde sie mit schwierigen Aufgaben fertig, klagte nie, auch wenn sie eine schulbekannte »Katastrophenklasse« übernehmen musste. Unter ihrer konsequenten Hand entwickelte sich auch diese recht manierlich. Das machte sie im Kollegium leider nicht wirklich beliebter. Sie blieb stets freundlich, aber distanziert, war beim Schulleiter angesehen und lebte ihr Leben.

Es ergab sich erst spät, dass Lehrerin B. eine feste Partnerschaft einging. Ihr Mann war 15 Jahre älter, Steuerberater, vermögend. Gemeinsames Hobby und Lebensinhalt wurden ein altes Haus und vier Pferde, die der Mann mit in die Ehe brachte. An eigene Kinder dachte man nicht mehr, angesichts des eigenen Alters und der Feindseligkeit der Welt im Allgemeinen. Und so hätte es die nächsten Jahrzehnte weitergehen können, wenn der Ehemann nicht an einer unheilbaren Krankheit erkrankt wäre.

B. war 48 Jahre alt, als sie nach einem knappen Jahr intensiver Pflege ihres zuletzt hilflos dahinsiechenden Mannes Witwe wurde. Ein halbes Jahr war sie krankgeschrieben, dann ging sie wieder zur Schule, wo plötzlich alles anders war. Es waren mehr Kinder in der Klasse, die Unruhe und Lautstärke erlebte sie als grenzenlos. Sie riss sich zusammen und der Unterricht lief ordnungsgemäß, zumindest erlebten es die Schüler und Schülereltern so. B. selber empfand alles als übermäßig anstrengend. Warum sich also so quälen? Zu Hause warteten die Pferde, die eine innere Ruhe ausstrahlten und ihr eine Zuneigung entgegenbrachten, wie sie sie nur hier empfand. Pferde und Haus forderten ihre Zeit in erheblichem Maße – nicht dass deswegen die Schule zu kurz gekommen wäre, aber insgesamt wurde es doch zu viel. Ihr seit Jahrzehnten vertrauter Hausarzt bemerkte dies und konnte sich schließlich durchsetzen: »Ich schreibe Sie krank, hören Sie, Sie müssen sich mal richtig regenerieren ...«.

Als sie nach vier Wochen wieder die Schule betrat, war alles noch viel schlimmer, die Kinder ihrer Klasse hatten sich an die Vertretung gewöhnt, das Kollegium schien nicht recht nachvollziehen zu können, dass sie krank gewesen sein sollte. Ein in der Nachbarschaft wohnender Kollege hatte sie täglich ausreiten sehen. B. fühlte sich unverstanden und wurde wieder krankgeschrieben. Als sie nach einem halben Jahr, zu Beginn des folgenden Schuljahrs, immer noch krank war, fand sie sich eines Tages beim Amtsarzt wieder.

B. war arglos. Nein, erklärte sie auch dem Amtsarzt gegenüber, sie fühle sich nicht krank und auch nicht depressiv. Natürlich sei sie traurig über den nun drei Jahre zurückliegenden Tod ihres Mannes, aber sie sei darüber hinweggekommen. Insbesondere die Tiere würden ihr helfen. Nur in der Schule fühle sie sich nicht wohl, eigentlich habe sie sich dort noch nie wohl gefühlt. Nachdem auch ein Psychiater keine Depression diagnostizieren konnte, stellte der Amtsarzt die Dienstfähigkeit fest, worauf B. weinend sein Büro verließ. Sie habe doch 25 Jahre anstandslos ihren Dienst verrichtet, es sei doch nun genug. Sie habe zwar einiges Vermögen und sei persönlich anspruchslos, aber ganz ohne Pension – für den Fall, dass sie von sich aus den Dienst quittiere – ginge es einfach nicht.

Weinend kam sie beim Hausarzt an, der eine weitere Krankschreibung seinerseits für problematisch erachtete, schließlich kannte er die Mühlen des Beamtenapparats. Er überwies B. zu einer Fachärztin für Psychiatrie und Psychotherapie. »Wenn ich nicht in die Schule muss, dann geht es mir gut. Ich könnte schon, aber es passt doch nicht mehr zu meinem Leben«, meinte B., »wozu soll ich mir das antun?« »Und was soll ich für Sie tun, was erwarten Sie von mir, was ist Ihr Therapieauftrag?«, fragte die Ärztin zurück und empfahl schließlich eine stationäre Behandlung.

Gesetzt den Fall, Sie wären der Amtsarzt. Wie hätten Sie angesichts von B. entschieden:

1. B. erfüllt nicht die Kriterien einer akuten psychischen Erkrankung, am ehesten noch die einer akzentuierten Persönlichkeit, unter anderem mit vermeidend-selbstunsicheren Zügen. Da Letztere ihr ganzes (Schul)Leben bestanden haben, ergibt sich daraus allein kein medizinischer Grund für eine Frühpensionierung. Die Einschätzung von B., nicht mehr arbeiten zu können, ist damit nicht durch eine Erkrankung begründet, sondern ihre Privatangelegenheit. Dies sollte nicht auf Kosten der Allgemeinheit gehen.

2. Es ist ganz unerheblich, ob B. die Kriterien einer Erkrankung erfüllt oder nicht. Biografisch ist nachvollziehbar, dass sie Lehrerin wurde, ohne es eigentlich zu wollen, und jetzt, nach dem Tod ihres Ehemanns, gewissermaßen den Faden verloren hat. Es ist ihr – auch angesichts ihrer Persönlichkeit – nicht zumutbar, dieses Schicksal zu überwinden, und würde eine unangemessene Härte darstellen, sie gegen ihren erklärten Willen für dienstfähig zu erklären. Aus diesem Grunde ist eine Frühpensionierung aus Krankheitsgründen gerechtfertigt.

3. Als Beamtin ist B. verpflichtet, alles Zumutbare für ihre Gesunderhaltung zu tun. B. hat zwar zwölf ambulante Therapiegespräche geführt, über die Jahre hinweg aber ansonsten keinerlei präventive (zum Beispiel Supervision) oder therapeutische Maßnahmen durchgeführt. Entsprechend muss sich B., bevor eine abschließende Beurteilung des Falles möglich ist, einer intensiven, notfalls auch stationären Behandlungsmaßnahme mit dem Ziel der Wiederherstellung ihrer Dienstfähigkeit unterziehen.

Der Amtsarzt hat sich für die dritte Variante entschieden, entsprechend dem Grundsatz: Rehabilitation vor Versorgung. Die mit einer stationären Behandlung verbundene Distanz zu ihrem Lebensmittelpunkt, ihrem Haus und den Pferden, empfindet B. als unzumutbare Härte. Sie wird sich aber wohl oder übel fügen müssen, was auch für die Behandlung an sich gilt.

Alles Mann und Kindern zuliebe ...

Nicht wenige Frauen werden unter anderem deshalb Lehrerinnen, weil sich dieser Beruf vergleichsweise gut mit der Rolle einer Ehefrau und Mutter verbinden lässt.

Lehrerin D. lernte ihren Freund und späteren Mann bereits in der Schule kennen. Er war Abiturient, sie in der 11. Klasse. Wenig später war er ein dynamischer Medizinstudent und sie überlegte, was dazu passen könnte. Sie träumte davon, mit ihm später eine Praxis zu führen. Selber Medizin zu studieren, kam ihr nicht in den Sinn, Konkurrenz zu ihrem Freund war ihre Sache nicht. Um das Abi nicht umsonst gemacht zu haben und von den oben skizzierten Überlegungen ausgehend, wurde sie Realschullehrerin. Der Mann wurde Facharzt für Urologie und arbeitete dann als Oberarzt in einer angesehenen Klinik.

Sie bekamen zwei Kinder. Frau D. nutzte die damit verbundenen Möglichkeiten und war über viele Jahre hinweg aufgrund der Kinder beurlaubt. Beinahe hätte sie vergessen, dass sie Lehrerin war. Ihrem weiterhin aktuellen Traum entsprechend wäre es jetzt endlich an der Zeit gewesen, dass ihr Mann ihre gemeinsame Praxis eröffnete. Sie war bereit,

Verwaltung und Abrechnung zu übernehmen. Ein entsprechender Abschiedsbrief an die Schulbehörde war im Geiste schon geschrieben. Doch irgendwie schien der Mann keine eigene Praxis zu wollen. Wenn sie immer wieder diesbezüglich die Initiative ergriff und Einladungsschreiben für Niederlassungsseminare aus dem Papierkorb holte, winkte er ab. Noch nicht, vielleicht später, in diesen unsicheren Zeiten ... außerdem müsse er noch diese und jene Zusatzbezeichnung machen. Später ganz sicher.

Die Möglichkeiten des Mutterschaftsurlaubs waren begrenzt und so begab sich Frau D. mit halber Stelle und noch nicht gänzlich begrabenen Hoffnungen auf die eigene Praxis wieder in die Schule. Mit der Dynamik einer Mutter zweier pubertierender Kinder und eines Mannes, der offenbar nicht die Verantwortung übernehmen wollte, hatte sie ausreichend innere Distanz und die Klassen gut im Griff. Mit schwierigen Eltern und Konflikten im Kollegium wurde sie allerdings auf eine Art und Weise fertig, die ihr keineswegs die Sympathien zufliegen ließen. Sie hatte keine Schwierigkeiten damit, Konflikte eskalieren zu lassen, weshalb ihre Umgebung bemüht war, es nicht dazu kommen zu lassen. Sie hatte Biss und dabei zunehmend das Gefühl, vom Schicksal betrogen zu sein.

Und dieses Gefühl täuschte sie nicht. Ihr Mann hatte zwischenzeitlich eine Affäre mit einer Kollegin. Lehrerin D. machte die zu erwartende Szene und der Mann erklärte ihr unverblümt, dass er ihre Verbissenheit nicht mehr aushalten könne. Er wechselte als Oberarzt an eine mehrere hundert Kilometer entfernte Klinik, schon wegen der Kinder wollte er aber keine Scheidung. Seine Beziehung wechselte mit ihm, wie sich wenig später bestätigte. D. hatte Prinzipien und reichte die Scheidung ein. Dies hatte zur Folge, dass schließlich auch das gemeinsame Haus verkauft werden musste.

Seit dem Verkauf des Hauses und dem Umzug in eine kleine Wohnung, die ihr älterer Sohn ausgesucht hatte, sie selber hatte sich dazu nicht in der Lage gefühlt, war D. depressiv. Sie meldete sich krank, mit dem ausgesprochen festen Vorsatz, nie wieder in die Schule zu gehen. Die Kollegen und die Schüler seien sowieso alle ... Umgekehrt trauerte man ihr ebenfalls wenig nach.

Der Amtsarzt wies darauf hin, dass zumindest eine Psychotherapie versucht werden müsse, schließlich leide Lehrerin D. offenkundig unter einer schweren Depression. Und so saß D. schließlich einem Arzt und Psychotherapeuten in dessen Praxis gegenüber. »Mein Exmann ist Arzt, ich habe genug von Ärzten ...«, eröffnete D. das Gespräch. Und so lief es dann auch. In seinem Bericht an den Amtsarzt fand sich die Bemerkung, »D. erfüllt die Kriterien einer Major Depression nach ICD-10 ... Angesichts des schon jetzt erheblichen sozialen Rückzugs der Patientin D. ist eine Pensionierung jedoch mit der erheblichen Gefahr verbunden, dass sie sich vollständig zurückzieht und jegliche Sozialkontakte verliert«. D. erklärte dazu schriftlich, sie habe genügend Kontakte ... und die Behauptungen des Arztes über ihren vermeintlich aggressiven Kommunikationsstil, hinter dem eine schwere Frustrierung ihrer Lebensziele stehe, belege nur dessen Inkompetenz.

Was würden Sie D. als Freundin oder Freund (schön, wenn sie solche noch hätte ...) raten, und zwar so, dass sie es annehmen könnte?

Wie würden Sie als Amtsarzt entscheiden? Mit welcher Entscheidung würde man D. gerecht und was wäre perspektivisch vermutlich am besten für D. und für alle anderen Beteiligten?

Von individuellen Schicksalen zurück zur Statistik

Sind die beschriebenen Schicksale und die sich darin spiegelnden Probleme aus Ihrer Sicht realistisch? Kennen Sie den Beispielen verwandte Konstellationen aus Ihrem Schulalltag?

Diese Fragen sind ernst gemeint, denn die Auswahl der Fälle ist die eines in einer Klinik arbeitenden Psychotherapeuten, die damit keineswegs den Anspruch erheben kann, für die Probleme, so, wie sie sich in der Schule darstellen, repräsentativ zu sein. Weil er mir bislang praktisch nie begegnet ist, konnte ich unter anderem auch keinen typischen »Bilderbuch-Burnout-Fall« schildern, was natürlich nicht ausschließt, dass es solche tatsächlich gibt.

Lehrer A., mag er auch noch so »völlig fertig« sein, liebt seine Schüler weiter. Es findet sich bei ihm keine Spur von Dehumanisierung, einem zentralen Burnout-Kriterium. Und Lehrer H., dessen Sarkasmus seinen Schülern gegenüber ebendiesen Aspekt mustergültig erfüllt, ist alles andere als energie- und kraftlos. Nur gibt ihm Schule nichts mehr, zumindest nicht das, was er sucht. Und in den anderen Fällen resultiert das Problem zumindest nicht ausschließlich aus schulischem Überengagement allein ...

Auf dem Weg von den individuellen Lehrpersonen zum allgemeinen Problem geht zwangsläufig viel verloren. Dabei werden dann aus Individuen statistische Größen, konkret die etwa 50 % Frühpensionierungsfälle aus psychischen Gründen. Und gleichzeitig wird die Bahn frei für eindimensionale Schuldzuweisungen, wonach – je nach Standort – die heutigen Schüler mit ihren Konzentrations- und Disziplinmängeln, die Gesellschaft (in Form der Eltern), die Lehrerausbildung oder andere Faktoren hauptverantwortlich für die Misere sein sollen. Schule macht eben krank? In der Realität, die – siehe oben – in den annäherungsweise realen Fällen sicher nur in stark reduzierter Komplexität eingefangen wurde, ist zwangsläufig alles systemisch-interaktionell, eine Folge von Kettenreaktion, wo Huhn und Ei nicht mehr zu trennen sind. Mit Schlagworten und eindimensionalen Strategien lässt sich diese Problematik nicht konstruktiv lösen.

Eine Anmerkung von Lehrern, die den Text Probe gelesen haben, ist an dieser Stelle wichtig. Demnach seien die geschilderten Kollegen eigentlich gar nicht krank; ihre Problematik sei ja unmittelbar nachvollziehbar und verstehbar. Dem liegt ein Missverständnis hinsichtlich der aktuellen Konzepte zum Phänomen seelischer Erkrankungen (oder vielmehr Störungen) zugrunde. Demnach ist eine seelische Störung eben nicht durch ihr mehr oder weniger plötzliches und vermeintlich unverstehbares Auftreten gekennzeichnet, sondern einzig durch Art und Ausmaß der Symptome. Aus einer solchen deskriptiv-distanzierteren Perspektive heraus ergibt sich folgendes diagnostisches Bild:

Bei Lehrer A. liegt eine depressive Symptomatik im Sinne einer mittelgradigen Major Depression (ICD-10 F33.1) und eine Panikstörung ohne Agoraphobie (ICD-10 F41.0 – wobei die Diagnosekriterien nur bedingt erfüllt werden) auf dem Boden einer akzentuierten Persönlichkeit mit dependent-selbstunsicheren Anteilen vor. Zudem leidet er unter Tinnitus. Bei Lehrer Ch. steht eine Major Depression im Vordergrund. Die Dynamik der Problematik von Lehrer H. resultiert aus narzisstischen Persönlichkeitsanteilen. Solange er (noch) kompensiert im System zurechtkommt, wäre die Diagnose einer narzisstischen Persönlichkeitsstörung (ICD-10 F60.8) sicher überzogen. Wenn er eines Tages das Handtuch werfen sollte, wird vermutlich ebenfalls eine depressive Symptomatik entscheidend sein. Das diagnostische Problem angesichts Lehrerin B. wurde bereits andiskutiert, Lehrerin D. ist zweifelsohne schwer depressiv (ICD-10 F32.3 beziehungsweise

F33.2 – rezidivierende Depression), auf dem Boden einer akzentuierten Persönlichkeit mit passiv-aggressiven Anteilen. Diskrepanzen, die zwischen der mitmenschlich-einfühlenden Beobachtung und den von den Experten der Weltgesundheitsorganisation kodifizierten Diagnosekriterien aufscheinen, sollten nicht zwangsläufig als Nachteil des ICD-10 interpretiert werden. Die (vemeintliche) Zwangsläufigkeit, die aus der jeweiligen biografischen Entwicklung für Sie und mich als externen Betrachter und vielfach auch für die Betroffenen selber zu resultieren scheint, darf nicht darüber hinwegtäuschen, dass diese Zusammenhänge so unbedingt zwangsläufig eben nicht sind. Epidemiologisch – aus der Vogelperspektive – heraus betrachtet führt nicht bei jedem A. aufopferungsvolle Überlastung zu depressiven Symptomen und zu Panikattacken. Nicht jeder reagiert auf fundamentale Kränkungen, denen er aus systemischen Gründen nicht ausweichen kann, so wie Ch. mit einer manifesten, lähmenden depressiven Symptomatik. Entweder, weil er gute Strategien hat, sich anderweitig abzureagieren, oder auch, weil er schlicht ein dickeres Fell hat.

Warum der eine dies hat und der andere nicht, versuchen Mediziner und Psychologen im Rahmen des bio-psycho-sozialen Krankheitskonzepts so plausibel und nachvollziehbar zu beschreiben, wie es angesichts zahlreicher Untersuchungen zur Vererbung und dem Erwerb von Verhaltensweisen derzeit möglich ist. Biologisch-genetische Veranlagung, Lern- und Lebensgeschichte sowie die aktuellen Belastungskonstellationen interagieren auf derart komplexe Weise, dass hinsichtlich des Einzelfalls der jeweilige Stellenwert dieser Faktoren nur noch hypothetisch fassbar ist. So könnte A. bei der sich gegen Ende der Geschichte abzeichnenden Stabilisierung auch ein Antidepressivum, was er zu dieser Zeit seit acht Wochen kontinuierlich eingenommen hatte, geholfen haben, eine Basis zu finden, auf der er sich seitdem selbstkritisch-konstruktiv reflektieren und weiterführende Strategien erarbeiten kann ...

Für Gutachter ist die Sache jedoch noch erheblich komplizierter. Es geht ja nicht allein darum – nach ICD-Kochbuch –, eine Diagnose zu stellen. Eigentliche gutachterliche Aufgabe ist es, die sich aus der Störung ergebende berufliche Beeinträchtigung, deren Prognose, mögliche therapeutische Maßnahmen und vieles mehr einzuschätzen. Damit verbunden ist die Frage, ob es dem betreffenden Lehrer zumutbar ist, mit respektive trotz seiner Beschwerden Schuldienst zu leisten. Dabei sollten dann letztlich noch die berechtigten Ansprüche des Einzelnen und der Gesellschaft zu einem gerechten Ausgleich gebracht werden.

Vielen Dank, dass Sie sich anhand der Beispiele selbst ein wenig als Gutachter versucht haben! Ich brauche deshalb nicht mehr lange herumzuargumentieren, dass und warum das derzeitige System den ärztlichen Gutachtern etwas abverlangt (keineswegs fachlich im Sinne der Ausbildung!), was eigentlich kaum zu leisten ist – zumal angesichts weitgehend fehlender Verlaufsdaten. Gewissermaßen fungieren die Gutachter nebenbei als Alibi, das den gesamtgesellschaftlichen Glauben an die Gerechtigkeit einer Balance zwischen Individuum und Staat beibehalten soll. Solange die zwangsläufig persönliche Auffassung von Gerechtigkeit, die der zu Begutachtende hat (»Ich habe mich jetzt 20 Jahre in der Schule gequält, das ist genug ...«), vom Gutachter geteilt wird, wird diese Problematik einvernehmlich-elegant umschifft. Wenn hingegen kein Konsens besteht, dann ist die Spannung verdammt schwer auszuhalten. Denn es geht ja in den allermeisten Fällen eben nicht um Simulation, wo ein nicht vorhandenes Leiden vorgegeben wird und der Betreffende sich dessen bewusst ist, sondern es geht um Menschen, deren Selbstwahrnehmungen und Wertmaßstäbe (so egozentriert sie auch immer sein mögen) Teile ihrer Persönlichkeit und oftmals auch aufrechterhaltende Faktoren ihrer Problematik sind. Bewertungsmuster und

Selbsteinschätzungen wie »Ich kann einfach nicht mehr ...« lassen sich nicht dadurch verändern, dass man sie kraft fachlicher Autorität anders sehen muss und dies dem Betreffenden mitteilt. Und was es bei einem so subtilen Beruf wie dem des Lehrers bedeutet (und »bringt«), wenn man einen sich krank fühlenden, fachlich gesehen jedoch noch hinreichend leistungsfähigen Kollegen in die Klasse schickt, ist leicht vorstellbar.

Nehmen wir an, Sie fühlten sich krank und unfähig, heute Ihre Arbeit zu verrichten. Sie haben das sichere Gefühl, Fieber zu haben. Und dann sitzt da vor Ihnen ein Herr Doktor, der sagt Ihnen nach längerem Gespräch und einer Fiebermessung, Ihre Einschätzung sei zwar schön und gut, aber seiner Expertenmeinung und seinem Fieberthermometer nach sind Sie fit und die Arbeit ist Ihnen gut zumutbar ... Möglich, dass man einräumen kann, das Fieber sei eine Art Täuschung gewesen. Aber dass man gesund sein soll, ob objektiv richtig oder falsch, dürfte für den Betroffenen, Sie oder mich, nicht ohne weiteres »handlungsweisend« sein.

Wenn angesichts der erkrankten Kollegen – neben gelegentlich aufschimmernden Parallelen zu Ihnen bekannten Phänomenen – deutlicher wurde, warum es überaus sinnvoll ist, seine eigenen, potenziell in Sackgassen führende Muster als solche rechtzeitig zu reflektieren (und wir alle haben mehr oder weniger reichlich davon!), um nicht später irgendwann einmal in die Falle zu laufen, dann haben Sie das sehr idealistisch gesteckte Klassenziel dieses Teils erreicht. Die Beklemmungsgefühle, die sich gegebenenfalls zwischenzeitlich eingestellt haben, bestätigen, dass Sie auf diesem richtigen und wichtigen Weg vorangekommen sind. Wenn der Druck erst mal so groß geworden ist, dass man mit dem Rücken zur Wand und mit den Füßen beim Amtsarzt oder Psychotherapeuten steht, ist der Spielraum – wie in den skizzierten Fällen – meist klein.

Für die Schule geplaudert: Individuelle Lösungsstrategien

Am Anfang und am Ende steht die Motivation

»Ich arbeite doch schon genug, jede Veränderung bedeutet noch mehr Arbeit und am Ende bleibt sowieso alles beim Alten, wozu soll ich dann ...«
(Eine 38-jährige Gymnasiallehrerin, allein stehend, Diagnose: Depression.)

Wir haben nun zahlreiche Aspekte, die Einfluss auf die Berufszufriedenheit und Gesundheit von Lehrkräften haben, erörtert. Als Lehrperson, für die zumindest einige dieser Punkte im Alltag relevant sind, werden Ihnen Ideen gekommen sein, wie Sie sich gegebenenfalls entlasten könnten. Haben Sie sich vorgenommen, den Schreibtisch aufzuräumen, ein klärendes Gespräch mit dem Schulleiter zu führen, die Eltern des Problemschülers aus der 7a einzubestellen? Wir sind hier unter uns und können deshalb ruhig eingestehen, dass wir uns das alles schon mehr als einmal vorgenommen haben. Soweit es nicht beim guten Vorsatz geblieben ist, sah der Schreibtisch

173

spätestens nach vier Wochen wieder so ähnlich aus wie heute, die klärenden Gespräche unterblieben aus von uns nicht zu verantwortenden Gründen. Die Einsicht, dass dieses oder jenes für Sie oder mich günstiger wäre, versetzt (selbst)erfahrungsgemäß noch keine Berge. Und das hat wiederum viele gute psychologische Gründe, mit denen wir uns im Folgenden beschäftigen sollten, bevor wir uns letztlich ergebnislos alles Mögliche und vor allem Unmögliche vornehmen. Es ist eben nicht so, dass man Motivation hat oder nicht hat. Motivation ist vielmehr ein komplex mehrdimensionales, höchst interessantes Phänomen.

Verhaltensänderung in Spiralform

Jede Veränderung zu mehr Gesundheit, Freiheit, Kreativität und allem Guten dieser Welt beginnt bekanntermaßen im Kopf ... und endet zumeist ebendort. Deshalb ist die Frage, wie Motivation schließlich zu gesundheitsförderlichem Verhalten führt, von erheblicher praktischer Bedeutung, von der Prävention des Nikotin- und Alkoholmissbrauchs bis zur Etablierung von Bewegungsprogrammen und gesunder Ernährung. Wann und warum kann der eine mit dem Rauchen aufhören oder regelmäßig Ausgleichssport betreiben und der andere, der es eigentlich ebenso nötig hätte, nicht? Welche Chancen gäbe es, Letzteren doch noch auf den besseren Weg zu bringen?

Die Erklärung von Veränderungen im menschlichen Verhalten ist eines der zentralen Anliegen der Psychologie, in unserem Fall der Gesundheitspsychologie. Dazu gibt es zahlreiche Untersuchungen, Hypothesen und Modelle. Durch die Integration verschiedener Ansätze wurde in den letzten Jahren ein deshalb »transtheoretisch« genanntes Modell der

Verhaltensänderung konzipiert und evaluiert. Wir werden uns dies im Folgenden näher ansehen, nicht als Selbstzweck und Mini-Psychologiestudium, sondern um motivationspsychologische Begriffe und Konzepte kennen zu lernen, mit deren Hilfe man sich selber (und auch andere, zum Beispiel Schüler) besser verstehen und Handlungsoptionen gewinnen kann.

Motivation ist stets auf ein Ziel bezogen, man ist motiviert zu ... In unserem Fall geht es um die »Durchführung von konstruktiven Maßnahmen zur Reduktion schulischer Beanspruchung«. Diese Formulierung ist natürlich als Zielkriterium untauglich, weil viel zu unkonkret, und muss durch das, was Ihnen schon jetzt oder später (s. S. 189 ff.) als persönliches Ziel vorschwebt, ersetzt werden. Da viele Handlungsabsichten intuitiv-spontan beginnen – man weiß in etwa, wohin man will, aber noch kaum, wie man dahin gelangt –, hat die vage Formulierung den Vorteil, zumindest realitätsnah zu sein.

Ein Hinweis: Die Betonung liegt auf *konstruktiv*. So bedeutet Krankschreibung zwar kurzfristig eine Belastungsreduktion, bedeutet aber längerfristig zumeist deren Gegenteil.

Folgende Fragen erschließen, ausgehend von unserer Thematik, das Phänomen Motivation:
1. Fühlen Sie sich zurzeit durch Ihre berufliche Tätigkeit erheblich überlastet?
   a) Ja, ich habe aber nicht vor, in den nächsten sechs Monaten daran etwas zu verändern. *(Absichtslosigkeit)*
   b) Ja, aber ich habe vor, in den nächsten sechs Monaten etwas daran zu verändern. *(Absichtsbildung)*
   c) Ja, aber ich habe vor, in den nächsten 30 Tagen daran etwas zu verändern. *(Vorbereitung)*
   d) Nein, denn ich habe mir seit weniger als sechs Monaten wirksame Strategien angeeignet, die meine Beanspruchung reduzieren. *(Handlung)*

e) Nein, seit mehr als sechs Monaten nicht (mehr). *(Aufrechterhaltung)*

2. Wie häufig haben Sie in den vergangenen zwölf Monaten versucht, mit gezielten (konstruktiven) Handlungen Ihre schulische Belastung zu reduzieren?

❏ keinmal   ❏ ein- bis zweimal   ❏ drei- bis viermal
❏ fünf- bis sechsmal   ❏ siebenmal und mehr

Die zweite Frage dient nur dazu, die Aussage von Personen, die auf die erste Frage eine vorbereitende Antwort (c) abgegeben haben, zu konkretisieren. Wenn diese auf die zweite Frage zumindest einen tatsächlichen Versuch angeben, ist die Einstufung unter c) angemessen. Falls nicht, wird die davor liegende Stufe b) (Absichtsbildung) festgehalten.

Eine wesentliche, mehrfach belegte Aussage des Modells besteht darin, dass von der Absichtslosigkeit zur Handlung kein geradliniger Weg führt. Vielmehr gibt es verschiedene Zwischenstufen, die alle auf ihre Art mehr oder weniger stabile Zustände sind.

Die *Stufe der Absichtslosigkeit* ist dabei die stabilste aller Möglichkeiten. Von 200 Rauchern auf dieser Stufe sind nach zwei Jahren gut zwei Drittel immer noch absichtslose Glimmstängelkonsumenten. Nun könnte man im Fall schulischer Belastungen postulieren, dass es Kollegen gibt, für die diese tatsächlich nie ein Problem waren und für die Belastungsreduktion deshalb kein Thema ist. Denken wir zunächst nicht an diese glücklichen Kollegen und halten uns der Einfachheit halber, hier geht es ja um Motivationsmodelle, an die Raucher. Bei diesen hat vielleicht nie Einsicht in die vom Nikotin und Teer herrührenden gesundheitlichen Gefährdungen bestanden, etwa weil keine diesbezüglichen Informationen zur Verfügung standen. Letzteres wäre angesichts der Warnhinweise auf jeder Zigarettenschachtel märchenhaft. Meist wurden bereits Versuche unternommen, sich das Rauchen abzugewöhnen, die kurzfristig fehlschlugen und aufgegeben wurden. Ein daraus resultierender Rückfall in die Absichtslosigkeit ist dann eine Art mehr oder weniger bewusster Vogel-Strauß-Politik. Einer Auseinandersetzung mit dem Problem wird aus dem Wege gegangen. Glücklich ist, wer vergisst, was er sich nicht zutraut ... (bei Rauchern sollen dies etwa 15 % sein). Wenn man nun jemandem, der Probleme im Lehrerberuf hat und diesbezüglich auf ebendieser absichtslosen Stufe steht, Lehrergesundheitstage, schlaue Selbsthilfemanuale oder Supervisionsgruppen zumutet, dann ist das Ergebnis absehbar: Der Betreffende geht nicht hin, ist verhindert respektive legt das Buch kopfschüttelnd zur Seite. Und wenn er hingehen muss, dann sind Trotzreaktionen nur konsequent. Alles Unsinn, wozu das Ganze ...

Die Tatsache, dass Sie diese Zeilen lesen, legt nahe, dass Sie schulische Beanspruchungen als Problem empfinden und hinsichtlich möglicher Schritte zur Belastungsreduktion nicht ganz absichtslos sein können. Warum haben Sie daraus noch nicht die Konsequenzen gezogen? Die Vorteile von Maßnahmen zur Verringerung Ihrer beruflichen Beanspruchung liegen doch auf der Hand. Wer will nicht seinen Stress herunterfahren? Vor- und Nachteile von konkreten, die Situation verändernden Handlungen stehen sich auf einer solchen Stufe, der *Stufe der Absichtsbildung*, offenbar ausgewogen gegenüber. Welche *Nachteile* erwarten Sie, welche *Investitionen, Kosten und Unannehmlichkeiten* müssten Sie auf sich nehmen? Da die Vorteile relativ eindeutig sind: Was hält Sie eigentlich davon ab, Ihre Pläne in die Tat umzusetzen?

1. _____

2. _____

3. _____

Sind Ihnen keine triftigen Argumente eingefallen? Dies ist schwer vorstellbar, es sei denn, Sie legen ein Lesetempo vor, das vielleicht einem Roman angemessen ist, aber nichts mit einem »Sich darauf einlassen« zu tun hat, wie es dieses Buch erfordert. Natürlich ist es Ihre Sache, wie Sie lesen. Da ich Ihnen alle guten Ratschläge ja schon in der Einführung schwarz auf weiß gegeben habe, wozu haben Sie sich dann bis in dieses Kapitel vorgearbeitet?

Zur Wiederholung: Unser Gehirn ist ein Gewohnheitstier, das die sich aus seinen Gewohnheiten ergebenden Perspektiven für die reine Wahrheit hält. Jede vorsätzliche Veränderung von Wahrnehmungs- und Handlungsmustern kostet deshalb Energie, komplexe Verschaltungsmuster von Nervenzellen müssen umgebaut werden. Auf das reale Leben bezogen könnte das heißen:

- Ich traue mich nicht, meinem Schulleiter zu sagen, dass ich diese oder jene Zusatzaufgabe nicht übernehmen will.
- Ich habe keine Zeit, Entspannungstechniken zu erlernen, weil ...
- Ich will um jeden Preis Konflikte im Kollegium vermeiden, deshalb kann ich Sonderaufgaben nicht ablehnen.
- Mein Selbstverständnis als aufopferungsvolle Lehrkraft ist mir so wichtig, dass ich Überlastung als Auszeichnung empfinde.
- Ich will mich vor den Kollegen nicht bloßstellen, indem ich zugebe, dass ich Probleme habe ...

Aus dem Für und Wider der erhofften Vor- und dieser oder ähnlicher Nachteile ergibt sich insgesamt ein Gleichgewicht, das nicht mehr so stabil ist, wie es Absichtslosigkeit war. Falls Sie immer noch der Ansicht sind, eigentlich könnten Sie Ihr Vorhaben problemlos umsetzen, dann sind Sie entweder beneidenswert dynamisch oder naiv. Nur mit einer gehörigen Portion Antrieb, in welcher Form auch immer, fährt ein Schiff gegen den Strom seiner Gewohnheiten. Absichtsbildung geht mit wachsendem Problembewusstsein einher. Dies kann dann eine Sprengkraft entwickeln, die für die nächsten Schritte erforderlich ist, aber mitunter auch auf Seitenwege führen – etwa in psychosomatische Kliniken.

Erst wenn die für eine Veränderung sprechenden Aspekte in den Vordergrund getreten sind, kann es zu konkreten *Handlungsvorbereitungen* kommen. Charakteristisch für diese Stufe ist das Treffen einer klaren Entscheidung und die Konkretisierung von Handlungsplänen. Der Weg, diese dann wirklich umzusetzen, ist noch weit. Handlungsvorbereitung ist eine Durchgangsstufe, labil und eher kurzfristig (daher wurden 30 Tage angesetzt). Sie ist gekennzeichnet von Überlegungen, Vorbereitungen, Fehlversuchen und erneuten Anläufen. Hilfsangebote, die bei Absichtslosen vergebliche Liebesmüh sind, haben nun vergleichsweise große Chancen, genutzt zu werden. Hier erst hätten Gesundheitsgespräche, Supervisionsgruppen etc. ihren Sinn. Um dann aus der Vorbereitung tatsächlich ins Handeln zu kommen, ist im Rahmen des Veränderungsprozesses höchster Energieeinsatz erforderlich. Das Leben ist jetzt ausnehmend spannend, was allerdings nicht jeder als Vorteil schätzt. Rückfälle auf frühere Stufen, die kurzfristig durchaus als Entspannung erlebt werden (etwa wenn ich dann doch die Sonderaufgaben um des lieben Friedens willen übernehme ...), sind nahe liegend und häufig, auch deswegen, weil sich die von der Veränderung erhofften Vorteile noch nicht eingestellt haben können und oftmals Gegenwind überwiegt (mitunter sind Kollegen oder Schüler nicht sonderlich erbaut, wenn Sie sich entlasten ...). Erst wenn Klippen dieser Art erfolgreich genommen sind, kommt das Schiff in das ursprünglich angepeilte ruhigere Fahrwasser.

Neu etabliertes Verhalten, etwa die Relativierung eigener Perfektionsansprüche, ist noch lange keine Selbstverständlichkeit. Zur *Aufrechterhaltung* ist zunächst erhöhte Aufmerksamkeit erforderlich. Die ursprünglichen, oft jahrzehntelang praktizierten und damit automatisierten Muster bleiben lange im Gedächtnis, in Ihren neuronalen Verschaltungsmustern eingegraben. Wer sein ganzes Lehrerleben etwas so und nicht anders gemacht hat, etwa jeden Morgen auf den letzten Drücker in die Klasse eilte, ist nicht geheilt, wenn er es eine Woche lang geschafft hat, seinen Wecker eine Viertelstunde früher zu stellen. Aufrechterhaltung ist ein dynamischer Prozess, der keinen Abschluss erfährt, sondern – hoffentlich – eine Lösung auf Zeit ist, die flexibel den sich jeweils neu ergebenden Umweltbedingungen angepasst werden muss. Nur bei vergleichsweise elementaren Aspekten, die es im Lehrerberuf vermutlich kaum gibt, ist eine Stabilisierungsstufe ohne jede Rückfallgefahr denkbar. Selbst nach fünf Jahren Zigarettenabstinenz beträgt die Rückfallquote noch etwa sieben %, was sich zwar nicht von der Prozentzahl, aber vom Prinzip auf Strategien zur Beanspruchungsbegrenzung übertragen lässt.

Dieses Motivationskonzept ist natürlich »nur« ein Modell, allerdings ein empirisch vergleichsweise gut belegtes. Selbstverständlich erklärt es nicht alles und wird nicht jeder individuellen Konstellation gerecht. Was den einen Lehrer wochenlange Kämpfe kostet, nimmt der andere in einem Satz, aus dem Stand heraus. Gleichwohl macht das Modell transparent, wie gezielte Veränderungen ablaufen können, wie schwierig und kraftaufwändig sie sind und mit welchen diese Prozesse fördernden, aber auch störenden Aspekten gerechnet werden muss. Wirklich stabile Zustände sind nicht zu erwarten, vielmehr ein dynamisches Auf- und Absteigen zwischen den Stufen, was dem Konzept auch den Titel »Spiralmodell der Verhaltensänderung« einbrachte.

Welche konkreten Hilfen gäbe es auf der Stufe, auf der Sie sich aktuell befinden, um Ihr Vorhaben ein Stück voranzubringen?

Der Vorteil guter Modelle ist, dass sie Anhaltspunkte geben, um Fragen wie diese konkreter beantworten zu können.

In den ersten drei Stufen geht es vor allem um Wissensvermittlung und sensibilisierte Wahrnehmung. Problembewusstsein kann gefördert werden durch Rückmeldungen und, sobald sich eine Absichtsbildung anbahnt, das Aufzeigen von Alternativen. Gut Ding will auf diesen Stufen Weile haben. Erst wenn der eigene emotionale Motor nachhaltig anspringt, wird es tatsächlich weitergehen. Jetzt kann das bewusste Erspüren negativer Begleitumstände des Ist-Zustands und ein Antizipieren möglicher Ziele förderlich sein. Dies führt dann zu einer Um- und Neubewertung der Situation und der eigenen Möglichkeiten. Dass es anderen Menschen ähnlich geht wie einem selber und man potenziell Unterstützung bekommen kann, ist hier wichtig. In den nächsten Stufen geht es dann definitiv um Verhaltensänderungen, die durch Hilfsstrategien unterstützt und gefördert werden können:

Selbstverpflichtung – etwa wenn man im Kollegium offen darüber spricht, dass man seit letzter Woche eine Supervisionsgruppe besucht, wohl wissend, dass die Kollegen später fragen werden, ob man noch dabei ist.

Aktives Gestalten seiner Umwelt – gemeint sind kleine, aber durchaus wirksame Details wie das Anbringen von Schildern am Nachttisch: Wecken 6.30 Uhr!

Einbeziehung hilfreich-unterstützender Angehöriger und/oder Kollegen – warum nicht mit Kollegen gemeinsam Entspannungsübungen in den täglichen Ablauf integrieren?

Vorgeplante Belohnungen – warum sollte man nicht für den Fall, dass Zwischenziele erreicht werden, für sich eine kleine Belohnung vorsehen, essen gehen oder was auch immer? Dieser Vorschlag klingt Ihnen zu sehr nach Dressur? Wenn Sie den Lohn der Sache aus dieser selber ziehen können, ist das prima und ehrt Sie das. Es zwingt Sie natürlich keiner, sich neue Schuhe zu kaufen, einen kleinen Urlaub zu machen, ins

Kino zu gehen etc., aber direkt schaden sollen ja Selbstbelohnungen auch nicht ...

Wenn Sie sich auf eine solche Reise begeben (und vielleicht begleitend Tagebuch führen), dann können Sie etwas erleben, beispielsweise, wie sich das Verhältnis von Gründen für und wider das alte respektive das neue Verhalten in der Abfolge der Stufen ändert. Idealerweise werden die Vorteile des neuen ab einem bestimmten Punkt deutlicher, die Nachteile nehmen ab und gleichzeitig wächst Ihre Selbstwirksamkeit, also Ihre Selbsteinschätzung bezüglich Ihrer Handlungsfähigkeit. Falls es nicht ganz so läuft, muss irgendetwas bei der Planung übersehen worden sein. War das Ziel zu hoch, zu groß oder nicht wirklich zu Ihnen passend?

Ich habe Sie zwischenzeitlich restlos verwirrt? Nun übertreiben Sie bitte nicht – lieber noch einmal langsam durchlesen. Wenn Sie Schüler zu Erwachsenen heranbilden, laufen entsprechende Motivations-Handlungs-Prozesse in Serie ab, dazu noch neben- und durcheinander ... Wenn man damit rechnet, dass eine Sache kompliziert wird und eine ungefähre Vorstellung davon hat, *wie* sie verlaufen wird, dann katapultieren einen zwischenzeitliche Schwierigkeiten nicht zwangsläufig wieder in die Absichtslosigkeit zurück. Man kann Ziele realistischer abwägen und Rückschlägen besser begegnen, indem man sie als das nimmt, was sie sind: unvermeidliche Störfaktoren, die aufzeigen, wie wichtig und gewichtig das Vorhaben ist. Eigentlich geben ja erst die Rückschläge der Sache die richtige Würze. Wer würde sich für Formel 1 interessieren, wenn sie garantiert risikolos wäre ...

Übrigens: Veränderungen ohne Reibungsverluste gibt es nicht – oder es sind Pseudoveränderungen, die zwar rhetorisch gut klingen können, aber nichts anderes als verlagertes Problemverhalten darstellen. Kennen Sie Kollegen, die auf irgendwelchen elitären Selbstfindungspfaden wandeln und dabei längst den Realitäten des Alltags entschwebt sind? Strategien zur Belastungsreduktion sind Hilfsmittel, die Sinn und Zweck haben, mitunter sogar Spaß machen können. Lebensinhalte und Sinn sollte man sich besser anderweitig suchen, aber mitunter bekommt man dank hilfreicher Entlastungsstrategien den Rücken dafür wieder frei.

Sind Sie immer noch sicher, dass Sie motiviert genug sind, sich auf einen solch komplexen, schwierigen, spannenden und potenziell unendlichen Weg zu machen? Dumme Frage, Sie seien ja längst unterwegs?! Wo Sie Recht haben, da haben Sie Recht!

Wann sollte LehrerIn an und für sich was tun?

Wir haben uns damit beschäftigt, wie Veränderungen von etablierten Verhaltensmustern zustande kommen. Wann und was nun konkret verändert werden soll, blieb bislang vage: »Durchführung von konstruktiven Maßnahmen zur Reduktion schulischer Beanspruchung«. Ist eine verunglückte Stunde Grund genug, sich Supervision zu holen? Sollte man nicht besser das ganze Leben ändern, so wie es »ultimative Erfolgsprogramme« vorschlagen? Überhaupt muss alles viel vernünftiger, emotionaler, rationaler und entspannter werden – oder sollte man zunächst Autogenes Training erlernen? Im Folgenden werden Wege zur Beantwortung dieser keineswegs humoristischen, sondern für den Erfolg der Sache entscheidenden Fragen skizziert, denn: je klarer die Planung, umso leichter die Umsetzung.

Also: *Wann muss LehrerIn nun etwas für sich tun?* – Habe ich aus Versehen *muss* geschrieben? *Müssen* tun Sie bezüglich Ihres Belastungsmanagements natürlich gar nichts! Nun gut,

183

es ließe sich rechtlich konstruieren. Als Beamter oder als im öffentlichen Dienst tätige Person sind Sie verpflichtet, alles Zumutbare zu tun, um Ihre Dienstfähigkeit zu erhalten. Was ist aber »zumutbar«? Von dem, was wir in diesem Buch diskutieren, ist im Gesetz – zumindest wörtlich – nicht die Rede. Eine Verpflichtung, den eigenen pädagogischen Stil oder den Umgang mit Kollegen zu hinterfragen, ein Gesetz, das Sie zwingt, Entspannungstechniken zu erlernen oder Supervisionsgruppen zu besuchen, gibt es nicht. Dass einem Lehrer der Vorwurf gemacht worden wäre, er hätte durch das Versäumen einer Supervision erhebliche Mitschuld an seiner psychischen Erkrankung und deshalb keinen Pensionsanspruch, ist bislang nicht passiert und kaum zu erwarten.

Umgekehrt: Beinhaltet die Allgemeine Beamtenpflicht nicht geradezu die Aufforderung, sich bis zur Selbstaufgabe im Dienst aufzuopfern? Im § 54 BBG (Allgemeine Beamtenpflicht) steht ja geschrieben: »Der Beamte hat sich mit voller Hingabe seinem Beruf zu widmen. Er hat sein Amt uneigennützig nach bestem Gewissen zu verwalten. Sein Verhalten innerhalb und außerhalb des Dienstes muss der Achtung und dem Vertrauen gerecht werden, die sein Beruf erfordert.«

Je mehr ich mich kaputtmache, ein desto besserer Beamter, Staatsdiener und Lehrer bin ich? Das klingt wie ein schlechter, das Beamtenrecht konterkarierender Scherz. Wenn man sich die Frühpensionierungsstatistiken ansieht (s. S. 168 ff.), drängt sich der Eindruck auf, dass es doch einige gibt, die diesen Punkt sehr ernst nehmen.

Die formaljuristische Ebene haben Sie mit dem »muss« nicht gemeint? Es ging Ihnen um die Empfehlung eines Therapeuten? Als einem solchen fällt mir eine allgemeine Antwort leicht. Spätestens wenn Ihr persönliches System am Dekompensieren ist und eine Gefährdung Ihrer seelisch-körperlichen Gesundheit droht, sollten Sie eine systematische Reflexion und Bearbeitung Ihrer Strategien im Umgang mit beruflichen Belastungen in Angriff nehmen.

Jetzt wissen Sie es, aber was fangen Sie mit dieser Aussage an? In den Extremen felsenfester Gesundheit einerseits und manifester psychosomatischer Erkrankung andererseits ist die Sache klar. Dazwischen besteht ein breiter Übergangsbereich, in dem sich die meisten Menschen wiederfinden dürften. Es gibt Gesundheitschecklisten, die versuchen, Anhaltspunkte zu geben, wo potenzielle Gefährdung beginnen könnte.

Aktuell leide ich unter:	trifft nicht zu	trifft etwas zu	trifft voll zu
beeinträchtigtem Selbstwertgefühl			
dem Gefühl, als Lehrkraft zu versagen			
Konflikten im Kollegium und/oder mit der Schulleitung			
hoher emotionaler Belastung in der Schule			
hoher emotionaler Belastung im Privatleben			
körperlichen Beschwerden (ohne diese hinreichend erklärende medizinische Befunde)			

Wenn bei Ihnen in der Mehrzahl der Punkte – die sich natürlich noch differenzierter erfragen lassen – das Kreuzchen im Bereich »trifft etwas zu« oder »trifft voll zu« befindet, sollten Sie schleunigst mit der Arbeit an sich selber beginnen. Allerdings kann eine anhand solcher Fragen vorgenommene Selbstreflexion aus nahe liegenden Gründen nur zu recht vagen Ergebnissen führen. Es gibt Kollegen, die Konflikte und Belastungen lange Zeit gar nicht als solche wahrnehmen, um dann plötzlich, durch ein vermeintlich kleines Ereignis, umgeworfen zu werden. Zum anderen gibt es Menschen, die ständig von Sorgen geplagt sind, sich schonen und gerade damit recht gut durchs (Schul)Leben kommen.

Eine prophylaktische Konsultation eines Psychotherapeuten kann unter Umständen hilfreich sein, aus dem therapeutischen Abstand heraus können Probleme mitunter klarer erkannt werden, als es durch die eigene Brille möglich ist. Sollen deshalb alle Lehrer, anstelle des Amtsarztbesuchs (der zumindest in einigen Bundesländern sowieso eingespart wird), regelmäßig beim (Amts-)Psychotherapeuten vorbeischauen? Diese Idee wird kaum auf ungeteilten Beifall stoßen. Und dabei ist wohl nicht nur die Kostenfrage relevant. Auch Therapeuten kochen nur mit Wasser. Für die Frage, ob bei einem bestimmten Lehrer therapeutische Maßnahmen bereits oder noch nicht sinnvoll oder gar notwendig sind, fehlen bislang klare, wissenschaftlich gesicherte Kriterien.

Um eine systematische Standortbestimmung und eine dezidierte persönliche Zieldefinition werden Sie somit nicht herumkommen. Es gibt Modelle, die bei der Bilanzierung der eigenen Situation Hilfestellung geben können. Als bekanntes, sehr plastisches Beispiel sei der energetische (Schul)Kuchen vorgestellt.

Der erste der auf der folgenden Seite vorgegebenen Kreise umfasst eine typische Schulwoche. Sie schneiden jetzt für jede Ihrer hauptsächlichen Tätigkeiten ein Tortenstück heraus beziehungsweise ziehen Striche, die die Energieportionen abgrenzen, die Sie die jeweiligen Tätigkeiten kosten:

Wie viel Energie investieren Sie in einer Arbeitswoche in folgende Tätigkeiten?
- Unterrichtsstunden (Deputat): ... %
- Vor- und Nachbereitung des Unterrichts: ... %
- Haushaltsversorgung: ... %
- Freizeit: ... %
 (ggf. nach Hobby 1, Hobby 2, Verein, allein mit Partner, FreundInnen etc. unterteilt)
 alle anderen für Sie relevanten Größen: ... %

Bitte das Ergebnis noch mal kontrollieren: Repräsentiert es wirklich eine für Sie typische Arbeitswoche? Wenn ja, dann bitte das Gleiche noch einmal und zwar umgekehrt:

Wie viel Energie ziehen Sie aus den betreffenden Tätigkeiten?
- Unterrichtsstunden: ... %
- Vor- und Nachbereitung des Unterrichts: ... %
- Haushaltsversorgung: ... %
- Freizeit: ... %
- alle anderen für Sie relevanten Größen: ... %

Vergleichen Sie nun die beiden Energiekreisdiagramme miteinander. Hinsichtlich der Frage, welche Verhältnisse zwischen den energetischen Kosten und dem Nutzen der einzelnen Tätigkeiten richtig und gesund sind, gibt es zwar keine objektiven, allgemein gültigen Kriterien, aber allzu grobe Missverhältnisse dürften ungesund sein ...

Welches Verhältnis von Energieverbrauch und Energieertrag – beispielsweise auf den Unterricht bezogen – würden Sie (noch) für angemessen, welches für ideal erachten?
Ihre Antwort spiegelt zwangsläufig Ihre persönlichen Werte und damit einen Teil Ihrer Persönlichkeit. Für einen Idealis-

ten und Aktivisten (etwa im Sinne des Risikomusters A, s. S. 44 ff.) ist es angemessen, dass in der Schule viel Energie investiert wird und in der (knapp bemessenen) Freizeit aufgetankt wird; einem Schontyp (unter Lehrern eher selten) schwebt eher ein umgekehrtes Verhältnis vor.

Bezogen auf Ihre persönliche Bilanz: Stimmt das Verhältnis für Sie oder stimmt es nicht? Wenn Sie die kommenden fünf Jahre antizipieren: Wie wird sich die Situation diesbezüglich entwickeln?

Nach dem Vergleich der beiden Energiekuchen und der Klärung Ihrer diesbezüglichen Maßstäbe wissen Sie zumindest ungefähr, wo sie realiter stehen und hinkommen möchten. Wenn die Diskrepanzen beträchtlich sind, meist im Sinne einer erheblich Energie fressenden Schule und einer knappen, diese kaum ausgleichenden Freizeit, dann ist es vermutlich höchste Zeit, etwas an dieser Bilanz zu verändern. Sie meinen, ein solches Verhältnis sei doch normal und zeichne jeden engagierten Lehrer aus? Sind Sie sicher, dass Ihnen solche Sarkasmen, auch wenn sie einen knackigen wahren Kern haben, weiterhelfen? Eben! Wenn Sie sich selber an solchen Punkten, die derzeit für mehr als die Hälfte aller Kollegen zum Schicksal werden, nicht ernst nehmen, wer sollte es dann tun?

Unser Ausgangspunkt war die Frage, ab wann man als Lehrkraft anfangen sollte, seine berufliche Situation systematisch zu reflektieren und konkrete Veränderungen vorzunehmen. Ich kann nur hoffen, dass für Sie die Sache während der Erörterungen klarer und entscheidungsreif geworden ist, denn von außen anlegbare, objektive Maßstäbe gibt es hierzu nicht.

Eine alternative Antwort auf die Frage möchte ich Ihnen nicht vorenthalten, auch wenn sie gegebenenfalls als provokativ missverstanden werden könnte. *Prävention ist ein elementarer Bestandteil von Professionalität.* Selbstreflexion und Optimierung eigener Strategien (wie anders sollte Prävention bei

Menschen, die in Sozialberufen tätig sind, aussehen?) wird ja nicht erst dann sinnvoll, wenn man ansonsten kurzfristig gegen die Wand zu fahren droht. Und falls man feststellt, dass man hinsichtlich aller wichtigen Aspekte im grünen Bereich fährt, dann hat eine solche Rückmeldung noch niemandem geschadet.

So wie es zur Routine jedes Astronauten gehört, Notfälle zu trainieren, die hoffentlich nie eintreffen, so sollte es auch jedem in Sozialberufen Tätigen hilfreich sein, sich in seiner Rolle, seinen Interaktionen und Belastungen zu reflektieren (ich hoffe, der Astronauten-Vergleich kitzelt ein wenig Ihr Selbstwertgefühl, Sie haben es verdient). Sie selber sind schließlich das Werkzeug, mit dem Sie arbeiten. Ihr Auto fahren Sie regelmäßig in die Inspektion ... bislang nehmen es die meisten Lehrer, was Ihre Person anbelangt, nicht so genau. Aber vielleicht liegt es daran, dass Ihr Auto zum TÜV *muss*?

Von der Bestandsaufnahme zur Zieldefinition

Bevor man vorschnell in die Kiste vermeintlicher Ideallösungen hineingreift, ist es wichtig, sich darüber Rechenschaft zu geben, welche Strategien zur Belastungsbewältigung im Beruf man bereits praktiziert. Erinnern Sie sich an die konkrete, unlängst erlebte Situation, die Sie zu Beginn des zweiten Teils näher betrachtet haben? Selbst wenn dieses Ereignis noch so schrecklich war, irgendwie sind Sie ja wieder (einigermaßen) handlungsfähig geworden. Was tun Sie bislang, um Stress abzubauen? Zum Beispiel eine Zigarette rauchen, durch die Fernsehprogramme zappen, mit dem Partner oder dem Hund schimpfen – um nur einige verbreitete, weniger konstruktive

Strategien aufzuzählen. Es geht hier also durchaus nicht nur darum, was Sie vorsätzlich tun und denken, um sich zu entlasten. Welche Phänomene, die zur Stabilisierung beitragen, ereignen sich bei Ihnen in und nach Belastungssituationen quasi automatisch?

Was tun Sie aktuell
a) in akuten Belastungssituationen und
b) angesichts Ihrer schulischen Beanspruchungen insgesamt, um sich
   zu entlasten?

Zu a): Mein aktuell praktiziertes Belastungsmanagement in akuten Belastungssituationen, zum Beispiel in/nach Konflikten mit Schülern oder Kollegen:
1.
2.
3.
...

Zu b): Mein aktuell praktiziertes Belastungsmanagement angesichts der Gesamtbeanspruchung durch die Schule:
1.
2.
3.
...

Sie verstehen die Fragen nicht? Wenn Sie sich wie ein Anfänger vorkommen sollten, der das kleine Einmaleins der Belastungsbewältigung noch zu lernen hat, dann unterliegen Sie einem gewaltigen Irrtum! Sie praktizieren Stressbewältigung seit vielen Jahren, konkret seit Ihrer Kindheit, ganz automatisch. Hieran anknüpfend ist es erheblich einfacher, diese vorhandenen, weitgehend intuitiv ablaufenden Muster auszubauen, als irgendwelche neue einführen zu wollen. Wie groß wäre die Chance beispielsweise, aus einem nervösen Kettenraucher einen abstinenten Joga-Profi zu machen? Wie gesagt, es geht hier nicht um hehre Lehrbuchideale, um Autogenes Training nach einem Streit mit dem Schulleiter, um sich mit ihm und der Welt zu versöhnen, sondern um die mehr oder weniger kleinen Selbstverständlichkeiten in Ihrem Alltag. Eine Zigarette gefällig, ein Schwätzchen mit der Kollegin oder ein Tritt gegen die Tür? Nehmen Sie sich in diesem Sinne bitte nochmals der oben gestellten Fragen an und stellen Sie sich die betreffenden Belastungssituationen vor, etwa wie einen Film, je ehrlicher, umso besser.

Selbstreflexion und Selbsterfahrung – Ihre Antworten laufen auf eben dies hinaus – sind im Alleingang und mit »Kochbuch« eine schwierige, nur in Ansätzen lösbare Aufgabe. Was man automatisch macht, fällt einem als solches üblicherweise kaum auf ... Rückmeldungen von Ihnen nahe stehenden Personen könnten hier anregend sein.

In jedem Fall dürfen Sie sich zunächst einmal selbst beglückwünschen für Ihre (Ihnen ungewohnte?) Nabelschau-Bemühungen! Ihre Reaktionen und Strategien haben nun zwar in der Belastungssituation den Druck entschärft, aber nur unzureichend. Andernfalls hätte sich diese Situation ja kaum in Ihr Gedächtnis eingegraben. Bevor wir bezüglich möglicher Optimierungen ins Detail gehen, ist es wichtig, sich über die allgemeine Qualität der verschiedenen Möglichkeiten und Ansätze Gedanken zu machen. Theoretisch-konzeptuell lassen sich kurzfristige von eher mittel- bis langfristig einsetzbaren Strategien zur Belastungsbewältigung unterscheiden.

Kurzfristig einsetzbare Strategien zur Belastungsreduktion

- *Gegensteuernde körperliche Aktionen* (zum Beispiel tief durchatmen, sich ausstrecken)
- *Wahrnehmungsumlenkung* (zum Beispiel aus dem Fenster schauen, an etwas Schönes, beispielsweise das Ende der Stunde denken, sich auf die Sachebene, den Lernstoff konzentrieren)
- *positive Selbstgespräche und Instruktionen* (zum Beispiel durchhalten – »Das schaffst du schon, du hast noch ganz andere Situationen durchgestanden« –, Ruhe bewahren)
- *Abreagieren der Anspannung* (entweder in der Situation: zum Beispiel Schüler anschreien oder mit Sarkasmen mundtot zu machen versuchen, oder nach der Situation: beispielsweise Tür zuschlagen, mit Schwung die Treppe hinauflaufen, Sport machen)
- *Einsatz von Entspannungstechniken* (s. unten)

Mittel- und langfristig einsetzbare Strategien zur Belastungsreduktion

- *Erlernen/Durchführen von Entspannungsübungen* (zum Beispiel regelmäßiges Praktizieren von PME, Autogenem Training, Joga, s. S. 207 ff.)
- *Intensivierung und Verbesserung von Kontakten zu Kollegen, Freunden und Partnerin oder Partner* (also: Ausbau und Optimierung des sozialen Netzes)

- *Intensivierung Sinn stiftender und mit Genuss verbundener Tätigkeiten* (zum Beispiel alte Hobbys wiederbeleben, sich etwas gönnen)
- *Reduktion der individuellen Aufgaben und Belastungen* (zum Beispiel: Welche Aufgaben habe ich übernommen, die mir wenig bis nichts geben und die ich auf- beziehungsweise abgeben kann?)
- *entlastende Einstellungsänderungen* (zum Beispiel: »Kein Mensch ist fehlerfrei, auch als Lehrer kann man nicht immer 100-prozentig [110-prozentig ...] sein«, »Wozu muss ich es jedem recht machen?«, »Die Kollegen dürfen ruhig wissen, dass ich Probleme habe, die haben ja selber welche ...«, »Ich weiß, was ich wert bin«)
- *verbessertes Management von Arbeitszeiten und Abläufen* (zum Beispiel Zeitplanung, klares Abgrenzen von Arbeits- und Freizeit, Optimierung des Ablagesystems, s. S. 200 ff.)
- *Erweiterung des pädagogischen Repertoires* (zum Beispiel Fortbildungen besuchen, Fachbücher lesen)
- *Erweiterung der sozialen Kompetenz* (zum Beispiel systematische Reflexion des eigenen Auftretens, Ausbau von Strategien unter anderem zur angemessenen Abgrenzung in Konfliktsituationen, s. S. 221 ff.)

Bitte gleichen Sie Ihre bisherigen Strategien mit den aufgeführten Kategorien ab. Praktizieren Sie eher kurzfristige oder eher langfristige Strategien?

Wie sinnvoll und praktikabel erscheinen Ihnen – auf Ihre Person bezogen – Bewältigungsstrategien, die Sie bislang kaum im Repertoire haben?

Welche der von Ihnen praktizierten Strategien lassen sich am einfachsten ausbauen?

Eine objektive Wertung, welche Strategien gut, welche mäßig und welche schlecht sind, gibt es nicht. Die Frage ist, wie Sie damit zurechtkommen! Allerdings gibt es ein paar grundsätzliche Überlegungen. Menschen, die mit Belastungen gut umgehen können, haben in der Regel ein breites Repertoire an Strategien, das sowohl solche aus dem Bereich der kurzfristigen als auch der mittel- und langfristigen einschließt. Eine solche Mischung erhöht die Flexibilität und Sicherheit, zudem machen Einzelaspekte oftmals nur in bestimmten Kombinationen Sinn. Positive Selbstinstruktionen (»Du schaffst es schon ...«) verlieren ihre Kraft, wenn eklatante Lücken im pädagogischen und sozialen Repertoire das Gegenteil offenbaren.

Bei kritischer Durchsicht wird Ihnen nicht verborgen geblieben sein, dass die in der Auflistung vorgenommene Trennung der Aspekte künstlich ist. Sie dient primär didaktischen Zwecken. Natürlich bestehen zwischen den Strategien der verschiedenen Kategorien inhaltliche Verbindungen. Strategisch-therapeutisch sind – durchaus nicht seltene – Konstellationen besonders spannend, in denen eine Lehrkraft zum Beispiel über ausreichende pädagogische Fertigkeiten verfügt, aber keine (kurzfristig) entlastende Selbstinstruktionen parat hat, die diese angemessen spiegeln. Oder sie praktiziert gar das Gegenteil davon (»Das schaffst du niemals ...«). Hier gezielt ansetzen, eine Einzelstrategie (Selbstverbalisation) anpassen – und schon stimmt das System ...

Man kann Belastungs-Bewältigungsstrategien auch anders einteilen, etwa in solche auf der Persönlichkeits-, Einstellungs- und Fertigkeitenebene, und solche, die mit der individuellen sozialen Einbindung, mit der Unterstützung durch das soziale Netzwerk zu tun haben. Welche Systematik man auch immer zugrunde legt, wichtig ist, dass jede der Belastungsreduktion dienende Verhaltensänderung möglichst in mehreren Ebenen verankert sein muss, um nicht nur ein guter Vorsatz zu bleiben. Bevor Sie viel Zeit investieren, ein Entspannungsverfahren zu lernen, um es schließlich nie anzuwenden, weil ein guter Lehrer keine Zeit für »selbstsüchtig-egoistische« Entspannungsübungen hat, ist es sinnvoller, solche Konstellationen vorab durchzurechnen! Nur wenn eine bestimmte Strategie mit Ihren Grundeinstellungen kompatibel ist, werden Sie mit einiger Wahrscheinlichkeit nicht bereits den dritten Termin des diesbezüglichen Volkshochschulkurses versäumen.

Sie haben es sicher selbst gemerkt: Es ist leider unmöglich, Ihre Bilanz und Ihre Ziele mit Ihnen so weit auszudiskutieren, wie es sinnvoll wäre. Wenn Sie das Gefühl haben, ich lasse Sie hier auf halber Strecke stehen, dann haben Sie Recht! Alles andere wäre aber auch kurios, schließlich kenne ich Sie nicht so gut, wie Sie sich selber ... Sie kennen Autoren, die, was die Vorschläge anbelangt, viel konkreter werden, und hätten sich entsprechend auch von mir mehr erwartet? Ich kann nur nochmals auf die meine diesbezügliche Zurückhaltung begründenden Argumente verweisen ...

Abgesehen von dieser inhaltlichen Seite haben Sie hier ein schönes Beispiel dafür, was Belastungsbewältigung (in diesem Fall meine) heißen kann. Wenn Sie sich entlasten, wird es Ihnen ähnlich gehen: Andere sind enttäuscht, machen Druck. Sich zu entlasten, ohne irgendjemandem auf die Füße zu treten, wird zumeist Illusion bleiben, was unbedingt einkalkuliert werden sollte!

Zielsetzungen: realistisch, aber mit Pep

Sie haben, ausgehend von der Analyse Ihrer schulischen Situation, schriftlich Ziele definiert, diese in kurz-, mittel- und langfristige Teilziele untergliedert und sich überlegt, wie Sie diese erreichen können? Ein gewisses Quantum an Zwanghaftigkeit macht einem zumindest an dieser Stelle das Leben leichter ...

**Persönliche (Teil)Ziele und Maßnahmen
zur Begrenzung und Verminderung
beruflicher Belastungen**

	Ziele	Maßnahmen
kurzfristig (Woche)		
mittelfristig (Monat)		
langfristig (Jahr)		

Bevor Sie endgültig zur Tat schreiten, gibt es dann nur noch zwei, drei potenzielle Klippen, die unbedingt umschifft werden sollten, wenn denn das Vorhaben in Fahrt kommen soll.

Die »Ich will nicht mehr«-Falle

Diese Falle ist äußerst einfach konstruiert und hat es deshalb in sich. Sie besteht aus dem Wörtchen »nicht« oder ähnlichen Verneinungspartikeln. Wenn das Schiff unterzugehen droht und einem das Wasser bis zum Halse steht, neigt man dazu, in erster Linie etwas *nicht* mehr haben zu wollen, in diesem Fall das Wasser. Bei vielen psychosomatisch belasteten Lehrern klingt das ähnlich: »Ich möchte nicht mehr im Stress sein«, »Ich möchte mich nicht mehr kaputtmachen«, »Ich möchte mich nicht mehr demütigen lassen« ... Kann das so funktionieren?

Das »Nicht mehr wollen« ist sehr verständlich, aber leider kein auf diese Art und Weise erreichbares Ziel. Eigentlich sollten Ziele ja Handlungsmuster anregen, die konstruktiv aus dem Problem herausführen. Nur gibt es im Gehirn solche »Nicht-Muster« nicht. Im Sinne eines psychologischen Grundgesetzes kann man eben nicht nicht handeln (was auch hinsichtlich des Satzes »Mein Lehrer sagt, ich soll im Unterricht nicht schwätzen« gilt!). Das »nicht« fällt zwischen den grauen Zellen unseres Gehirns hindurch und geht verloren. Was dann von den Vorsätzen – ohne »nicht« – übrig bleibt, lässt sich an den Zitaten im letzten Absatz eindrucksvoll demonstrieren: Bitte laut ohne das betreffende Wörtchen vorlesen!

Reizvolle Allmachtsfantasien und Furcht vor dem Banalen

Eine Veränderung von Situationen, die als hochgradig belastend erlebt werden, kann nur durch Ein- und Ausübung alternativer Strategien erreicht werden (veränderte Einstellungen sind durchaus auch Strategien, meist die schwierigsten). Das erfordert Handlungsansätze, die folgende Voraussetzungen erfüllen:
1. Durch die Handlungen werden ein oder mehrere tatsächlich für die Beanspruchung relevante Faktoren angegangen und
2. die Handlungen zielen auf Aspekte ab, die realistischerweise von Ihnen verändert werden können.

Falls Sie planen sollten, einen schulbekannten Störenfried, der Sie jahrelang geärgert hat, so zusammenzustauchen, dass er dann ein für alle Mal Ruhe gibt: Klingt da nicht auch etwas

Allmachtsbeigeschmack mit? Und wenn man sich vornimmt, sich ab morgen von seinem Schulleiter nichts mehr sagen zu lassen, dann hat Ihr Chef zwar a) relevanten Einfluss auf Ihre Belastungen, aber b) kann man sich damit bestenfalls zum Märtyrer machen. Blamage und Frust wären damit vorprogrammiert. Sie meinen, dies sei so offensichtlich, dass solche Fehler praktisch nicht vorkommen? Schön wäre es. Solche Fehler sind die Regel! Sich spontan eine realitätstaugliche und zielführende, tatsächlich mittelfristig entlastende Strategie zu erarbeiten, ist so selten, dass man mit diesem Fall kaum rechnen kann. Dies ist übrigens auch ein Grund, warum externe Rückmeldungen, sei es durch gute Freunde, Supervisoren oder Therapeuten, durchaus wertvoll und konstruktiv sein können ...

Veränderungen brauchen Reiz und Schwung

Nur Vernunft und formalen Analysen folgend, möglichst nüchtern und sachlich, haben es Veränderungen nicht leicht. Müsste nicht das durch Realitätsüberprüfung geschwächte Pflänzchen gelegentlich etwas aufgepäppelt werden, um der Sache den nötigen Schwung zu geben? Wie fühlt es sich an, wenn Sie Entspannungsverfahren in der Fünf-Minuten-Pause durchziehen, ohne sich zunächst tatsächlich entspannen zu können, wenn Sie sich schwere Vorhaltungen Ihres Schulleiters ruhig anhören (»Danke für die Rückmeldung ...«), den Schreibtisch aufräumen ...? Zunächst mal – bitte ehrlich! – geht es einem möglicherweise nicht besonders gut dabei.

Da sich Spaß an einer Sache nicht einreden lässt, schon gar nicht einem kritischen Lehrer, fahren Sie mit folgendem Vorgehen, der Verwendung einer attraktiven Perspektive, vermutlich besser: Lieben Sie Alfred Hitchcock? Dann machen Sie es so ähnlich: die Kamera auf Nahsicht, den Fokus auf Details Ihres Gesichtsausdrucks, eine Lichtregie, die ebendieses deutlich herausarbeitet, dazu eine Musik, die ungefähr Ihre Stimmung ausdrückt ... genießen Sie zunächst Spannung und Aktion, Entspannung kommt nach. Es gibt nichts Spannenderes, als sich gezielt zu verändern. Vielleicht ist das der wichtigste Punkt, den Sie vorab für sich klären sollten. Wenn Sie davon ausgehen, es würde mühsam und bliebe letztlich erfolglos, dann lassen Sie es. Das mag nach den vielen Seiten, auf denen wir um diesen Punkt gekreist sind, nach »Therapeutengesülze« klingen, ist es aber nicht, sondern wissenschaftlich erwiesen. Wer sich von anfänglichen Blessuren nicht verunsichern lässt und bei der Sache bleibt, dem kommt der Spaß an der Sache früher oder später meist von allein ... Je früher, umso besser, denn ganz ohne emotionalen Kick kommen bestenfalls äußerst pflichtbewusst-genügsame Kollegen von der Absichtsbildung zur Handlung!

Nach so viel Vorarbeiten bereiten Sie sich nun auf den eigentlichen Startschuss vor.

Zeitmanagement

Wie Sie mit der Arbeit systematisch fertig werden können (wenn Sie es denn wollen)

Wir leben in einer Zeit, in der man keine Zeit hat. Falls jemand Zeit haben sollte, macht ihn das regelrecht verdächtig. Angesichts dieser allgemein bekannten und beklagten Situation liegt es nahe, seine Zeit so gut wie möglich zu nutzen. Wenn man seine Zeit schon nicht verlängern kann, dann muss man sie vertiefen, also alles intensiver und effektiver machen. Das gilt vor allem für Lehrer. Dass das Lehrerdasein mehr als ein Vollzeitjob ist, wurde nachgewiesen. Und aus vielen Gründen wird man mit dem Lehrberuf zeit(schul)lebens eigentlich nie fertig. Ich nehme an, dass Sie mir so weit zustimmen (hoffentlich nicht ganz ...).

Hiervon ausgehend liegt es nahe, sich durch ein möglichst ausgetüfteltes Zeitmanagement zu entlasten, Zeitdiebe zu entlarven und unbarmherzig auszumerzen, um so Arbeit auf der einen und Pausen respektive Entspannungsphasen auf der anderen Seite effektiv gestalten zu können. Schriften und Kurse zur optimalen Zeitgestaltung für alle möglichen Berufsgruppen und für den privaten Hausgebrauch gibt es zur Genüge (etwa: Lothar J. Seiwert: *Das 1x1 des Zeitmanagements*), sodass wir uns hier auf das Notwendigste beschränken können.

Haben Sie den Eindruck, dass...	sehr selten	selten	gelegentlich	häufig	sehr häufig
	(1)	(2)	(3)	(4)	(5)
Sie Ihre Zeit nicht optimal nutzen?					
Sie ineffektiv arbeiten, weil Sie zu müde und/oder unkonzentriert sind?					
Sie sich verzetteln, weil Sie versuchen, mehrere Aufgaben gleichzeitig zu erledigen?					
Sie unter Zeitdruck stehen?					
Sie Pausen nicht zur Entspannung nutzen können?					
Sie von Zeitdieben heimgesucht werden?					
Ihr Tagesrhythmus durcheinander kommt, die Nacht zum Tage wird und umgekehrt?					

Natürlich sollte man solche Fragebögen nicht überstrapazieren. Viel mehr als orientierende Funktion haben sie nicht. Aber wenn Sie in mehr als der Hälfte der genannten Punkte im Bereich von »häufig« oder »sehr häufig« gelandet sind oder sich ein Gesamtpunktwert von mehr als 20 ergibt, dann lohnt es sich für Sie mit hoher Wahrscheinlichkeit, Ihre Zeitgestaltung systematisch unter die Lupe zu nehmen.

Zunächst gilt es, seine grundsätzlichen Vorstellungen hinsichtlich seiner Zeitnutzung, sein persönliches Wunschverhältnis zum Faktor »Zeit« zu konkretisieren. Wenn wir die einführenden Betrachtungen zugrunde legen, dürfte es auf Folgendes hinauslaufen:

• Optimale Zeitnutzung bedeutet, die zur Verfügung stehende Zeit aktiv und konsequent zu nutzen.

- Dies setzt voraus, dass man sich über seine jeweiligen Ziele, etwa die im betreffenden Moment vorrangig anstehenden beruflichen Aufgaben, im Klaren ist.
- Verzetteln in Nebensächlichkeiten gilt es zu vermeiden. Wichtige und/oder dringende Aufgaben benötigen demgegenüber ihre Zeit und sollten sie auch bekommen.
- Pausen sollten konsequent zur Entspannung genutzt werden.
- Zeitdiebe, etwa kurze Unterbrechungen durch Telefonanrufe, eingeschobene anderweitige Erledigungen und Ablenkungen jeglicher Form stellen vielfach erhebliche Störfaktoren dar. Diese gilt es auszuschalten.

Einverstanden? Es dürfte (fast) jedem postindustriellen Mitteleuropäer, der noch dazu im Berufsleben steht, schwer fallen, damit nicht einverstanden zu sein. Gleichwohl sollten wir diese Selbstverständlichkeiten nicht mit einem Naturgesetz, einer gottgewollten Vorgabe verwechseln. Auf die Spitze getrieben wird der im skizzierten Sinne optimale Zeitmanager zu ... genau, zu einem Roboter. Wenn ein gewisser gesunder Abstand verloren geht, wird Zeitmanagement zu einer Keule, die sich Perfektionisten mitunter trefflich um die Ohren hauen können. (»Heute hast du es schon wieder nicht geschafft, effektiv zu sein ...« – und je mehr man mit sich schimpft, umso wahrer wird die Sache.) Der Spaß bei der Sache geht gänzlich verloren und vor allem bleibt kaum Raum und Flexibilität dazu, gelegentlich Lebensqualität in den unvorhergesehenen Störungen zu entdecken. Besonders bedenkenswert ist der eiserne Wille, Pausen möglichst intensiv und tierisch ernst zur Entspannung zu nutzen (s. S. 207 ff.), was mit dem antiquierten (?) Phänomen »Müßiggang«, das durchaus einen gewissen eigenen Reiz gehabt haben soll, dann kaum noch Ähnlichkeiten hat. Zeitmanagement kann sehr hilfreich, mitunter dagegen zu verstoßen aber auch ein Luxus sein. Dazu muss man jedoch erst mal eine stringente Zeitgestaltung praktizieren. Also fangen wir an.

Falls Sie schon wissen – oder zu wissen glauben –, wo das Problem bei Ihnen liegt, können Sie direkt zur Tat, sprich zur Zeitplanung schreiten. Ansonsten empfiehlt sich – wie so oft – zunächst eine Bilanz und Fahndungsphase.

Bilanz und Fahndung nach den Zeitdieben

Leben Sie vorerst so weiter wie gewohnt und führen Sie dabei eine Woche lang Protokoll, möglichst minutiös. Anschließend ziehen Sie eine Bilanz:

Wofür haben Sie wie viel Zeit eingesetzt? Entspricht das der Wichtigkeit und Dringlichkeit der jeweiligen Aufgaben?

Was hat Sie gegebenenfalls davon abgehalten, das zu tun, was in der jeweiligen Situation anstand?

Für welche Form der Zeitdiebe sind Sie besonders anfällig?

Zeitplanung mit Struktur

Grundlage jedes Zeitmanagements ist eine angemessene Zeitplanung. Erstellen Sie für die nächste Woche einen Zeitplan, ähnlich einem Schul-Stundenplan, wobei folgende Aspekte mit Respekt zu behandeln sind (werden sie übersehen, rächen sie sich bitter!):

- Stellen Sie eine Hierarchie der wirklich wichtigen, wichtigen und weniger wichtigen Tätigkeiten auf.
- Reservieren Sie für die wirklich wichtigen Tätigkeiten ausreichende Zeitfenster.

- Berücksichtigen Sie Tagesschwankungen, wonach man in der Mittagszeit müde und weniger leistungsfähig ist etc.
- Legen Sie verbindliche Zeitlimits fest: a) wie lange eine Tätigkeit maximal dauern und b) bis wann sie abgeschlossen sein sollte. Eine gewisse Schwankungsbreite ist einzukalkulieren, gravierende Überschreitungen sollten jedoch vermieden werden beziehungsweise verweisen auf Schwierigkeiten in anderen Bereichen (etwa wenn man mit Korrekturarbeiten nicht fertig wird, weil Ungerechtigkeiten in jedem Falle vermieden werden sollen und man noch mal von vorn und wieder von vorn beginnt, s. S. 221 ff.).
- Fassen Sie kleinere, inhaltlich ähnliche Routineaufgaben zusammen, die möglichst in Randstunden, also in Zeiten geringerer Konzentrationsfähigkeit gelegt werden sollten (zum Beispiel organisatorische Telefonate, Sortierarbeiten etc.).
- Planen Sie Puffer-, Wegezeiten und auch Zeit für Unvorhergesehenes eher großzügig mit ein, um zusätzlichen Stress zu vermeiden.
- Bereiten Sie Strategien vor, wie Sie den zu erwartenden Zeitdieben begegnen können: Telefon abstellen, Arbeitsplatz aufräumen, ablenkende Zeitschriften aus dem Arbeitszimmer entfernen usw.
- Auch angenehme, entspannende Tätigkeiten und Entspannungsphasen haben es verdient, eingeplant zu werden.

In der Literatur findet man Empfehlungen, wonach 60 % geplante Pflicht-Aktivitäten, 20 % Spielraum für unerwartete Aktivitäten und 20 % für angenehme Aktivitäten ein gesundes Verhältnis darstellen. Wichtig, insbesondere dann, wenn Ihnen ein solch strukturiertes Vorgehen anfangs eher fremd und zwanghaft vorkommt, sind angemessene Zeiten und Mittel für Selbstbelohnungen. Nicht jede gewonnene Zeit für neue Verpflichtungen verwenden, sondern ... ja, was machen Sie denn wirklich gerne? Dabei gibt es noch vielerlei, was je nach persönlicher Konstellation berücksichtigt werden sollte. Kürzere, aber regelmäßige Pausen haben in der Regel einen größeren Erholungswert als seltene und lange. Wenn viele Ihrer Tätigkeiten im Sitzen erfolgen, bietet sich eine Pausengestaltung mit wohl dosierter körperlicher Aktivität an. Wenn man abnehmende Leistungsfähigkeit bemerkt, liegt es nahe, kleine Pausen einzuschieben und – wie bereits angedeutet – den eigenen biologischen Tagesrhythmus zu berücksichtigen.

Im Lehrerberuf, der einen hohen Anteil an Heimarbeit beinhaltet, kann die Abgrenzung zwischen Beruf und Privatleben – respektive die Schwierigkeit, dieses zu tun – zum Problem und zur Falle werden. Wenn Sie das Gefühl haben, eben deshalb kaum oder gar keine Freizeit zu haben, stellen Sie Kriterien auf, die eine möglichst klare Grenzziehung ermöglichen (schwierig bei Geschichtslehrern, die Zeitung lesen ...).

Im Kontext der Zeiträuberbekämpfung spielen Ihr Arbeitsplatz beziehungsweise Ihre verschiedenen Tätigkeitsorte eine wichtige Rolle. Sind diese, was die dort vollzogenen Arbeitsabläufe anbelangt, günstig gelegen und angelegt? Umgebungsfaktoren wie Licht, Lärm, räumliche Gegebenheiten (möglichst abgetrennt von anderen Aufgabenbereichen: Küche, Kinder ...) und die Qualität von Tisch und Stuhl (fragen Sie Ihren Rücken ...) sind zu berücksichtigen.

Ungeachtet der äußeren Möglichkeiten gibt es Menschen (wie mich), die eher zu intuitiver Ordnung tendieren. Bei aller damit verbundenen kreativen Unordnung verschwinden Unterlagen gelegentlich auf, in und unter diversen Stapeln. Gerade dann, wenn es eilig ist, geht das Suchen los. Es gibt relativ einfache wie übersichtliche Ablagesysteme, die sich anbieten, eindeutig beschriftete und regelmäßig eingeordnete und aktualisierte Ordner, Hängeschuber und vieles mehr (es sollte mich wundern, wenn ich Ihnen hier etwas Neues berichte!).

Wenn es mit der festen, schriftlich formulierten Zeitplanung nicht funktioniert, sollten Sie, falls noch nicht geschehen, die Bilanzierung nun nachholen oder diese noch detaillierter versuchen. Nach einem am besten vorab festgelegten Zeitraum, sagen wir einen Monat, bietet es sich an, eine Generalabrechnung und Zwischenbilanz zu ziehen:

Was hat funktioniert, was hat es Ihnen gebracht? Dies sollten Sie auch ausgiebig feiern!

Unter uns gesagt: Von den zahlreichen Kollegen, die sich Zeitmanagement vornehmen, dürfte nur ein Bruchteil dies vier Wochen konsequent durchhalten. Neben dem in der Sache selber liegenden Ertrag an Belastungsreduktion sollten Sie sich etwas gönnen, es darf ruhig auch ein bisschen teurer sein ...

Aber wichtig ist natürlich auch: Was hat nicht geklappt und, vor allem, warum nicht? Steckt ein systematischer Fehler dahinter? Waren die Vorgaben unrealistisch? War die Planung unzureichend? Wo lag der Fehler? Waren es über die Wochen hinweg betrachtet tatsächlich immer wieder »unvorhergesehene Ereignisse« oder gar »höhere Gewalt«, die Sie vom rechten Wege abgebracht haben, oder schwindeln Sie sich ein wenig in die Tasche, weil Ihnen das Thema »Zeitmanagement« dann doch nicht ganz so wichtig ist ...? In letztgenanntem Falle lesen Sie zur Aufmunterung bitte nochmals im Kapitel über die Motivation nach und halten gegebenenfalls nach Entlastungsmöglichkeiten Ausschau, die Ihnen näher liegen.

Ihre Zeitplanung läuft bereits wie am Schnürchen, Sie haben viel mehr Freizeit als früher, die Ordnung hat Ihnen gut getan, ein Aufatmen auf der ganzen Linie, auch Ihr Schreibtisch nicht zwanghaft, dennoch wohl geordnet ...? Prima, Glückwunsch! Und nicht vergessen: Zur Aufrechterhaltung Ihres Erfolgs an Aktualisierungen denken!

Entspannung, Entspannung ...

»Das Schlimmste ist, dass ich nicht mehr abschalten kann, nicht mehr zur Ruhe komme, mich einfach nicht mehr entspanne. Früher hat mir ein Wochenende zum Erholen ausgereicht. Zuletzt hoffte ich, dass es zumindest nach den Sommerferien wieder gehen würde. Aber der Urlaub war eine Katastrophe, ich weiß eigentlich gar nicht, warum, das Hotel war schön, das Wetter auch, egal ... und als die Schule losging, war ich genauso schlecht drauf wie zuvor, unkonzentriert, nervös, einfach überfordert.«

(Eine 49-jährige Realschullehrerin, allein stehend, unter der Diagnose eines »depressiven Syndroms« seit sechs Wochen krankgeschrieben.)

So erlebt es sicher nicht nur die zitierte Kollegin. Die geschilderte Konstellation kann den Anspruch erheben, ein zentraler Bestandteil der subjektiven Perspektive von Lehrerbelastung zu sein. Hinsichtlich der Frage nach An- und Entspannung dürften folgende Punkte das Erleben vieler Lehrerinnen und Lehrer charakterisieren:

1. Das Bestreben, im Unterricht möglichst immer entspannt, locker und gleichzeitig konzentriert zu sein, zumindest aber das Gefühl, stets so wirken zu müssen.
2. Eine mehr oder weniger dem »Batteriemodell« entsprechende Vorstellung vom eigenen Energiehaushalt. Hiernach beginnt man den Schultag, das Schuljahr, das Berufsleben mit einer bestimmten Energieladung, die man dann abarbeitet, um am Ende des Tages, des Schuljahrs und des Berufslebens energielos (bis ausgebrannt) zu sein. Je größer die Anspannungen und Anstrengungen des Schulalltags sind, umso schneller entleert sich die Batterie. Entspannung wäre dann eine Strategie, unnötigem Energie-

verbrauch vorzubeugen und die Zeit bis zum Leerlaufen zu verlängern.

3. Die meisten Lehrerinnen und Lehrer haben dezidierte Vorstellungen davon, was Entspannung ist. Viele haben selber bereits Entspannungsverfahren erlernt, zumeist Autogenes Training, Progressive Muskelrelaxation (PMR) nach Jacobson oder Joga, zumindest aber davon gehört oder darüber gelesen. Sie haben versucht, Strategien dieser Art gegen die erlebten schulischen Belastungen einzusetzen. Dies verlief zumeist kurzfristig – freundlich ausgedrückt – im Sande, oft schon deshalb, weil die jeweiligen Verfahren kaum mit den Gegebenheiten der Schule zu vereinbaren waren. In welcher Schule gibt es schon einen ruhigen Raum, in den sich ein Lehrer in der großen Pause zurückziehen kann? Geschweige denn die Kollegen und Schüler (Stichworte: Lärmpegel im Lehrerzimmer, Pausenaufsicht, Krisengespräche ...), die einen zur Ruhe kommen ließen ... Spätestens nach solchen frustrierenden Erfahrungen gingen und gehen die um Entspannung bemühten Lehrer davon aus, dass es in der Schule praktisch unmöglich ist, selbige zu finden. Entweder Lehrer sein oder entspannt? Der eklatante Widerspruch, in dem diese Erkenntnis zu dem im ersten Punkt skizzierten Selbstanspruch steht, gewinnt für die weitere Entwicklung nicht selten prägende, tragische Bedeutung.

4. Die Folgewirkungen der resignativen Bilanz »Entweder Lehrer oder entspannt« können sich gegebenenfalls physiologisch-medizinisch potenzieren. Jeder weiß, dass zu viel Stress potenziell gefährlich sein kann. Entsprechend setzt sich die Gleichung fort: Schule = Unmöglichkeit, sich zu entspannen = Dauerstress = Gesundheit gefährdet. Wobei das Wissen um Letzteres wiederum die Anspannung erhöhen dürfte und der Teufelskreis geschlossen ist.

Natürlich sind die hier skizzierten Einschätzungen per se richtig! Selbstverständlich sollten Lehrer im Unterricht konzentriert sein, ihre anstrengende Tätigkeit ist erschöpfend, eine Lehrkräfte-Entspannungsoase in jeder Schule ist derzeit – und bis auf weiteres – eine schöne Utopie. Stress ist ein nachgewiesener Risikofaktor für viele körperliche und seelische Erkrankungen. Vielleicht wurde aber schon beim Durchlesen der Standpunkte deutlich, dass zwar die genannten Punkte für sich betrachtet alle überzeugend sind, ihre argumentative Verzahnung jedoch unweigerlich zu einem Teufelskreis mit Sprengstoffwirkung führt. Es bleibt uns deshalb nichts anderes übrig, als der Sache auf den Grund zu gehen. Da der erste Punkt, der kategorische Imperativ des stets konzentrierten und entspannten Lehrers, an anderer Stelle diskutiert wird (s. S. 221 ff.), können wir uns hier unmittelbar auf die um das Thema »Entspannung« kreisenden Punkte 2.–4. konzentrieren.

Was haben Lehrkörper und Batterien gemeinsam?

Beginnen wir mit dem Batteriemodell, einer Vorstellung, die in unserem elektrisch geladenen Zeitalter so nahe liegend und überzeugend ist, wie es für die alten Ägypter der Vergleich komplexer Phänomene jeglicher Art, vom eigenen Körper bis zum Totenreich, mit dem Nil und den künstlich angelegten Bewässerungskanälen war. Wie tragfähig, sinnvoll und hilfreich ist der Vergleich von Ihnen und Ihren Kollegen mit einer Batterie wirklich? Mit diesen wenig umweltfreundlichen Dingern, die durch chemische Zersetzungsprozesse Strom abgeben, dort, wo sie nun mal zufällig eingebaut worden sind?

Dass Arbeit, zumal die des Lehrers, Energien verbraucht, was vom sinkenden Blutzuckerspiegel bis zum steigenden Cortisolspiegel über die Unterrichtsstunden hinweg evident ist, ist eine Tatsache (s. S. 69 ff.). Muskel- und Nerventätigkeit benötigen Energie. Zucker wird verbrannt, der Körper mobilisiert Energiedepots und hält den Blutzuckerspiegel so in eng regulierten Grenzen. Wenn es allerdings nur dieser Aspekt wäre, dann ließe sich Erschöpfung jeweils kurzfristig durch die Zufuhr von Zucker abwenden.

Auch Sauerstoffmangel im eigentlichen Sinne des Wortes, also wenn mehr als stickige, überheizte Luft gemeint ist, würde kurzfristigst zur Bewusstlosigkeit führen. Die oft strapazierten Bilder von »erschöpften Nervenzellen« und vor allem dem »Nervenzusammenbruch« sind physiologisch gesehen zumindest schwieriger und bringen das Batteriemodell erheblich in Schieflage. Ein Zusammenbruch von Zellfunktionen wäre mit dem Leben schlicht unvereinbar. Einfach abzuschalten gilt für Nervenzellen und damit das Gehirn nicht. Was dem subjektiven Gefühl der Ermüdung auf zellulärer Ebene im Gehirn entspricht, ist höchst komplex und bis heute im Detail ungeklärt.

Auch Schlaf ist kein Ab-, sondern ein Umschalten auf andere Formen von Hirntätigkeiten. Dies lässt sich in der elektrischen Ableitung des Gehirns im Schlaf, zwischen Tiefschlaf und Traumphasen, eindrucksvoll aufzeigen. Selbst tief empfundene Entspannung bleibt neurophysiologisch betrachtet stets eine Tätigkeit, allerdings mit einem ruhigen – wenn auch wiederum nicht zu ruhigen – Grundrhythmus der Zellaktivität. Das subjektive Erleben von Ruhe und Wohlbefinden steht jedoch auf einem anderen Blatt. Entspannung und Langeweile sind schließlich keineswegs das Gleiche und Koma würden bestenfalls Zyniker als Entspannung deklarieren.

Neben der Einbindung in komplexe Regelkreise, etwa der jeweiligen Tagesrhythmik verschiedener Hormone, hat die subjektiv gespürte Energie auch etwas mit Motivation und Emotionen zu tun. Dass man Tätigkeiten, die einem richtig Freude machen, viel länger aus- und durchhalten kann, als solche, die man für sinnlos und uninteressant erachtet, gehört zu den Alltagserfahrungen eines jeden von uns. Und wenn man mit Schwung bei einer Sache ist, stellt sich die Frage, ob man vielleicht gar keine Energie mehr hat, gar nicht oder erst sehr spät. Je mehr man umgekehrt unter Druck gerät und sich über seine Energiereserven Gedanken macht, umso strapazierter dürften diese erscheinen.

Die physiologischen und psychologischen Grundlagen menschlicher Energie auf der einen und Entspannung auf der anderen Seite sind so komplex, dass sie hier nicht ansatzweise erschöpfend behandelt werden können. Auf der Batterieebene respektive mit »ermüdeten« Nervenzellen sind die Phänomene, die hinter der von der eingangs zitierten Lehrerin berichteten Erschöpfung stehen, jedenfalls nicht zu erklären!

Vieles von dem hier Dargelegten ließe sich leicht und fast jederzeit im Alltag überprüfen, aber warum sollten Sie das tun? Um sich, falls Sie Anhänger des Batteriemodells sein sollten, zunächst möglichst systematisch zu verwirren?! Modelle – wie die leidigen Batterien – sind nützlich, solange sie einem helfen, komplexe Abläufe greifbar zu machen und zu verstehen. Menschliches Denken spielt sich zwar letztlich nur in Modellen ab, diese können aber mehr oder weniger gut sein. Jedes Modell hat Grenzen und Nebenwirkungen. Ein Modell, das einen auf das Niveau eines simplen, säuregefüllten Metallobjekts reduziert, macht einen hilflos, sobald die Umstände, die es zu erklären gilt, komplexer werden. Wer sich zur Batterie erklärt, ist spätestens dann matt gesetzt, wenn er meint, der Saft sei »alle«. Entsprechend relativ, weil von ebendiesem Modell abhängig, wäre folgende, nicht selten getätigte Aussage: »Ich habe keine Energie mehr, ich kann einfach nicht mehr.«

An dieser Stelle ist eine Zäsur unvermeidbar. Das Batteriemodell ist vielen Menschen unserer Gegenwart – und damit wohl auch Ihnen und mir – so weit in Fleisch und Blut übergegangen, dass der letzte Absatz leicht als persönlicher Angriff und schiere Verständnislosigkeit eines abgehobenen Therapeuten missverstanden werden könnte. Natürlich gibt es Personen, die sich in einer ausweglosen Situation sehen und das sichere Gefühl haben, dass es einfach nicht mehr geht, die sich völlig kraftlos fühlen und – soweit es im mitmenschlichen Bereich Objektivität geben kann – auch objektiv hilflos gefangen sind. All das ändert jedoch nichts daran, dass das Gefühl solcher Energielosigkeit in aller Regel viele Gründe auf verschiedenen Ebenen hat, Gründe, die es im Einzelnen herauszufinden gilt.

Das Gefühl, dass für die oder den Betroffenen »absolut nichts mehr geht«, bleibt eine gefährliche Simplifizierung, die zumeist falsch ist und eigentlich gar nichts erklärt. Zu allem Überfluss hindert sie einen daran, die konkreten Hintergründe einer Problematik zu erkennen und damit auch das Problem zu lösen. Das Batteriemodell (ähnlich der Vorstellung, ausgebrannt zu sein, s. S. 96 ff.) ist dabei sicher verführerisch. Es ist einfach und die Verhältnisse sind geklärt. Wer leer ist, von dem kann man nichts mehr erwarten. In bestimmten Situationen nicht dem Charme des Batteriemodells zu erliegen, ist nicht leicht und kostet Überwindung. Aber es lohnt sich.

Entspannungstechniken:
spielerisch angewendet segensreich,
ansonsten potenziell frustrierend

Welchen Stellenwert und Sinn haben die »klassischen« Entspannungsverfahren? Da sich die meisten von Ihnen bereits mit dem einen oder anderen Verfahren beschäftigt haben werden, können wir uns kurz fassen.

Ziel aller Entspannungsverfahren ist es, sich durch regelmäßiges Üben Strategien anzueignen, mit denen man den Organismus gezielt auf Entspannung »umschalten« kann. Beherrscht man solche Methoden, sind die Anwendungsbereiche vielfältig: von Stressbewältigung jeglicher Art bis zur allabendlichen Einschlafhilfe. Im positiven Fall resultiert daraus insgesamt eine Steigerung der Lebensqualität.

Von den eingangs genannten Techniken ist die *Progressive Muskelrelaxation* nach Edmund Jacobson vermutlich am einfachsten zu erlernen, in jedem Falle aber am besten wissenschaftlich untersucht. Das Grundprinzip besteht darin, durch bewusst gelenkte Wahrnehmung auf verschiedene Teile des eigenen Körpers und gezielten Einsatz von Muskelanspannung und Loslassen einer zuvor gesetzten Spannung eine Rückkopplung auf die Funktionen des vegetativen Nervensystems zu bewirken. Der sympathische Anteil, durch die »Stresshormone« Adrenalin und Noradrenalin dominiert, tritt zurück, die »parasympathische« Aktivität wird stärker. Dabei sinken der Muskeltonus, die Pulsfrequenz und der Blutdruck. Im Gehirn tritt zunehmend ruhigere Alphatätigkeit in den Vordergrund. Aus diesem Mechanismus erklären sich übrigens einige bei Entspannungstechniken gelegentlich auftretende Nebenwirkungen: Speichelfluss oder Mundtrockenheit, lebhafte Darmtätigkeit und Magenknurren, kalte Füße. Die Konzentration auf den eigenen Körper kann gelegentlich mit Missempfindungen, Kribbelgefühlen und Jucken einhergehen.

Praktisch läuft Progressive Muskelrelaxation (PMR) in etwa wie folgt ab: Zunächst gilt es, eine entspannte Sitz- oder Liegeposition einzunehmen und störende Außeneinflüsse jeglicher Art nach Möglichkeit auszuschalten. Man schließt die Augen, richtet seine Aufmerksamkeit nach innen, beobachtet die Atmung, lässt die Gedanken laufen und/oder stellt sich ein persönliches Ruhebild vor, einen Ort oder eine Situation, bei dem beziehungsweise in der es einem leicht fällt, zur Ruhe zu kommen. Durch die Instruktionen des Kursleiters (live oder auf Kassette) geleitet, besser durch ein eigenes, im Kopf gespeichertes Programm, richtet man dann üblicherweise zuerst die Aufmerksamkeit auf die Hand und den Unterarm der dominanten Seite. Die Hand wird einige Sekunden in Richtung Oberarm angespannt/überstreckt, wieder locker gelassen und Sie spüren den Veränderungen nach. Es folgen Anspannung und Entspannung des Oberarms dieser Seite. Anschließend folgt dasselbe am anderen Arm. Es geht darum, bewusst allen Gliedern nachzuspüren, von den Fingern bis zu den einzelnen Muskelgruppen. Die Aufmerksamkeit wendet sich dann dem Gesicht zu. Die Augen werden kräftig geschlossen, dann die passiv sich einstellende Entspannung der sich glättenden Stirn und der Gesichtsmuskulatur empfunden. Dies geschieht in Abstimmung mit dem Atmen. Sie sagen sich selbst: »Ich atme ruhig und völlig gleichmäßig ... Mit jedem Ausatmen entspanne ich mich etwas mehr ...«

Auf diese Weise wird der ganze Körper durchwandert, die Strukturen des Gesichts, der Schulter- und Nackenbereich, Bauch, Gesäß, Ober- und Unterschenkel bis zu den Zehen, die fest in den Boden gepresst werden. Je nach Programm endet die Übung mit einer Anspannung des ganzen Körpers, dem Loslassen und inneren Festhalten des Gefühls von Ruhe und Entspannung. Den Abschluss findet sie schließlich in der nachdrücklichen Feststellung »Ich atme tief ein, öffne langsam wieder meine Augen, strecke mich, recke mich und gähne«.

Für diejenigen, die selber PMR gelernt haben und sie regelmäßig praktizieren, erübrigen sich Beteuerungen, wie hilfreich die Methode sein kann. Ähnliches gilt für das *Autogene Training*. Hier fehlt die willentlich herbeigeführte muskuläre Anspannung und damit der für Menschen, die hinsichtlich der körperbezogenen Selbstwahrnehmung eher ungeübt sind, deutlich spürbare Zugang. Der Ansatz des Autogenen Trainings, die gedanklich induzierte Wahrnehmung (respektive Selbsthypnose) von Qualitäten wie warm, schwer, kühl usw., ist gewissermaßen subtiler. Die damit bewirkten vegetativen Reaktionen dürften sich allerdings von den mit anderen Entspannungstechniken erreichten nicht unterscheiden. Entspannungsübungen für Fortgeschrittene reichen über die imaginative Oberstufe des Autogenen Trainings bis in existenzialistisch-weltanschauliche Sphären. Insbesondere bei der PMR belegen zahlreiche Untersuchungen die Wirksamkeit der Methode, wenn es darum geht, sich bei einer Vielzahl psychosomatischer Störungen Erleichterung zu verschaffen. Darüber hinaus sind Entspannungstechniken unbestreitbar ein Wert für sich, als selbstreflexiver Kontrapunkt in einer zunehmend hektischen Welt. Aus allen diesen Gründen können sie nur wärmstens empfohlen werden.

Und gerade darin liegt wohl ihr gewichtigstes Problem. Die derzeit kaum bestreitbare Sinnhaftigkeit, ja Notwendigkeit, Entspannungsverfahren zu erlernen und anzuwenden, macht Druck. Sie können weder PMR noch Autogenes Training noch Joga? Also können Sie sich nicht richtig entspannen! Wie wollen Sie denn dann mit Ihrem Lehrerberuf zurechtkommen? Sich richtig entspannen zu können, ist doch eine Minimalvoraussetzung!

Mit diesen Gedanken im Kopf begeben Sie sich nun in den bequemen Kutschersitz und entspannen sich, aber bitte möglichst schnell. Das geht nicht? Dann strengen Sie sich bitte etwas mehr an ...

Sie halten die letzten Sätze für eine Satire? Sie haben Recht. Aber ebendiese läuft in den Köpfen vieler Entspannungstechnikseleven ab, die es ernst damit meinen, ein Entspannungsverfahren lernen zu müssen. Umso mehr, je stärker sie sich mit dem Rücken zur Wand fühlen, in der Schule überlastet und genervt sind. Die Folgen auf der Ebene des vegetativen Nervensystems, die dieser Paradoxie innewohnen, lassen sich unschwer aufzeigen, etwa mit Biofeedback (s. S. 71 ff.). Wer sich zur Entspannung zwingt, bei dem zeigen sich bestenfalls ganz am Anfang Zeichen der Entspannung, die sich dann sehr schnell ins Gegenteil verkehren. Die Spannungskurve schießt nach oben, umso höher, je mehr der Betreffende mit sich unzufrieden ist und sich bemüht. Er gibt die Sache schließlich auf, noch frustrierter als zuvor, und merkt so nicht mehr, dass gerade in diesem Moment seine Kurve nach unten geht. Ein entspannungsbedürftiger Mensch hat so zu allem Überfluss den Eindruck gewonnen, sich nicht einmal entspannen zu können.

Am besten, man lernt Entspannungstechniken, wenn man sie überhaupt nicht nötig hat – was natürlich eine eher theoretische Forderung ist. Ansonsten ist es unabdingbar, die Paradoxie, die nach der Entspannung nun mal funktioniert, von Anfang an in sein im Aufbau begriffenes inneres Konzept von Entspannung einzubauen. Menschliche Muskeln können sich nur aktiv zusammenziehen, also anspannen, aber nicht aktiv entspannen ... Anders formuliert: Wenn es Ihnen letztlich egal ist, ob Sie sich entspannen können oder nicht, dann geht es am besten. Es geht um ein spielerisches Lernen, was man an sich so alles entdecken kann. Und wenn man heute nichts entdeckt, dann eben ein anderes Mal. Wenn man sich dabei entspannt, umso besser. Wenn nicht, auch gut.

Informelle Entspannungstechniken:
Und keiner sieht, wie entspannt man ist

Auch wenn Dogmatiker verschiedenster Richtungen und ungezählte »Gurus« etwas anderes verkünden: Es ist völlig egal, auf welche Art und Weise, nach welcher Entspannungsschule, mit welchen vermeintlich inhaltlich allein überzeugenden Techniken man Entspannung zu erreichen versucht, mit welchem Arm man beginnt, was dann drankommt usw. Entscheidend ist allein das Resultat. Sie wählen die Methode, die zu Ihnen passt, die in Ihrem Alltag praktikabel ist und dort den gewünschten Erfolg bringt. Ein gewisser Eigensinn kann auch hier nicht schaden, was mehrere Gründe hat, die hier näher ausgeführt werden sollen.

Es gibt unbestritten gute Anleiter von PMR und von Kursen für Autogenes Training, die wohlklingende, warme, ruhige Stimmen haben (live und auf CD) und so selbst hartnäckig Verkrampfte mit auf die Entspannungsreise nehmen. Je stärker Sie davon überzeugt sind, dass Sie ebendiese besondere Stimme und das dazugehörende Ambiente, den ruhigen Raum, die Matratze auf dem Boden, die Liegeposition auf dem vorgewärmten Boden zum Entspannungsglück brauchen, umso schwerer dürfte Ihnen die Umsetzung im realen (Schul-) Alltag fallen. Man hat dort ja zumeist keinen Extraraum für sich, weder einen Kassettenrekorder, um seinen persönlichen Anleiter (als akustische Droge) anzuhören, noch die 10–30 Minuten für die Standardformen. Umgekehrt gehört eine ganz gehörige, fast an Fanatismus grenzende Überzeugung für die Sache dazu, klassische Entspannungsverfahren in der entsprechenden Langform dauerhaft in sein Leben zu integrieren. Allein die Disziplin, sich auch nur zehn Minuten am Tag dafür freizuhalten, ist eine Leistung eigener Art. Sich dies vorzunehmen, jede Woche neu, ist ein Leichtes. Wenn es Ihnen tatsächlich gelingt, dies zu praktizieren: alle Achtung!

Vielen gelingt es nicht (einschließlich meiner Person). Aber wozu muss es denn gelingen? Wenn es Teil Ihrer Lebensphilosophie ist, dann ist es natürlich etwas anderes. Aber ansonsten wäre es kurios, wenn Entspannung nur mit solchen stressigen Programmen zu erlangen wäre. Reduzieren Sie Entspannungstechniken auf das für Sie Essenzielle. Entweder indem Sie eine der vielen auf wenige Minuten reduzierten Kurzformen erlernen oder eine eigene Kurzform kreieren (Entspannungstechnik nach ... – klingt doch gut?!). Entscheidend ist, dass Ihre Entspannungstechnik alltagstauglich ist und ihren Entspannungszweck erfüllt, was nur Sie selbst feststellen können.

Aus meiner Erfahrung heraus sind es vor allem informelle Versionen, die – ohne dass es Ihnen jemand von außen ansehen kann – wirklich funktionieren. Etwa während einer Konferenz. Man verharrt in der üblichen Sitzhaltung des maßvoll interessierten Zuhörers, durchwandert seinen Körper, die Sitzhaltung, spürt angespannten und entspannten Aspekten nach und zaubert das Gefühl von Wärme und Entspannung quasi aus dem Nichts, respektive: Es ist einfach da. Das geht durchaus, muss aber natürlich nicht sein (obwohl Sie es sicher könnten). Entspannung ist eben paradox, in jeder Richtung. Aber auch bei informellen Strategien ist die regelmäßige Anwendung wichtig. In diesem Sinne funktionieren »Ampelmodelle«: Immer wenn man auf ein definiertes Signal trifft, seien es selbst geklebte Punkte an der Küchentür oder der Toilette, seien es situative Faktoren, möglichst immer, wenn man auf einem bestimmten Platz sitzt, zu einer bestimmten Uhrzeit, lässt man Entspannung ablaufen. Ihrer Kreativität sind auch hier keine Grenzen gesetzt.

Sind Sie ein Entspannungstechnik-Typ oder nicht?

Die Vorstellung, Entspannung sei so etwas wie ein harmonisch-ruhiges Schwingen von Gehirnströmen, trifft das Phänomen nur teilweise. Wie erwähnt, Langeweile und Entspannung, beides in einem gemütlichen Raum erlebt, sind eben nicht dasselbe. Entspannung ist keine normierte Größe. Es gibt erstens Menschen, die sich in der Meditationshaltung oder im Kutschersitz beim Autogenen Training vollständig entspannen können, zweitens solche, die Entspannungstraining als eine Art Leistungssport betreiben wollen und dabei aller Paradoxie zum Trotz scheitern. Drittens werden andere wiederum bereits unruhig, wenn sie an den ganzen trendigen Entspannungszauber denken und lieber durch den Wald laufen und sich dabei entspannt und glücklich den Regen ins Gesicht wehen lassen. Viertens gibt es solche, die sich im eigenen Garten austoben, um danach völlig geschafft und entspannt im Sessel zu sitzen, fünftens solche wie Sie ...

Die Frage, welche Gruppe/n es richtig und welche falsch macht/machen, erübrigt sich. Entscheidend ist letztlich ausschließlich die subjektive Bewertung der Betroffenen. Zumindest die unter zweitens genannten Vertreter erreichen ihr Ziel nicht: einen als positiv und entspannend erlebten Zustand. Ihnen könnte geholfen werden, wenn sie sich denn helfen ließen. Alle anderen könnten und sollten mit sich hinsichtlich der Entspannungsfrage voll und ganz zufrieden sein.

Sie müssen das folgende Geheimnis nicht für sich behalten: Entspannungsverfahren wie PMR oder Autogenes Training können für Menschen, die in unserer hektisch-körperfeindlichen Umwelt leben, ein Weg zur Entspannung sein. Aber auch nur einer von vielen. Wenn es um Entspannung geht, können Sie machen, was immer Sie wollen, Hauptsache, es funktioniert!

Ein zentraler Aspekt der Angst vor gesundheitlichen Stress-Folgeerscheinungen, entsprechend dem dritten der eingangs aufgeführten Punkte, wurde quasi nebenbei bereits im letzten Abschnitt behandelt. Er betrifft wiederum eine Paradoxie: Je mehr Angst Sie haben, umso höher Ihre Anspannung, umso höher ... usw. Damit ist dieser Punkt natürlich noch in keiner Weise erschöpfend abgehandelt, was an dieser Stelle auch de facto unmöglich ist. Aus medizinischer Perspektive hängt es letztlich von Ihrer Konstitution ab. Fragen Sie Ihren Arzt oder Apotheker, wenn Sie denn bei sich ein erhöhtes Risiko etwa in Form von erhöhtem Blutdruck oder auch psychosomatischen Beschwerden vermuten. Und aus psychologischer Perspektive ist entscheidend, wie Sie mit Risiken umgehen. Bekanntermaßen ist nichts ohne Risiko, auch die Schule nicht, aber auch nur deshalb ist etwas langfristig interessant. Die Frage ist, was in Ihrer persönlichen Bilanz dem Schulstressrisiko gegenübersteht, materiell und immateriell. In diesen Andeutungen klingen Standortbestimmung, Wertesystem und Lebenssinn an, Dimensionen, die den Rahmen einfacher Antworten sprengen und viel zu faszinierend sind, um durch Stress und Risiko auf der einen und Entspannung und Sicherheit auf der anderen Seite auch nur annähernd beschrieben werden zu können.

Kehren wir in die Schule zurück. Niemand, zumindest kein Lehrer, kann sich dort entspannen? Sind Sie sich da sicher? Dann haben Sie entweder immer noch das alte, auslaufgefährdete Batteriemodell im Kopf, nach dem Sie passiv angezapft und ausgesogen werden, ohne Möglichkeiten der Dosierung. Oder aber Sie denken an bestimmte Situationen. Grundsätzlich hätten Sie Recht. Sicher kann sich keine Lehrkraft entspannen, wenn die 8a mal wieder über Tische und Bänke geht. Aber die Lösung dieser Konstellation wird sicherlich nicht einfacher, wenn man sich dabei erheblich aufregt und verspannt (was natürlich wiederum leichter gesagt ist ...). Sich zu entspannen, wenn es keine Belastungen gibt, ist allerdings per se auch keine große Kunst. Angesichts des Schulalltags entspannt zu bleiben, soweit dies menschenmöglich ist, hingegen sehr. Dabei können Entspannungstechniken, vor allem auch die informellen Kurzformen, sowie ein individuelles Repertoire an wirksamen Methoden, nach Feierabend abzuschalten, hilfreich sein. Und vor allem, vergessen Sie den grundsätzlich paradoxen Charakter von Entspannung nicht! Wenn Sie dies verinnerlicht haben, dann steht Ihrer Entspannung nichts mehr im Wege – außer gelegentlich Sie selber.

Perfekt, gerecht und von allen geliebt – haben Sie das nötig?

Der schwierige Vorsatz, die eigenen Ansprüche zurückzuschrauben

»Sie haben Recht, ich weiß es ja, ich muss einfach nur meine Ansprüche an mich selber herunterfahren, meinen Perfektionismus. Ich habe es versucht, aber es geht nicht. Ich will ja auch keine schlechte Lehrerin sein, wegen der Kinder, Sie verstehen schon.«
(Eine 52-jährige Grundschullehrerin, allein stehend, unter der Diagnose einer Depression seit drei Monaten arbeitsunfähig.)

Sich mit dem eigenen Anspruchsniveau und Möglichkeiten, dieses zu modifizieren, zu beschäftigen, bedarf an dieser Stelle wohl keiner weiteren theoretischen Rechtfertigung. Das einleitende, resignative, auch deshalb typische Zitat macht die Situation deutlich, in die der von vielen gehegte Wunsch, seine Selbstansprüche zu reduzieren, in aller Regel führt. Mit »Ich will nicht mehr so ...« wären Sie unmittelbar in die »Nicht-Falle« getappt (s. S. 196 f.). Und überhaupt: Wo fängt Perfektionismus an? Von Berufswechsel oder Frühpensionierung abgesehen gibt es aus diesem Dilemma keinen einfachen Ausstieg. Zumindest kenne ich keinen (falls Sie einen finden sollten, bitte ich dringend um Informationen!). Ich kann Sie somit nur auf einen sehr anstrengenden Kletterpfad schicken, der auf ein mühsames Abklopfen und Wegräumen überhängender Anspruchsklippen Ihrer selbst hinausläuft. Sollten Sie nicht schwindelfrei sein, könnte es besser sein, wenn Sie dieses Kapitel überblättern.

Sie haben sich sicher schon überlegt, was für Sie eine gute Lehrerin, einen guten Lehrer ausmacht. Hierauf Bezug nehmend, inwieweit treffen die Aussagen auf Seite 223 auf Sie zu?

Selbstverständlich gibt es auch hier keine richtigen und keine falschen Antworten. Als Vater einer Tochter kann ich mich über jeden Lehrer, der möglichst alle aufgelisteten Aspekte für sich voll und ganz in Anspruch nimmt, nur freuen. Allerdings nur, solange sie tatsächlich bloß meine Tochter unterrichten, sonst ... Bitte lesen Sie die Sätze, die auf Sie teilweise oder voll zutreffen, laut vor. Lassen Sie sie auf der Zunge zergehen. Wie geht es Ihnen dabei?

Im Rahmen von Gruppengesprächen mit Lehrern ergibt sich an dieser Stelle meist eine lange, intensive Diskussion. Welche der genannten Punkte, selbst wenn sie viel Energie kosten, sind für jeden Lehrer unabdingbar? Es gibt hierzu eine reiche pädagogische Literatur, aus der sich zitieren ließe. In den Diskussionen kommen allerdings in erster Linie die eigenen Erfahrungen der Teilnehmer und prägende Erlebnisse ihrer Lebensgeschichte als Begründungen auf den Tisch. Jeder

Häufige Lehreraussagen

	trifft nicht zu	trifft teilweise zu	trifft voll zu
Wenn ich im Unterricht nicht alles perfekt mache, bin ich ein Versager.	❑	❑	❑
Kollegen um Hilfe zu bitten, ist ein Zeichen von Schwäche.	❑	❑	❑
Ich muss unbedingt von allen Menschen, denen ich in der Schule begegne, gemocht und akzeptiert werden.	❑	❑	❑
Es ist besser, gar nichts zu tun, als etwas zu versuchen, was fehlschlagen könnte.	❑	❑	❑
Wenn mir im Unterricht ein Fehler unterläuft, ist das furchtbar und katastrophal.	❑	❑	❑
Keiner darf jemals bemerken, dass mir eine Arbeit schwer fällt oder dass ich einen Fehler gemacht habe.	❑	❑	❑
Ich sollte in der Schule unangenehme Situationen um jeden Preis vermeiden.	❑ ❑	❑ ❑	❑ ❑
Wenn ich in der Schule »nein« sage oder etwas für mich tue, bin ich ein Egoist und ein schlechter Lehrer.	❑	❑	❑
Nur wenn ich absolut sicher bin, kann ich Entscheidungen treffen.	❑	❑	❑
In der Schule bin ich für alles verantwortlich.	❑	❑	❑
Ich muss immer besser sein als die anderen.	❑	❑	❑
Ich muss immer 150 % geben, um bestehen zu können.	❑	❑	❑
Ich darf meinen Kollegen und Vorgesetzten gegenüber nie »nein« sagen oder ihnen Probleme bereiten.	❑	❑	❑
In der Schule kann ich mich letztlich auf niemanden verlassen.	❑	❑	❑
Als Lehrer muss ich Schüler immer gerecht behandeln.	❑	❑	❑
Wenn ich von meiner Klasse nicht respektiert und geliebt werde, dann ist das meine Schuld.	❑	❑	❑
Ich habe die Pflicht, meine Schüler zu motivieren, und bin für deren Lernerfolg verantwortlich.	❑	❑	❑

Versuch, diese Fragen auszudiskutieren, endet zwangsläufig an diesen persönlichen Grenzen.

Es bietet sich an, ein wenig Zeit darauf zu verwenden, wie die jeweiligen Leitsätze bei Ihnen entstanden sind, wer sie Ihnen vorgelebt und erstmals nahe gebracht hat. Dies ist jedoch nicht das eigentliche Ziel unserer Übung. Wenn man weiß, wo die Fesseln herkommen, hat man sie noch lange nicht gelöst.

Nochmals: Wie fühlen Sie sich, wenn Sie die Sätze, die auf Sie zutreffen, laut und vernehmlich ausgesprochen haben? Kommt so etwas wie ein Gefühl der Schwere hoch, ein erheblicher Druck, etwa über der Brust? Denken Sie die Aussagen in allen Konsequenzen zu Ende, immer und absolut ... und in diesem Moment haben Sie schon angefangen, die Aussagen inhaltlich zu relativieren, was ein erster Schritt wäre: Was spricht inhaltlich gegen die von Ihnen als zutreffend angekreuzten Aussagen?

Sie haben Recht! Wer könnte tatsächlich immer perfekt, gerecht, souverän und konfliktfrei sein! Allein diesen Anspruch an sich zu stellen, hat den grotesken Beigeschmack einer gewissen Hybris. Eigentlich wollen Sie eher das Gegenteil, der bescheidene Diener der Schüler sein? Hohe Selbstansprüche sind tragisch, weil sie sich letztlich selber konterkarieren. Indem ich perfekt sein will, scheitere ich und bin dann wirklich alles andere als perfekt. Weil ich stets anerkannt werden will, mache ich mich verwundbar usw.

Natürlich haben Sie die Absicht gemerkt, die hinter diesem Fragebogen steckt. Auf Sie trifft eigentlich doch keiner dieser Sätze zu, weil alle viel zu absolutistisch formuliert sind. Dementsprechend könne es auch keine einigermaßen vernünftigen Menschen geben, die für sich so etwas in Anspruch nehmen? Unter Berücksichtigung dessen, dass diese Sätze hier als Leitbilder und persönliche Ideale gedacht sind, haben Sie leider Unrecht. Zumindest unter psychosomatisch belasteten

Lehrern dürfte es kaum einen geben, der nicht in einem bis vielen der genannten Sätze ein »trifft voll zu« ankreuzen könnte.

Strategisch kann es nur einen Weg aus diesem Dilemma geben, nämlich die betreffenden Leitsätze zu relativieren, zu entschärfen. Auf der Ebene von Sachdiskussionen ist das nicht sonderlich schwer. Hiervon ausgehend lassen sich alternative Sätze formulieren: »Auch wenn ich im Unterricht gelegentlich etwas falsch mache, bin ich ein guter Lehrer, jeder macht mal was falsch!«, oder: »Andere um Hilfe zu bitten, ist ein Zeichen von Stärke«, »Niemand ist für alles verantwortlich«, oder, noch offensiver: »Wer keine Fehler macht, der ist zu feige zum Experimentieren.«

De facto können solche Argumentationen, wenn man sie denn ernst nimmt – und nur dann haben sie Sinn –, schnell sehr kompliziert werden, denn natürlich sollte man die Fehler nicht da machen, wo sie für andere weit reichende Folgen haben könnten, etwa bei Korrektur und Benotung. Hier ist letztlich keine qualitative, sondern nur eine quantitative Korrektur vertretbar (es gibt bestimmte Tätigkeiten, bei denen es weniger wichtig ist, perfekt zu sein ...). Zudem hat das Ganze erhebliche psychologische Komponenten: Es ist gut belegt, dass zu große Angst vor Fehlern und entsprechender Stress die Wahrscheinlichkeit, dass dann tatsächlich Fehler passieren, deutlich erhöhen.

Mit Argumentationen dieser Art, so anregend sie auch sein mögen, die Macht Ihrer ursprünglichen, seit Jahren tradierten Leitsätze brechen zu wollen, wäre schlicht naiv. Menschliche Handlungssteuerung läuft eben kaum über Reflexionen auf Sachebene ab. Konkret heißt das, dass die aus Ihrer Biografie erwachsenen Leitsätze für Sie irgendeinen Nutzen haben müssen, und zwar einen sehr konkreten, denn sonst hätten Sie diese Sätze ebenso schnell vergessen wie das Allermeiste, was uns tagtäglich begegnet.

Die folgende Frage ist wirklich wichtig, deshalb bitte Zeit dafür nehmen:

Welche Vorteile hatten und haben meine Leitsätze (zum Beispiel Perfektionismus) für mich?

1._____

2._____

3._____

...

Keine? Dann stellen Sie sich vor, Sie könnten alle diese Muster einen Tag lang ablegen und einen ansonsten normalen Schultag verleben. Neben vielen Vorteilen, auf die wir gleich zu sprechen kommen: Welche Turbulenzen könnte es geben?

Ganz erhebliche? Genau das ist es. Die »Irrglaubenssätze« haben kurzfristig meist erhebliche positive Folgen für Sie und andere. Für Ihren sozialen Kontext werden Sie zu einem verlässlichen, berechenbaren und ausnutzbaren Faktor. Sich selber lassen Sie eine gewisse Selbstwertstabilisierung zukommen, selbst wenn Sie die Ideale nicht erfüllen. Man hat wenigstens welche, und dann noch besonders hoch stehende. Diese Stabilisierung erwerben Sie mit einer Hypothek, die hohe Zinsen kostet. Irgendwann einmal, wenn Sie trotz bester Vorsätze in Konflikte geraten, scheitern, etwas nicht erfüllen, kommt garantiert der Eintreiber und bittet zur Kasse.

Und der Ausweg? Ehrlich gesagt, ein eher steiniger Weg, der nur über die Praxis funktionieren kann.

Wie sehen Situationen aus, in denen Sie tatsächlich nach Ihren relativierten neuen Leitsätzen handeln? Bevor Sie die neuen Freiheiten genießen können, die Verringerung des Drucks: Wie gehen Sie damit um, eine unangenehme Situation meistern zu müssen?

Beispiel I
Schulleiter: »Frau/Herr ..., in der 7a haben Sie im letzten halben Jahr nur die Hälfte des Lehrstoffs geschafft, ich hätte gerade von Ihnen erwartet, sich exakt an die Vorgaben zu halten. Sie wissen doch ...«

Ihre Antwort:

Wollten Sie sich etwa verteidigen, die Klasse sei schwierig, der Stoff unwesentlich, wer hat dem Chef das überhaupt zugetragen, Verleumdung (also Ausweichen auf einen Nebenschauplatz) ..., es ging doch darum, etwas mal nicht perfekt zu machen!

Also nochmals: Ihre Antwort:

Beispiel II
Sie bitten einen Kollegen um Hilfe, weil Sie in der 7a nicht zurechtkommen. Was sagen Sie und wie fühlen Sie sich dabei, vor allem wenn es nicht gerade Ihr Lieblingskollege ist?

Beispiel III
Eine Schülermutter erklärt Ihnen, ihre Tochter erlebe Sie als ihren bislang unsympathischsten Lehrer ...

Natürlich wäre es am besten, Sie könnten solche Szenen mit einem Kollegen im Rollenspiel ausprobieren. Welche Techniken und Fähigkeiten brauchen Sie, die heiklen Situationen angemessen über die Bühne zu bringen? Glücklicherweise kann man soziale Kompetenz lernen und trainieren!

Supervision ist eine Zumutung!

»Ich habe nur einmal an einer Supervisionsgruppe teilgenommen, das war so ein Projekt, es hat mir aber nichts gebracht – warum? – In der Gruppe war auch eine Kollegin, die mochte ich einfach nicht, so ein autoritärer Typ, nach dem zweiten Mal bin ich nicht mehr hingegangen.«

(Realschullehrerin, 46 Jahre alt, Aufnahme in der psychosomatischen Klinik aufgrund eines depressiven Syndroms, Selbstdiagnose: ausgebrannt.)

»Supervision, was soll das? Da sitzt man doch nur rum und irgendein Schulpsychologe, der von der Praxis kaum eine Ahnung hat, soll mir dann sagen, wie ich mit der Klasse zurechtkomme. Der würde es doch selber nicht schaffen, keine Chance.«

(Konrektor eines Gymnasiums, 52 Jahre alt, chronifiziertes Schmerzsyndrom im Bereich der Lendenwirbelsäule.)

»Supervision gibt es bei uns nicht, nur solche, die man bezahlen muss und dann noch abends. Ich bin froh, wenn ich wenigstens am Abend meine Ruhe habe und nicht mehr an die Schule denken muss.«

(50-jährige Hauptschullehrerin, Aufnahme in der Klinik aufgrund eines depressiven Syndroms, Selbstdiagnose: ausgebrannt.)

Die zitierten drei Kollegen und viele andere, die Supervision für eine Zumutung halten, sich mitunter recht offensiv gegen eine »Psychologisierung« oder gar »Psychiatrisierung« des Lehrerberufs wehren, haben sicher Recht, nicht wahr? Bislang sind es konsequenterweise nur sehr wenige Lehrer, die jemals kontinuierlich an Supervisionsgruppen teilgenommen haben.

Bei den psychosomatisch erkrankten Kollegen sind es nur wenige Prozent. Die diesbezüglichen Gründe geben die Zitate im Wesentlichen vollständig wieder: Supervision kostet Zeit und oftmals Geld, man ist nicht selten mit Kollegen zusammen, mit denen man unter normalen Umständen nicht eingehender reden würde, und dann gibt es zumeist noch einen Supervisor, einen entsprechend ausgebildeten (Schul)Psychologen oder Psychotherapeuten, der alles besser weiß und nicht selten erheblich weniger Unterrichtspraxis hat als Sie selber.

Also: Wenn Ihnen irgendwo Supervision offeriert wird, machen Sie einen großen Bogen drum, notfalls melden Sie sich krank. Was soll Ihnen so ein neumodisches Psychozeug, so eine Nabelschau und dieses sentimentale Geschwätz schon bringen? Davon ändert sich die Schule nicht und schon gar nicht die Schüler. Und dass man alles nicht so tragisch nehmen soll, oder, noch schlimmer, dass man irgendwie an allem ja selbst schuld ist, dazu braucht man nun weiß Gott keinen Supervisor, das pfeifen doch die Spatzen von den Dächern! Zur Supervision kann nur jemand raten, der Schule und heutige Schüler nicht kennt.

So ähnlich dachte ich, als ich gezwungenermaßen – sonst kann man nicht Psychiater und Psychotherapeut werden – auf eigene Rechnung und am Feierabend als Teilnehmer meine erste Supervisionsgruppe, eine Balint-Gruppe, betrat. Die Doppelstunde kostete seinerzeit umgerechnet 20 Euro, bei zehn Teilnehmern macht das 200 Euro für 90 Minuten, was der Gruppenleiter ohne erkennbar schlechtes Gewissen einstrich. Natürlich hatte er selber erhebliche Summen investiert, um die entsprechenden Qualifikationen oder besser Berechtigungsscheine (von der Ärztekammer anerkannter Supervisor) zu bekommen. Dass er dann noch im – kostenpflichtigen – Vorgespräch betonte, wie wichtig Supervision sei, war angesichts dessen nicht verwunderlich.

In der Gruppe selber hatte dieser exemplarische Supervisor zumeist einen sehr ruhigen Job. Er saß entspannt in der Runde und ein Kollege, der schon länger dabei war, begann zu erzählen. Über einen schwierigen Fall, einen Patienten, der alle Versuche, gesund zu werden, an sich abprallen ließ. Der betreffende Patient zeigte sich zwar immer wieder einsichtig, sagte zu, die verordneten Medikamente zu nehmen, um es dann wieder zu »vergessen«.

Eine Standardtechnik in der Supervision besteht nun darin, zunächst einmal zu fragen, worin der jeweilige Kollege das eigentliche Problem sieht. Dumme Frage, denn schließlich hat der Arzt die Aufgabe, Patienten gesund zu machen, so wie Lehrer Schüler zu unterrichten haben. Das Problem liegt entsprechend beim Patienten, der sich ganz offensichtlich destruktiv verhält. Supervisoren haken nach, systematisch und subtil: »Wo sehen Sie das Problem, warum bringen Sie diesen Fall ein, welches Anliegen haben Sie an die Gruppe?« Standardfragen also, reichlich wenig für 180 Euro pro Sitzung (ein Teilnehmer war zwischenzeitlich ausgestiegen), aber irgendwie natürlich schon berechtigt.

Also gut, der Kollege fühlte sich genervt und hilflos, die Angehörigen des Patienten, dessen Eltern, hatten sich zu allem Überfluss noch beim Therapeuten beschwert, er müsse doch merken, dass der Patient sich nicht an die Absprachen halte, schließlich sei er ja der Arzt. Als Arzt in einer Poliklinik könne er den Patienten nicht rauswerfen, sonst hätte er es längst getan. »Ihr Anliegen ist also ...?« »Na ja, wie schaffe ich es, dass der Patient seine Medikamente nimmt und dazulernt?« »Ist das wirklich Ihr Anliegen, das, wobei Ihnen die Gruppe helfen soll ...?« »Irgendwie schon, dann wäre mein Problem gelöst.« »Sie erwarten also irgendwelche Tricks ...?«

Das Merkwürdige an solchen Supervisionen war dann, zumindest in der Gruppe, die ich erlebte, dass mein grundlegender Ärger im Laufe solcher Abläufe deutlich zurückging und die Sache durchaus ihren Reiz bekam, zumindest solange man nicht selber im Mittelpunkt stand. Es ist immer wieder erstaunlich, wie sich Kollegen verrennen können, gekränkt sind, ohne es zu merken, hilflos werden und ins Agieren kommen und die Sache damit immer unlösbarer wird. Aber statt sich diese Seite seiner selbst anzuschauen, drängte der Kollege mit dem Problemfall nachhaltig genau in die andere Richtung: »Ich will wenigstens verstehen, warum der Patient sich so verhält, so destruktiv.« »Welche Vermutungen haben Sie diesbezüglich, welche Anhaltspunkte?«

Es wurde überlegt, warum der Patient alle Versuche, ihn zu behandeln, ungenutzt ließ. Dabei wurde schnell deutlich, dass es kaum Angst vor Medikamenten sein konnte. Zwar gab der Patient dies selber als Erklärung an. Aber angesichts dessen, dass er in bestimmten Phasen, wenn er sich schlecht fühlte, in großen Mengen Tabletten nahm, überzeugte das nicht. Vielmehr hatte sein Verhalten eine sehr konkrete Konsequenz: Er zog sich damit aus jeder Verantwortung, an eine Berufsausbildung, eine eigene Wohnung etc. war nicht zu denken. Wie ein kleiner Junge räumte er dann, wenn er denn ertappt wurde, schelmisch-offenherzig ein, dass es nicht richtig war und er in Zukunft alles anders machen würde. Der Patient entzog sich so erfolgreich und ohne dass man ihm richtig böse sein konnte – schließlich war er krank – dem System und ließ ärztliche Kollegen und seine Familie zappeln.

Natürlich ahnte der Kollege das, irgendwie, aber gleichzeitig wollte er es doch nicht wahrhaben. Er war noch neu in seiner Stelle, musste Erfolge vorweisen, zumindest einen reibungslosen Ablauf, die Anerkennung vom Oberarzt war wichtig. Ärger war das Letzte, was er brauchen konnte. Je mehr der Patient ihn auflaufen ließ, umso mehr legte er sich ins Zeug. Der Kollege hatte dabei zunehmend ein ganz bestimmtes Gefühl, so ein Drücken in der Brust, etwas Atemlosigkeit, als könne er nur rennen und rennen und würde doch nicht ans

Ziel kommen, ein Gefühl, das er aus seiner eigenen Schulzeit kannte, wo er zwar gute Noten hatte, die seinem Vater aber nie reichten, zumal sein Bruder noch besser war.

Das erscheint Ihnen alles vermutlich nebensächlich und wahrscheinlich hat ein Fall wie dieser nichts mit dem Schulalltag zu tun (schön wäre es ...), aber vielleicht interessiert es Sie doch, was der Kollege aus der Supervision herausholte?

Zunächst, was hätten Sie dem Kollegen geraten, oder: Wie hätten Sie selber in ähnlicher Situation reagiert?

Er solle es nicht mehr so schwer nehmen, akzeptieren, dass der Patient sich eben nicht an die Absprachen hält – und damit auch seine eigene Hilflosigkeit? Aber mit welchen praktischen Konsequenzen? Nach außen weiterhin den engagierten Arzt spielen, der gute Ratschläge gibt, die dann doch nicht befolgt werden, als situationsangemessene Fassade, hinter der man auf gesunde Distanz gehen kann? Das klingt wie ein guter, entlastender Vorschlag. Wenn man sich diesen jedoch auf mehrere Jahre hochrechnet, zeichnen sich einige Risse in der Fassadenlösung ab. Inwiefern? Spielen Sie es einmal in Gedanken für sich und in Ihrem Beruf durch. Dem Kollegen jedenfalls stieß der mit der Fassade verbundene, in Richtung einer inneren Kündigung gehende Verlust von Authentizität am meisten auf. Man hat als Therapeut oder Lehrer eine bestimmte Rolle, was aber nicht heißen sollte, Theater spielen zu müssen – Wem sage ich das?!

Der Kollege, um die Geschichte zum Abschluss zu bringen, ging einen anderen Weg. Oder besser mehrere. Zum einen änderte er seinen Umgang mit dem Patienten. Offenbar hatte der Patient ihm als Arzt gegenüber ja ein Problem: Er traute sich nicht oder konnte wirklich nicht offen sagen, dass er keine Medikamente einnehmen wollte. Also machte der Kollege mit dem Patienten Rollenspiele, in denen es darum ging, den Standpunkt, keine Medikamente zu nehmen, gegenüber Arzt und Angehörigen zu verteidigen. Dabei übernahm er gelegentlich die Patientenrolle und ließ den Patienten, der nun den Arzt spielte, genussvoll-spielerisch auflaufen. Natürlich seien alle Medikamente Gift und die Tatsache, dass es dem Patienten immer dann, wenn er die Tabletten mehrere Tage aussetzte, schlechter ging, sei reiner Zufall … Der Patient erhielt so anfangs fast unbemerkt seine Selbstverantwortung zurück. Nebenbei nutzten Patient und Arzt sozialtherapeutische Möglichkeiten, um das Lebensumfeld des Patienten zu verändern. Eine Wohngemeinschaft wurde ausfindig gemacht, Einwände der Familie aufgeweicht und nebenbei erledigte sich die leidige Medikamentenfrage quasi von allein. Der betreffende Therapeut setzte sich in dieser und noch in vielen anderen Konstellationen mit sich selber auseinander, mit seinen Mustern, die ihn immer wieder unter Druck brachten, wenn etwas nicht optimal lief.

Ob der Patient damit nun tatsächlich geheilt wurde, entzieht sich meiner Kenntnis. Vermutlich nicht, aber zumindest kam er ein paar Schritte weiter, vom Medikamentenspiel weg, etwas mehr auf die eigenen Beine. Mehr Happy End bekommt man nur im Fernsehen, leider.

Als ich selber meinen ersten Fall einbrachte, hatte ich mir die Sache natürlich vorher genau überlegt. Es ist unangenehm, wenn man vor anderen eigene Schwachstellen zeigen muss (spreche ich Ihnen aus der Seele?) und sogar Gefahr läuft, regelrecht »ausgezogen« zu werden. Ich präsentierte deshalb einen gewissermaßen präparierten Fall, der eigentlich gar kein Problem für mich mehr war, eben weil ich ihn schon vorher eindrucksvoll gelöst hatte. Als zentrales Problem an der Sache definierte ich den Umstand, dass ich so lange für die Lösung gebraucht hatte und dass mir der geheilte Patient irgendwie nicht dankbar gewesen war. Den Schwestern und Pflegern der Poliklinik schickte er Karten und brachte Geschenke, mir, der die ganze Arbeit mit ihm gehabt hatte, hingegen nichts. Eigentlich wollte ich diesen Geschenkaspekt gar nicht erzählen.

Es ist doch kleinlich, jenseits des Therapeutenethos, Hauptsache, dem Patienten geht es besser. »Und Ihr eigentliches Anliegen ... hat es was mit dieser Kränkung zu tun?« Erwischt?! Auch ich hatte und habe meine Gründe für solche Sensibilitäten, eine Geschichte, die mich immer wieder in gewisse Konstellationen hineinschlittern lässt, wo ich dann mit Gott und der Welt hadere und die professionelle Bodenhaftung zu verlieren Gefahr laufe. Ich habe für mich aus solchen und ähnlichen Punkten (Umgang mit Autoritäten ...) eine ganze Menge aus Supervision herausziehen können.

Parallelen zwischen den hier skizzierten medizinisch-therapeutischen Beispielen und der Realität in Schulen sind vermutlich nicht rein zufällig. Unsere Klienten werden nicht immer ganz freiwillig von uns behandelt respektive unterrichtet und sollen uns dann auch noch dankbar dafür sein ...

Supervision, wenn sie so oder ähnlich läuft, war und ist zumindest für mich eine wichtige berufliche Basis. Auf einmal hat man ein paar Schlüssel in der Hand, die man zwar irgendwie immer schon erahnt hatte, aber eben im »Irgendwo« nicht handhaben konnte. Zwischenzeitlich bleiben einem allerdings auch bestimmte Einsichten und damit einhergehende Gefühle regelrecht im Halse stecken. Supervision kann und muss wohl – streckenweise – nachhaltig unangenehm sein: dann wenn die naive Selbstverständlichkeit der eigenen Wahrnehmung bezüglich von Kollegen, Klienten, Patienten und/oder Schülern sowie von uns selber stückchenweise angekratzt und relativiert wird. Und damit kostet Supervision einiges, über Zeit und Geld hinaus, nämlich anfangs vor allem Überwindung, Mut zum letzten wirklichen Abenteuer auf diesem Planeten.

Wozu soll ich mir das antun, wenn ich doch auch so noch zurechtkomme?

Wozu soll ich mir das antun? Ich habe schon jetzt erhebliche Probleme und schaffe die Schule auch so kaum oder nicht mehr. Diese Fragen behalten ihre Berechtigung, auch wenn sie inhaltlich schon beantwortet sein dürften. Im Wesentlichen hängt es mit dem Bild zusammen, das man von sich selber hat. Üblicherweise gehen Menschen zumeist spontan davon aus, dass ihre Wahrnehmung ähnlich einem Fotoapparat und einem Mikrofon funktioniert und unser Gehirn sich die Welt dann in Ruhe neutral-objektiv ansehen kann. Diese Selbstverständlichkeit ist lebensnotwendig, wer alles hinterfragen wollte, dürfte kaum zwei Schritte vor die Haustür kommen. Gleichwohl ist dieses Selbstbild erwiesenermaßen falsch. Unsere Wahrnehmung und Weltsicht ist das Produkt unserer Gene und unserer Biografie. Kein Zweiter nimmt so wahr wie jeder Einzelne von uns. Daraus ergeben sich zwangsläufig bei jedem blinde Flecken, die in gegebener Situation zu Fallen werden können. Die dem eigenen Wahrnehmen, Denken und Fühlen zugrunde liegenden Mechanismen auch nur annähernd vollständig rational durchschauen zu wollen, ist utopisch. Es kann nur darum gehen, sich solche Schemata ein Stück weit bewusst und klar zu machen, die dazu beitragen, dass Konflikte und Belastungen entstehen, bestehen und zunehmen (soweit eine nochmalige Zusammenfassung und Rekapitulation der wichtigen Seiten 84 ff.).

»Als Lehrer war und bin ich immer gerecht, ich behandle alle Kinder gleich und habe alle gleichermaßen gern. Ich bewerte die Kinder ausschließlich nach ihrem schulischen Engagement und ihren Leistungen ...« Aussagen wie diese können aus elementaren psychologischen Gründen nicht wahr sein. Sie sind Selbstkonzepte, die eine (Ihre?) Geschichte und einen Zweck haben – in der Regel Wertorientierung zu bekunden und das eigene Selbstwertgefühl zu stabilisieren. Die Tatsache, dass es Lehrer-Menschen gibt, die Grundeinstellungen wie die genannten als unumstößliche Wahrheit ansehen, belegt, dass sie ihren Zweck erfüllen können. Aber sie sind nicht selten, je nach den äußeren Umständen, nebenwirkungsträchtig. Wenn einem etwa ein Schüler vorwirft, man behandle ihn nicht gerecht, und dessen Eltern in dieser Angelegenheit auf der Matte stehen und einem vorhalten, man fördere ihr Kind nicht genügend und benachteilige es, dann ist der Kampf zwischen dem positiv-überhöhten Selbstbild und der natürlich ebenfalls voreingenommenen Perspektive der anderen unausweichlich: Der Ausgang des Konflikts ist von der jeweiligen Durchsetzungsfähigkeit im Kontext der institutionellen Bedingungen abhängig. Wie geht Ihr Schulleiter mit solchen Vorwürfen um ...? Supervision verhindert solche Konflikte nicht, eröffnet aber Perspektiven, sie zu vermeiden oder zumindest zu entschärfen.

Wir haben uns soeben einige Seiten lang auf eher unkonventionelle, ein wenig emotionale Art in Supervision begeben. In der Sach- und Fachliteratur wird das Pferd üblicherweise von anderen, formalen und inhaltlichen Seiten her aufgezäumt, ausgehend von unterschiedlichen Formen und Zielen von Supervision. Einzelsupervision durch einen ausgebildeten Supervisor dürfte schon aus ökonomischen Gründen die Ausnahme bleiben. Gruppensupervisionen haben jedoch nicht nur wegen der Kostenfrage Vorteile. Andere sehen uns zwangsläufig anders als wir uns selber. Derart allgemein formuliert ist dies kaum mehr als eine Plattitüde. Es konkret zu erleben, seine Person und Situation durch Rückmeldungen verschiedener Menschen facettenreich gespiegelt zu bekommen, kann spannender werden als jeder Roman.

Supervisionsgruppen können »kollegial«, ohne dezidierte fachliche Leitung, oder aber unter Leitung eines Supervisors stattfinden. Dieser kann gleichzeitig Dienstvorgesetzter sein, was den intimen Tiefgang der Supervision in der Regel limitiert (siehe unten). Letzteres Problem stellt sich bei externen, von den Gruppenmitgliedern oder deren Dienststelle bezahlten Supervisoren nicht. Die Gruppen können auch aus im Berufsalltag zusammenarbeitenden Teams bestehen. Zumeist handelt es sich aber um Gruppen aus vormals einander unbekannten Personen, die sich ausschließlich zu diesem Zweck zusammenfinden. Die damit verbundene Anonymität und potenzielle Folgenlosigkeit im eigenen Kollegium macht es zumeist leichter, Probleme und individuelle Details an- und auszusprechen. Die Teilnehmer können sich dabei aus einem oder aus verschiedenen Sozialberufen rekrutieren (Lehrer, Ärzte, Krankenschwestern, Sozialtherapeuten etc.). Verschwiegenheit hinsichtlich der in der Gruppe angesprochenen Inhalte nach außen ist eine Selbstverständlichkeit. In der Regel werden in Supervisionsgruppen zudem die üblichen Regeln therapeutischer Gruppen (ausreden lassen, Ich-Botschaften, Störungen haben Vorrang etc.) vereinbart.

Was die Ziele anbelangt, eröffnet sich im Rahmen von Supervision ein breites Spektrum an Möglichkeiten. Der eine Pol des Spektrums ist die *Supervision auf fachlicher Ebene*. (Wie gehe ich mit Problemschülern um? Welche Möglichkeiten, Techniken, Strategien gibt es, mit Aggressivität in Klassen zurechtzukommen? Usw.) Die Teilnehmer schildern Problemsituationen und die Art und Weise, wie sie sich damit strategisch auseinander gesetzt haben. In den Sitzungen, die durchaus Fortbildungscharakter haben können und sollen, werden potenziell zielführendere, angemessenere Möglichkeiten diskutiert, Techniken vermittelt und gegebenenfalls auch praktisch – in Rollenspielen – eingeübt.

Eine interessante, für so manchen einige Überwindung kostende Variante ist die Videosupervision. Originale Mitschnitte von Unterrichtssituationen werden dabei nachbesprochen. Diese Form der Supervision, deren Grenzen zur Unterrichtsnachbesprechung im Rahmen der Ausbildung und Supervisionsstunden durch die Schulbehörde fließend sind, setzt einen im gleichen Beruf erfahrenen Supervisor voraus. Die Gruppe ist hier üblicherweise hinsichtlich Berufsgruppe und/oder dem Arbeitsfeld (Team der Station eines Krankenhauses, Kollegen einer Sonderschule einschließlich Sozialarbeiter, Schulschwestern usw.) homogen.

Auf der anderen Seite des Spektrums steht Supervision im Sinne *fall- und problembezogener Selbsterfahrung*, wozu auch die eingangs skizzierte Balint-Gruppenarbeit zu rechnen ist. Was in und an meiner Person trägt dazu bei, dass sich die jeweilige Problemkonstellation entwickelt hat? Welche Motive, Perspektiven, Muster stehen auf meiner Seite dahinter? Es geht dabei mehr oder weniger um die Explizierung, die Reflexion, Offenlegung, Hinterfragung und gegebenenfalls die Relativierung eigener Muster. Hierbei kann viel Nähe entstehen. Im Schutz der Gruppe wird mitunter so offen über sehr persönliche, intime Aspekte gesprochen, wie man es selbst im engeren Freundeskreis üblicherweise kaum tut.

Die skizzierten Formen und Inhalte von Supervision können nun unterschiedlich kombiniert werden, woraus sich die verschiedenen, derzeit praktizierten Ansätze herleiten lassen. Einige Formen, etwa die Balint-Gruppe, sind mit dem Namen ihrer Begründer sowie dezidierten psychologischen oder therapeutischen Grundannahmen verbunden (zum Beispiel tiefenpsychologisch, humanistisch etc.). Sie haben eigene Traditionen, einschließlich geregelter Ausbildungsgänge, Initiationsrituale und einen Rechtsschutz des Verfahrensrahmens.

Eine qualitative Wertung der verschiedenen Arten von Supervision, welche besser oder schlechter, empfehlenswert oder kontraproduktiv und sogar schädlich sei, ist derzeit in Ermangelung vergleichender Untersuchungen und darauf beruhender Daten seriöserweise unmöglich. Und vermutlich wäre diese Frage falsch gestellt. Jede Form hat im Rahmen bestimmter Konstellationen ihre Berechtigung, ihre Möglichkeiten und Grenzen. Eine Supervisionsgruppe aus sich ansonsten unbekannten Kollegen hat den bereits erwähnten Vorteil, dass man sich üblicherweise vorbehaltloser öffnen kann. Eine Gruppe aus Arbeitskollegen eröffnet Möglichkeiten, die Interaktionsmuster und gegebenenfalls Konflikte im Team unmittelbar zu reflektieren. Eine fachlich ausgerichtete Supervision macht weniger Angst, am praktischen Fall kann Fortbildung plastisch, konkret und damit effektiv sein. Eine eher auf Selbsterfahrung fokussierende Gruppe hingegen kann und soll – siehe oben – auch verunsichern, was wiederum die Grenzen kollegialer Supervision markiert. Auch wenn verbindliche Gruppenregeln zum Konfliktmanagement vereinbart wurden, kann in kollegialen Gruppen mitunter nur ein sehr hohes Quantum an Kollegialität diesbezügliche Brücken bauen. Ein professioneller Supervisor hat nicht zuletzt die Aufgabe, die emotionale Intensität auf einem für alle Gruppenmitglieder konstruktiven Maß zu halten und möglicherweise auftretende Spannungen auf übergeordnete Ebenen zu verlagern (»Wen oder was meinten Sie eigentlich, als Sie eben laut geworden sind?«).

Welche Supervision ist nun empfehlenswert? Wie gesagt: Jedes Verfahren hat seine Vor- und Nachteile. Dazu kommt, dass es – speziell für Sie und mich persönlich – in jedem Verfahren gute und weniger gute Supervisoren gibt. Der eine Supervisand kommt besser mit sehr ruhigen, zurückhaltenden Supervisoren in tiefenpsychologischer Tradition zurecht, der andere hätte lieber einen agilen Supervisor mit Coachqualitäten, der sich im Rollenspiel als Vorbild anbietet. Der eine bevorzugt eine Frau und die andere einen Mann.

Ich habe eine eher inhaltlich ausgerichtete Supervision durch einen Vorgesetzten erlebt, die auf subtile Weise tief unter die Haut ging, und fand eine andere, auf Nabelschau abzielende Supervisorin (»Jetzt erzählt bitte jeder sein schlimmstes Kindheitserlebnis ...« – in der ersten Stunde!), eben dadurch derart oberflächlich (vielleicht war es auch nur meine innere Abwehr ...), dass ich die Sache kurzfristig beendet habe.

Vor weitergehenden Vorüberlegungen hinsichtlich des Für und Wider von Supervisionen stellt sich derzeit meist die elementare Frage, ob solche Angebote in geografisch erreichbarer Nähe verfügbar sind. Gerade in eher ländlichen Gegenden ist die Auswahl meist nicht sehr groß. Ein anfänglicher Sprung ins kalte Wasser ist kaum zu vermeiden! Sehen Sie es als eine Art Experiment, gerade wenn die angebotene Form nicht per se Ihren Vorstellungen entspricht. Ein Merkmal guter Supervision ist ja, dass man erst im Laufe der Zeit merkt und merken kann, was man denn eigentlich an Rückmeldungen braucht.

Supervision ist nicht dazu da, Teilnehmer aus irgendwelchen psychologischen Prinzipien heraus zu demontieren, nach dem unsinnigen Psycho-Motto »Je mehr Tränen, umso besser ...«. Andererseits verdient Supervision, die gewissermaßen »kundenorientiert« nur die jeweils eigene Sicht der Dinge bestätigt (mag dies auch noch so angenehm sein), den Namen nicht. Diese Balance zu halten macht die Kunst der Sache aus. Ob Sie sich dann schlussendlich wirklich darauf einlassen können und wollen, entscheiden sowieso nur Sie! Dazwischen findet ein Prozess statt, der eine Zumutung ist, aufregend und letztlich notwendig. Als Zwischenergebnis führt er dazu, sich als Lehrer, Arzt oder Psychotherapeut nicht nur durch Fachwissen auszuzeichnen, sondern sich selber als eigentliches Instrument seiner Arbeit gezielt, weil systematisch reflektiert und trainiert, einsetzen zu können. Worin sollte Professionalität in unseren Berufen sonst liegen?

Exkurs: Lehrerfortbildung, aber rein fachlich bitte ...

Die Grenzen zwischen Supervision und qualifizierter pädagogischer Lehrerfortbildung sind fließend oder sollten es jedenfalls sein. Dies sei an einem (lebens)wichtigen Beispiel, dem Umgang mit Gewalt in der Schule, kurz skizziert. Es gibt in verschiedenen Lehrerfortbildungsinstitutionen hierzu teils exzellente Angebote. Ausgangs- und Bezugspunkt ist dabei zumeist ein behavioristischer Ansatz. Nimmt man Letzteren wörtlich, dann ist allerdings unübersehbar, dass dies in vielen Fällen kontraproduktiv werden muss. Das bloße Training etwa von dezidiert-bestimmtem Auftreten in der Klasse, gewissermaßen als autoritäre Geste, mag wichtig und für viele notwendig sein. Es macht aber nur dann Sinn, wenn der betreffende Kollege von diesem Muster (nur) a) in ganz bestimmten Problemkonstellationen Gebrauch macht (die er zunächst als solche erkennen muss) und b), wenn er diese Geste überzeugend vermitteln kann, ansonsten macht er sich schlicht lächerlich. Eine Ausbildung, die die Persönlichkeit des jeweiligen Teilnehmers – im Sinne von Supervision und verschiedener, unter der Flagge »humanistischer Ansätze« segelnder Konzepte – nicht hinreichend berücksichtigt, kann somit ihr Ziel, wie auch immer man es definiert, nicht erreichen. Entsprechend kann eine Lehrerfortbildung, die mehr als fachspezifisches Wissen vermitteln will, nicht auf Aspekte der Selbstreflexion verzichten. Und dies hat, wenn es nicht beim Baden in Stereotypen bleiben soll (»Bei den heutigen Schülern hat man eh keine Chance ...«), zwangsläufig den Charakter eines blanken, rutschigen Parketts, wozu die Teilnehmer bereit und die Leiter ausgebildet sein sollten.

Und so läuft dann ein gewissermaßen integriertes Vorgehen aus Fortbildung und Selbsterfahrung exemplarisch ab: Zunächst werfen die Kandidaten einen bilanzierenden Blick auf die Ausgangssituation, indem sie in der Regel aktuelle eigene Erfahrungen mit dem Thema berichten – was dann gleichzeitig den Charakter einer gegenseitigen themenbezogenen Vorstellung hat. Anschließend folgt eine theoretisch-kognitive Einführung in Modelle zum Phänomen »Gewalt in der Schule«. Dabei wird auch der zentrale Charakter der Bewertung durch den jeweiligen Lehrer offen gelegt: Wie bewerte ich schwierige Situationen in der Klasse, was führt dazu, dass ich sie als Gewalt erlebe? Welche kognitiven (»Damit werde ich nicht fertig ...«) und emotionalen Aspekte (Gefühl der Lähmung, der Scham etc.) bestimmen die Art und Weise, wie ich bislang mit Gewalt umgegangen bin? Welche Konsequenzen hatte dies in meinem Verhalten – und was ist das Ziel? Natürlich geht es nicht darum, dass sich Lehrer einseitig die Sache leicht und angenehm machen, sondern dass es zu einem gesunden Ausgleich zwischen allen Beteiligten kommt.

Mit diesen Konzepten ausgestattet kann dann versucht werden, mögliche Verhaltensstrategien bei Unterrichtskonstellationen mit Gewaltpotenzial zu identifizieren:

- *Durchsetzungsverhalten*, das in kritischen, potenziell gefährlichen Situationen ohne Diskussion, Entschuldigungen, Rechtfertigungen beibehalten werden muss;
- *Beziehungsverhalten*, bei dem es darum geht, mit Konfliktparteien (wieder) ins Gespräch zu kommen, um einen gegenseitigen Ausgleich herbeizuführen;
- *Konstellationen*, bei denen es um das *Aushandeln von Regeln* geht (mit fließenden Übergängen insbesondere zum Beziehungsverhalten);
- *Sympathiewerbung* – gewissermaßen ein auf den anderen offensiv, freundschaftlich und verbindlich zugehendes Beziehungsverhalten, mit einer breiten, Verbindlichkeit und Nähe offerierenden Klaviatur positiver emotionaler Aspekte.

Es gilt, hiervon ausgehend Merkmale von Situationen zu definieren, in denen die jeweilige Verhaltenskategorie angebracht ist, um dann, in einem nächsten Schritt, diesbezügliche Verhaltensmuster zu üben. Etwa: Wie vermeidet man es, sich in eine heftige Auseinandersetzung hineinziehen zu lassen, um in auswegloser Situation den Schuldigen zu suchen? Wie schaffe ich es dann tatsächlich, laut und entschieden zu sprechen? (Wie fühlen Sie sich dabei? So lange üben, bis Tonfall, Lautstärke und Diktion passen, und zwar sowohl zur Situation als auch zu Ihnen!)

Beim Beziehungsverhalten ist Voraussetzung, aktiv-sensibel zuhören zu können. Wo steckt im Konflikt ein positiver Zungenschlag oder gar ein Angebot, an das konstruktiv angeknüpft werden kann? Beziehung setzt in der Regel Authentizität der Partner voraus, am besten in Form von Ich-Botschaften (»Dein Verhalten ärgert mich« versus »Wer sich so verhält wie du, den mag niemand, der bringt es eh zu nichts«). Regeln aushandeln setzt Überblick voraus – nötig zum abwägenden Zusammenfassen der konträren Standpunkte – und eine möglichst neutrale, keinen zum Verlierer stempelnde Lösung. Um Sympathie werben erfordert schließlich gesundes Selbstvertrauen (es soll ja kein »Schleimen« werden), Charme, Witz, Intelligenz, also alles, was Sie in reichem Maße haben, oder etwa nicht ...?!

Ausgehend von Situationsskizzen bieten sich Rollenspiele an, wofür die Zeit möglichst reich bemessen sein sollte. Videoaufzeichnungen der Rollenspiele intensivieren die Arbeit. Ideal wäre es, solche Fortbildungsinhalte mit Übungen im praktischen Unterricht zu kombinieren, etwa in Form von Hausaufgaben, kurzen Protokollen über Erfolge und Schwierigkeiten bei der Umsetzung, aus denen sich dann weitere Überlegungen und Rollenspiele ergeben können. Übrigens: Können Sie sich Fortbildungen für Lehrer ohne Selbsterfahrungskomponente vorstellen? Verstehen Sie, warum bislang nur wenige Prozent der Lehrer Supervisionsgruppen besuchen?

Und zum Schluss all dieser Veranstaltungen (wobei das Schluss-Phänomen nur organisatorischen Notwendigkeiten gehorcht, mit Psyche – und schon gar Ihrer – aber bis auf weiteres nichts, aber auch gar nichts zu tun hat) wird Bilanz gezogen und ein Ausblick versucht. So auch in diesem Buch.

Ausblick

Wie geht es weiter? Die meisten Lehrerinnen und Lehrer, zumindest die, denen ich begegnet bin, schätzen die zukünftige allgemeine Situation ihres Berufsstands wenig optimistisch ein:

- Die Schüler werden demnach noch schwieriger, unkonzentrierter, unmotivierter werden als jetzt schon. Eine mehr als drohende Wirtschaftskrise, weniger Lehrstellen und Berufsaussichten für schwächere Schüler werden Perspektivlosigkeit und damit destruktivem Verhalten Vorschub leisten. Nur bei wenigen wird die Krise zu vermehrten Anstrengungen, Disziplin und Lernbereitschaft führen. Mit einer zunehmenden Zahl von Schülern aus anderen Ländern und Kulturkreisen ist zu rechnen; mit politischem Willen, praktikablen Vorgaben und ausreichenden Ressourcen, diese konstruktiv zu integrieren (Erwerb ausreichender Sprachkenntnisse als Vorbedingung zur Aufnahme in eine Regelschule!) hingegen kaum.
- Die enge finanzielle Situation öffentlicher Kassen kann nur zu größeren Klassen, schlechteren Arbeitsbedingungen (marode Schulgebäude, minimale Ausstattung, fehlende Unterrichtsmaterialien etc.), höheren Stundendeputaten für jeden Lehrer und verlängerten Lebensarbeitszeiten führen.
- Für die flächendeckende Gesundheitsvorsorge von Lehrkräften (unter anderem Supervisionsangebote) werden die Gelder nicht ausreichen, mit Alibiveranstaltungen wird das Problem nicht zu lösen sein. Im Interessenkonflikt der zum Sparen respektive zur Gewinnoptimierung aufgeforderten Kostenträger bleibt die Zukunft der dringend erforderlichen berufsbezogenen Behandlungsansätze für psychosomatisch erkrankte Lehrkräfte ungeklärt: Für Beamte sind

medizinische Rehabilitationsmaßnahmen bislang de facto nicht vorgesehen. Krankenkassen fühlen sich »nur« für Krankheitsbehandlungen zuständig, wobei deren Grenzen zunehmend enger definiert werden dürften. Die hieraus resultierenden Probleme wurden bislang weder von politischer Seite noch von den Betroffenen in ihrer Tragweite realisiert.

- Und schließlich: Als vergleichsweise kostengünstiges und zwangsläufig effektives Mittel liegt eine weitere Erhöhung der Versorgungsabschläge als Mittel gegen die Frühpensionierungswelle nahe.

Diese von vielen antizipierte Entwicklung beinhaltet hinsichtlich der Lehrerschaft allerdings auch einige wenige Lichtblicke:

- Ein engerer Arbeitsmarkt für Akademiker wird mehr Studenten motivieren, sich mit dem finanziell sichereren Lehrerberuf anzufreunden, darunter auch solche, die hoch engagiert und sozialkompetent zuvor eher in andere Bereiche gedrängt hätten.
- Die auf breiter Ebene geführte Diskussion zum Thema »Lehrergesundheit« wird zum Paradigmenwechsel führen. »Ein guter Lehrer hat keine Probleme« wird zum Anachronismus und durch »Ein Lehrer, der davon ausgeht, grundsätzlich keine Probleme zu haben, ist unprofessionell« ersetzt. Psychische Belastungen von Lehrern werden die Aura individuellen Versagens verlieren und damit zu einem in Lehrerzimmern wie in der Öffentlichkeit offen diskutierbaren Phänomen, mit allen daraus für die individuelle Prävention erwachsenden Vorteilen.
- Die öffentliche Einschätzung, dass Lehrer einen schweren, anstrengenden Beruf haben, wird zunehmen (was aber nicht zwangsläufig mit einem höheren Sozialprestige einhergehen muss ...).

Wenn wir Bilanz ziehen, wird deutlich, dass die Gleichung so nicht aufgehen kann, zumindest nicht zugunsten der Lehrer. Wie und vor allem wer kann dies verhindern?

Dass Hilfe kaum von außen, vom politisch-gesellschaftlichen Himmel auf Sie herabgeflogen kommen wird, ist in den negativen Erwartungen bereits substanziell enthalten. Natürlich können wir auf Wunder hoffen und entsprechenden politischen Willen, gepaart mit den nötigen Mitteln, um die Situation von Grund auf zu verändern. Gleichzeitig dürfte aber kaum zu bezweifeln sein, dass Sie sich selber helfen müssen, wenn Ihnen nicht unbedingt an der Rolle eines Märtyrers, der zu gut, zu sensibel, zu gerecht und zu wohlwollend für diese Welt war, gelegen ist: »Sie/er verschied mit 55 Jahren aus dem Lehrerberufsleben. Sie/er wollte ein wirklich guter, perfekter Lehrer sein, Gott segne ihr/sein Pensionistendasein ...« Das ist leider kein Sarkasmus, sondern fast der aktuelle Normalfall!

Die komplexen Bezüge von Schule, Politik und Gesellschaft bedingen, dass niemand die aktuell schwierige Situation allein lösen kann; namentlich der schulpolitische Nachholbedarf ist groß. Als Psychotherapeut lag es für mich jedoch näher, persönlichen Bezug zu Ihnen zu suchen und mich auf Verbesserungen zu fokussieren, die in Ihren Möglichkeiten liegen. Ich hoffe, dass dieses Buch für Sie in dieser Hinsicht interessant und ergiebig war, indem es vielleicht Anstöße gegeben hat, sich im Berufsalltag etwas aufmerksamer zu beobachten, potenziell entlastende Weichenstellungen als solche zu erkennen und – trotz aller entgegenstehender Hindernisse und Gewohnheiten – zu nutzen. Wenn dieses Buch Sie tatsächlich zu kleinen Schritten in die von Ihnen als richtig erkannte Richtung angeregt haben sollte, können Sie und ich vollauf zufrieden sein. Mehr ist realistischerweise von keinem Buch und keinem Leser zu erwarten. Allerdings: Vielleicht sind gerade Sie diesbezüglich für positive Überraschungen gut?

Noch einige Anmerkungen: Falls sich der Eindruck einge-stellt haben sollte, Pädagogik müsse zunehmend als eine Form der Psychotherapie verstanden werden, dann war dies keines-wegs beabsichtigt und wäre inhaltlich in vielerlei Hinsicht falsch. Andererseits bin ich sicher, dass praktizierende Päda-gogen viel von der Psychotherapie profitieren könnten, auch was die Möglichkeiten zur Professionalisierung ihrer Profes-sion anbelangt. Ich hoffe, dies wurde in diesem Buch deutlich. Zudem: Ich habe durch meine Tätigkeit zwangsläufig eine selektive, von psychosomatisch erkrankten Lehrern ausge-hende Perspektive. Dass Ihre persönliche Situation erheblich weniger belastet ist, als sie sich aus meinem Blickwinkel her darstellt, bleibt zu hoffen und zu wünschen!

Mit solchen Relativierungen zu schließen wäre denn doch zu bescheiden? Sie wünschen eine packendere, fundamenta-lere Analyse Ihres Berufsstands aus psychotherapeutischer Perspektive und entsprechende Lösungsmöglichkeiten?

Eine verbreitete, von vielen Lehrern geäußerte Klage ist der zunehmende Werteverfall unserer Gesellschaft. Dieses Phänomen, wobei Ursachen und Folgen mitunter kaum zu trennen sind, lässt sich an zahlreichen Aspekten aufzeigen: zunehmende Zahl von Scheidungskindern, Eltern vernach-lässigen Erziehungsaufgaben, der Fernseher übernimmt die Kinderbetreuung – und die Kinder kommen dann von der In-formationsflut überschwemmt und benommen in die Schule. Zudem sind traditionelle Tugenden wie Disziplin, Verantwor-tungsübernahme, Achtung und Respekt den Mitmenschen gegenüber im Rückgang begriffen. All dies trägt nachhaltig zur explosiven Situation in den Schulen bei. So weit dürfte ge-meinhin Konsens bestehen.

Angesichts dieser Konstellation stellt sich die Frage nach der Rolle und dem Rollenverständnis von Lehrern. Was die allgemeine Rolle des Lehrers in der Gesellschaft betrifft, ist die Antwort nicht schwer, da mit dem Wertewandel auch der

Lehrer als kraft seines Amtes installierte Respektsperson ausgedient hat. Namentlich die 68er-Generation, darunter viele Lehrer, haben mit guten Gründen in diese Richtung gearbeitet. Die Konsequenz ist, dass jeder Lehrer – zumindest nach den allerersten Schulklassen – gezwungen ist, sich persönliche Autorität durch fachliches Wissen, pädagogisches Handeln und soziales Auftreten zu erarbeiten und zu erhalten. Angesichts einer Gesellschaft und damit auch von Schülern, für die das ständige Hinterfragen von Werten Alltag ist, kann dieser ständige Rechtfertigungsdruck anstrengend und ermüdend sein. Es wurden Geister gerufen, die ihre Vor- und Nachteile haben, die man sicher so schnell nicht mehr loswird und mit denen man zu leben lernen muss. Systematisch zu reflektieren, akzeptieren und umzusetzen, was dies für jeden einzelnen Lehrer heißt, kam in der Lehrerausbildung bislang eher zu kurz (und oftmals gar nicht vor). An diesem Punkt fängt die Problematik vieler Lehrer jedoch leider erst richtig an.

Ich kenne kaum eine psychosomatisch belastete Lehrperson, die sich nicht – mehr oder weniger dezidiert und akzentuiert – als gewissenhaft, gerecht und für alles verantwortlich definieren würde, als verantwortlich für die Lernerfolge der Schüler, für deren Spaß an der Schule, für deren Disziplin, für Gerechtigkeit, für die Einhaltung des Lehrplans etc. Dies entspricht dem, was man als »traditionelles Lehrerbild« bezeichnen könnte. In einer traditionellen idealtypischen Gesellschaft (vor 1968) mag dieser Typus seinen Platz gefunden haben. In der aktuellen Situation ist jedoch Frust vorprogrammiert, die Prämissen stimmen nicht mehr: Lehrerpflichten traditioneller Art haben heute kein von der Gesellschaft insgesamt getragenes Fundament mehr. Dies spiegelt sich nicht zuletzt im Sozialstatus des Lehrers. Realistischerweise kann nicht mehr erwartet werden, dass ein alle Verantwortung tragender Lehrer, der mitunter zum Alleinunterhalter passiver Schüler wird, eben deshalb von den Schülern akzeptiert, als Autorität anerkannt und vielleicht sogar als Mensch geliebt wird. (»Wenn ich den Stoff nicht völlig locker aufbereite, bloß keine Anstrengungen für die Schüler, dann kann ich gleich einpacken«, so eine 42-jährige Realschullehrerin.) In Ermangelung neuer Lehrerideale halten viele Lehrer an alten fest. Sind solche traditionellen Ideale wirklich immer noch ideal?

Ein Beispiel: Als Lehrer muss ich alles wissen, den Stoff beherrschen, den ich unterrichte ... Dies klingt nicht nur sehr anstrengend, es ist de facto, angesichts der tagtäglichen Informationsflut, für niemanden leistbar. Selbst in seinem Spezialgebiet kann man neue Erkenntnisse nur selektiv aufnehmen. Mehr sei in der Schule gar nicht nötig, es reiche solides Grundlagenwissen? Spätestens in der Mittelstufe, wenn Ihre Schüler einen PC und Internet zur Verfügung haben, wird dieser Standpunkt schwierig. Welchen Schüler soll der Hinweis, »Das gehört nicht hierher, steht nicht im Lehrplan« heute noch überzeugen? Solange Unterricht auf einer schulisch-pädagogischen Spielwiese stattfindet, muss er Schülern, die dank der Medien und heute mehr als je zuvor über jeden Zaun hinwegblicken, virtuell und unverbindlich erscheinen und zudem schnell frustrierend werden, wenn es wie bei Hase und Igel zugeht. Der Schüler lernt und betreibt Pseudoforschung, denn am Ende steht wieder der Lehrer, der eh schon alles wusste. Und was der Lehrer nicht weiß, gehört bekanntermaßen nicht hierher. Gleichzeitig soll man Schüler zur Selbstständigkeit und Eigenverantwortlichkeit anhalten ...

Auch von anderen ex- und impliziten Annahmen des traditionellen Lehrerbilds wird man sich verabschieden müssen. Lernpsychologisch betrachtet können Sie ja bestenfalls Voraussetzungen schaffen, Anstöße und Anregungen geben, dass Schüler Interesse entwickeln und sich in ihren Hirnen Erinnerungsbilder konsolidieren. Die Zellen und Verschaltungen in den Gehirnen Ihrer Schüler können Sie nicht direkt beeinflussen. Das wissen Sie? Gut, aber daraus die Konsequenzen zu ziehen und Abschied vom traditionellen Lehrerbild zu nehmen, fällt offenbar schwer. Vielleicht weil deutlich wurde, dass die Vorteile des alten Lehrerbilds so gering nicht waren, sie Sicherheit und eine definierte Rolle in der Gesellschaft boten? Ein Lehrer, der morgens vor die Klasse tritt und darlegt, dass er den betreffenden Stoff selber noch nicht verstanden hat – nicht als pädagogischer Trick oder weil er sich solche Flapsigkeiten dank persönlichem Standvermögen leisten kann –, sondern weil es zutrifft und eine gute Voraussetzung ist, selber Interesse an der Beschäftigung mit dem Stoff zu haben: Ist das heute vorstellbar? Ein Gruppenleiter mit Coachqualitäten, der viel früher die Leinen loslässt als ehemals üblich und damit gezielt Verantwortung abgibt? Und nicht, weil der Lehrer zu bequem wäre, sondern aus der Einsicht heraus, dass die Zügel anzuziehen in der aktuellen Situation anachronistisch, mittelfristig kaum machbar und für die Entwicklung des Schülers wenig sinnvoll wäre. Es geht darum, das, was in Gruppenarbeiten und Projektwochen vielfach angedacht wird, konsequent zu Ende zu denken und den Arbeitsauftrag des Lehrers entsprechend neu zu definieren, etwa wie in Finnland ...?

Wenn sich bei Ihnen nun der Eindruck verfestigt haben sollte, ich wäre deutlich übers Ziel und das in hiesigen Schulen Realisierbare hinausgeschossen, dann ist das eine gute Gelegenheit für mich, die zentrale Aufgabe, nämlich Perspektiven und ein neues, tragfähiges Leitbild für den Lehrerberuf zu entwickeln, an Sie zurückzugeben. Bitte vergessen Sie dabei nicht, von Ihrer Person einschließlich den üblichen menschlichen Leistungsgrenzen auszugehen. Ein Leitbild für einen Beruf, in dem in Deutschland derzeit mehr als 700 000 Menschen tätig sind, ist untauglich, wenn es nur von Super-Typen ausgefüllt werden kann.

Und selbst denen bleibt es nicht erspart, älter zu werden. »Ich kann mir nicht vorstellen, irgendwann einmal die Enkel von den Schülern zu unterrichten, die damals in meinen ersten

Klassen saßen. Das wäre doch irgendwie unglaubwürdig, wenn so eine Oma vor ihnen steht«, so die Zukunftsvision einer heute 47-jährigen Grundschullehrerin. Angeblich denkt die Hälfte aller 40-jährigen Lehrer ähnlich. Wäre es nicht schön, wenn man wieder als Lehrer in Ehren alt werden kann, nicht mit mühsam vorgespielter Jugendlichkeit, sondern mit seinem authentischen Alter?

Vielleicht könnten Sie, ausgehend von dieser Skizze, Ihre eigene Konzeption entwerfen ...

Und falls es Ihnen wirklich bislang noch nicht aufgefallen sein sollte: Sie haben einen unendlich spannenden, vielseitigen Beruf mit erheblichem kreativen Potenzial, solange Sie nicht gegen die Wellen anfahren, sondern zu surfen versuchen ... aber wem sag ich das?!

Weiterführende Literatur

Die wissenschaftlichen Grundlagen und Untersuchungsergebnisse, auf denen die Darstellungen dieses Buches beruhen, finden sich zusammenfassend in: Hillert, Andreas u. Schmitz, Edgar (Hrsg.): *Psychosomatische Erkrankungen bei Lehrerinnen und Lehrern. Ursachen – Folgen – Lösungen,* Stuttgart: Schattauer 2004

Bei speziellem Interesse sind folgende Bücher und Aufsätze empfehlenswert:
Dick, Rolf van: *Stress und Arbeitszufriedenheit im Lehrerberuf,* Marburg: Tectum 1999

Hillert, Andreas: »Lehrer müsste man sein ... oder: Wie kommuniziert man Lehrerbelastung?«, in: *Lehren und Lernen,* 33, 2007, S. 9–16

Hillert, Andreas u. Marwitz, Michael: *Die Burnout-Epidemie oder: Brennt die Leistungsgesellschaft aus?,* München: C.H. Beck 2006

Hillert, Andreas, Sosnowsky, Nadja u. Lehr, Dirk: »Idealisten kommen in den Himmel, Realisten bleiben AGIL! Risikofaktoren, Behandlung und Prävention von psychosomatischen Erkrankungen im Lehrerberuf«, in: *Lehren und Lernen,* 31, 2005, S. 17–27

Körner, Sylvia C.: *Das Phänomen Burnout am Arbeitsplatz Schule,* Berlin: Logos 2003

Kramis-Aebischer, Kathrin: *Stress, Belastungen und Belastungsverarbeitung im Lehrberuf,* Bern: Paul Haupt 2001

Lehr, Dirk, Sosnowsky, Nadja u. Hillert, Andreas: »Stressbezogene Interventionen zur Prävention von psychischen Störungen im Lehrerberuf. AGIL ›Arbeit und Gesundheit im Lehrerberuf‹ als Beispiel einer Intervention zur Verhaltensprävention«, in: Rothland, Martin (Hrsg.): *Belastung und Beanspruchung im Lehrerberuf. Modelle, Befunde, Interventionen,* Wiesbaden: Verlag für Sozialwissenschaften 2007, S. 267–289

Schaarschmidt, Uwe (Hrsg.): *Halbtagsjobber? Psychische Gesundheit von Lehrerinnen und Lehrern – Analyse eines veränderungsbedürftigen Zustandes,* Weinheim, Basel: Beltz, 2. Aufl. 2005

Schaarschmidt, Uwe u. Fischer, Andreas W.: *Bewältigungsmuster im Beruf. Persönlichkeitsunterschiede in der Auseinandersetzung mit der Arbeitsbelastung,* Göttingen: Vandenhoeck & Rupprecht 2001

Schmitz, Edgar u.a.: »Risikofaktoren späterer Dienstunfähigkeit: Zur möglichen prognostischen Bedeutung unrealistischer Ansprüche an den Lehrerberuf«, in: *Zeitschrift für Personalforschung*; 16 (2), S. 415–432

Weber, Andreas: *Sozialmedizinische Evaluation gesundheitlich bedingter Frühpensionierungen von Beamten des Freistaates Bayern*, Stuttgart: Gentner 1998

Sie wollen Ihre Belastungen verringern und suchen einen diesbezüglich substanziellen Ratgeber? Hierzu bieten sich an:

Ehinger, Wolfgang u. Hennig, Claudius: *Praxis der Lehrersupervision. Leitfaden für Lehrergruppen mit und ohne Supervisor*, Weinheim, Basel: Beltz, 2. Aufl. 1997 (guter Einstieg in die Grundlagen der Lehrersupervision)

Klippert, Heinz: *Lehrerentlastung. Strategien zur wirksamen Arbeitserleichterung in Schule und Unterricht*, Weinheim, Basel: Beltz, 2. Aufl. 2006

Kretschmann, Rudolf (Hrsg.): *Stressmanagement für Lehrerinnen und Lehrer. Ein Trainingsbuch mit Kopiervorlagen*, Weinheim: Beltz, 2. Aufl. 2001 (inhaltlich und didaktisch hervorragend, praxiserprobt – unbedingt empfehlenswert!)

Meidinger, Hermann u. Enders, Christine: *Burnout-Seminar für Lehrer. Ausgebrannt und aufgebaut*, Neuwied: Luchterhand 1997 (Arbeits- und Nachdenkbuch)

Miller, Reinhold: *Sich in der Schule wohl fühlen. Wege für Lehrerinnen und Lehrer zur Entlastung im Schulalltag*, Weinheim, Basel: Beltz 2000 (Leitfaden mit vielen Beispielen und Übungen zur Selbstreflexion)

Ulich, Klaus: *Beruf: LehrerIn. Arbeitsbelastungen, Beziehungskonflikte, Zufriedenheit*, Weinheim, Basel: Beltz 1996 (Standardwerk)

Schaefer, Klaus: *So schaffen Sie den Schulalltag. Ein Überlebenshandbuch für Lehrer. Zeitgestaltung/Arbeitstechnik/Seelische Gesundheit*, Münster: Aschendorff, 7. Aufl. 2001 (von einem hoch engagierten Lehrer: aus der Praxis – für die Praxis)

Bücher und Aufsätze, aus denen in diesem Buch zitiert wurde:

Barz, Heiner u. Singer, Thomas: »Das Bild des Lehrers in der Öffentlichkeit. Variationen über einen einstmals geschätzten Berufsstand«, in: *Die Deutsche Schule*, 91, 1999, S. 437–450

Brandl, Georg: *Erwartungen an den Berufsschullehrer aus der Sicht der*

Schüler. Untersuchung und praktische Vorschläge, Frankfurt/M.: Rita G. Fischer 1989

Caselmann, Christian: *Wesensformen des Lehrers. Versuch einer Typenlehre*, Stuttgart: Klett-Cotta 1949

Dick, Rolf van, Wagner, Ulrich u. Christ, Oliver: »Belastung und Gesundheit im Lehrerberuf: Ebenen der Betrachtung und Ergebnisse der Forschung«, in: Hillert, Andreas u. Schmitz, Edgar (Hrsg.): *Psychosomatische Erkrankungen bei Lehrerinnen und Lehrern*, a.a.O., S. 39–50

Glagow, Hella u. Erbslöh, Eberhard: *Der deutsche Lehrer. Sein Image – Zerrbild oder Spiegelbild?*, Hamburg 1976

Gudjons, Herbert: »Das Lehrerkollegium als Gruppe«, in: *Westermanns Pädagogische Beiträge*, 32, 1980, S. 393–399

Hirsch, Gertrude: *Biographie und Identität des Lehrers. Eine typologische Studie über den Zusammenhang von Berufserfahrungen und beruflichem Selbstverständnis*, Weinheim, München: Juventa 1990

Hoyos, Carl Graf: *Arbeitspsychologie*, Stuttgart: Kohlhammer 1974

Krause, Andreas: »Erhebung aufgabenbezogener psychischer Belastungen im Unterricht – ein Untersuchungskonzept«, in: *Zeitschrift für Arbeits- und Organisationspsychologie*, 48/2004, S. 139–147

Läffert, Klaus u. Wagner, Dietmar: *Lehrer-Report. Zutritt nur für Unbefugte*, München: dtv 2000

Mahlmann, Friedrich: *Pestalozzis Erben*, Heidelberg: Schwartz, 5. Aufl. 1997

Noelle-Neumann, Elisabeth u. Köcher, Renate (Hrsg.): *Allensbacher Jahrbuch der Demoskopie 1993–1997, Band 10*, München: K. G. Saur 1997

Rothland, Martin: »Interaktionen in Lehrerkollegien«, in: Hillert, Andreas u. Schmitz, Edgar (Hrsg.): *Psychosomatiche Erkrankungen bei Lehrerinnen und Lehrern*, a.a.O., S. 161 ff.

Schmitz, Edgar, Voreck, Peter u. Hermann, Klaus: »Das Spannungsfeld von Lehrer-Schüler-Erwartungen«, in: *Empirische Pädagogik*, 2004

Terhart, Ewald: »Neuere empirische Untersuchungen zum Lehrerberuf. Befunde und Konsequenzen«, in: Böttcher, Wolfgang (Hrsg.): *Die Bildungsarbeiter. Situation – Selbstbild – Fremdbild*. Weinheim, München: Beltz 1996, S. 171–201

Wagner, Ulrich, Christ, Oliver u. Dick, Rolf van: »Belastungen und Befindlichkeiten von Lehrerinnen und Lehrern im Berufsverlauf«, in: Abele, Andrea E., Hoff, Ernst H. u. Hohner, Hans-Uwe: *Frauen und Männer in akademischen Professionen. Berufsverläufe und Berufserfolg*, Heidelberg: Roland Asanger 2003, S. 89–96

Psychologie & Lebenshilfe

Ausstieg aus der Erschöpfungsfalle

Hans Peter Unger / Carola Kleinschmidt
BEVOR DER JOB KRANK MACHT
Wie uns die heutige Arbeitswelt in die
seelische Erschöpfung treibt – und was
man dagegen tun kann
200 Seiten. Klappenbroschur
ISBN 978-3-466-30733-3

**Seelische Erschöpfung und Depression entwickeln sich immer rasanter zur Krankheit Nummer eins im Job. Es beginnt meist unauffällig mit wachsenden Arbeitsbedingungen und ständigem Termindruck. Mangelnde Wertschätzung oder die Sorge um den Arbeitsplatz erhöhen den Druck. Bald entsteht ein Teufelskreis aus Selbstüberforderung und einem Gefühl der Ohnmacht. Und am Ende steht immer häufiger die Diagnose: stressbedingte Erschöpfungsdepression.
Dr. Hans-Peter Unger und Carola Kleinschmidt beschreiben erstmals den Mechanismus der schleichenden Erschöpfung – und zeigen anschaulich, wie man aus der Abwärtsspirale aussteigen kann.**

SACHBÜCHER UND RATGEBER
kompetent & lebendig.

www.koesel.de
Kösel-Verlag München, info@koesel.de